XINSHIDAI DAXUESHENG
ZHIYE SHENGYA GUIHUA JIAOCHENG

新时代大学生职业生涯规划教程

（第2版）

主　编：张惠典　陈　欣
副主编：黄丹琳　李小兵　王莲芳　黄晓宁

厦门大学出版社
XIAMEN UNIVERSITY PRESS
国家一级出版社
全国百佳图书出版单位

图书在版编目（CIP）数据

新时代大学生职业生涯规划教程 / 张惠典，陈欣主编. -- 2 版. -- 厦门 ：厦门大学出版社，2023.1(2024.1 重印)
ISBN 978-7-5615-8920-5

Ⅰ. ①新… Ⅱ. ①张… ②陈… Ⅲ. ①大学生-职业选择-高等学校-教材 Ⅳ. ①G647.38

中国版本图书馆CIP数据核字(2022)第254173号

责任编辑 郑 丹
封面设计 拙 君
技术编辑 许克华

出版发行 厦门大学出版社
社 址 厦门市软件园二期望海路 39 号
邮政编码 361008
总 机 0592-2181111 0592-2181406(传真)
营销中心 0592-2184458 0592-2181365
网 址 http://www.xmupress.com
邮 箱 xmup@xmupress.com
印 刷 厦门集大印刷有限公司

开本 787 mm×1 092 mm 1/16
印张 19
字数 382 千字
版次 2019 年 8 月第 1 版 2023 年 1 月第 2 版
印次 2024 年 1 月第 2 次印刷
定价 48.00 元

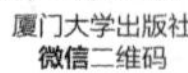

厦门大学出版社
微信二维码

厦门大学出版社
微博二维码

前　言

教育部办公厅印发的《大学生职业发展与就业指导课程教学要求》(教高厅〔2007〕7号)指出，职业发展与就业指导课程建设是高校人才培养工作和毕业生就业工作的重要组成部分，从2008年起提倡所有普通高校开设职业发展与就业指导课程，并作为公共课纳入教学计划，贯穿学生从入学到毕业的整个培养过程。党的二十大报告指出，坚持为党育人、为国育才，全面提高人才自主培养质量。这为教材编写指明了方向。

大学生职业发展与就业指导一般分为大学生职业生涯规划课(面向一年级学生)和大学生就业指导课(面向三年级学生)。虽然目前大学生职业生涯规划类教材为数不少，但从总体上看，较为普遍存在以下三个有待优化的地方：

一是课程思政的缺失。其后果是本课程教学成为西方职业心理学理论与本国经验主义的“独角戏”，思想政治教育无法有效渗透到本课程的教学活动中。

二是案例式教学、互动式教学在教材中体现不够。案例教学与课堂实训在教材中缺乏或者比例很少，造成课堂教学效果较差。

三是总体教学目标不够明确。课程结束后，学生提交的标志性成果是什么？是职业生涯规划书、访谈报告还是简历或者其他？各种教材莫衷一是。总体教学目标不明确，造成教材逻辑性弱、结构松散，弱化了学生的学习动力。

党的二十大报告强调，全党必须牢记，坚持党的全面领导是坚持和发展中国特色社会主义的必由之路。在我国高等教育实现从“新世纪”到“新时代”历史方位转型的重要时期，我们党对加强和改进新形势下高校思想政治工作进行了科学研判和全面战略部署。其中一项重要举措即打造一批“思政课程”和“课程思政”精品课程，着力构建思想政治理论课、通识教育课、专业教育课程“三位一体”的高校思想政治教育精品课程体系，推进全员、全过程、全方位育人。面对这一新形势，“大学生职业发展与就业指导”当然不能缺席。为此，本书除了在不少章节中融入意识形态教育之外，还独立设置“成长规律”一章，推进本课程教学改革。

长期以来，部分师生对本课程的重视不够，其中原因之一是本课程的课堂教学效果差，而教学效果的好坏往往取决于教学内容以及教学设计。在课堂教学中，本书编写组的教师发现，相对于教师课堂灌输而言，大学生在课堂上喜欢自主探索。比如，学生喜欢通过 MBTI、多元智能理论测试等平台探索自己的职业特质。再如，学生喜欢绘制生命线，以回顾自己重大的职业发展事件。基于此，本书十分重视案例教学以及课堂实训活动的设计，使得教材接近于教案和实训活动方案，以提高教学效果。

本书把总体教学目标界定为职业生涯规划书，即通过系统的教学，学生能够提交标志性成果——职业生涯规划书。通过职业规划书撰写的过程性学习，使学生做好职业生涯规划，让职业生涯规划书成为学生今后五年甚至更长时期的人生发展蓝图，并根据新情况，对职业生涯规划书进行评估、调整、修改，以明确学习与发展动力。

本书由泉州师范学院人事处处长、网络中心主任张惠典副研究员、马克思主义学院陈欣博士担任主编。经编写组反复讨论修改，最终由陈欣博士统稿。其中，黄丹琳负责第一、六章内容的编写，陈欣负责第二、八章内容的编写，张惠典负责第五章内容的编写，李小兵负责第三章内容的编写，王莲芳负责第四章内容的编写，黄晓宁负责第七章内容的编写。

本书在统稿的最后阶段，编写组按照党的二十大报告、教育部全国大中小学教材建设规划（2019—2022 年）、教育部关于“十二五”普通高等教育本科教材建设的若干意见等文件精神，结合《泉州师范学院教材选用与征订管理办法》（泉师教〔2011〕54 号）等文件要求，聘请泉州师范学院马克思主义学院刘玉生教授、刘琼华教授、戴青兰教授等专家对教材进行审读，牢牢把握教材的政治思想性，确保意识形态安全。

本书在编写过程中借鉴参考了大量国内外职业生涯规划方面的著作、教材、报刊及网络资料等，在此一并表示感谢！由于时间和编者水平有限，书中难免有疏漏和不妥之处，真诚欢迎广大读者提出宝贵建议和意见，以便今后更好地修改和完善。

编　者

2022 年 12 月

目　录

第一章　生涯概论

广大青年要勇敢肩负起时代赋予的重任，志存高远，脚踏实地，努力在实现中华民族伟大复兴的中国梦的生动实践中放飞青春梦想。

——习近平

【学习目标】

1.了解职业和生涯概念以及职业新变化；

2.掌握专业和学科的概念；

3.掌握生涯彩虹图的绘制技巧；

4.掌握职业生涯规划的重要性、方法和步骤。

【导入案例】

杨澜的职业生涯

杨澜毕业于北京外国语学院（现北京外国语大学）英语系。她大学毕业后进入中央电视台主持《正大综艺》节目后赴美留学，就读于美国哥伦比亚大学国际及公共事务学院，并获国际事务硕士学位。杨澜回国后，加入凤凰卫视中文台制作名人访谈节目《杨澜访谈录》。1999 年起担任阳光文化影视公司董事局主席。2000 年，创建第一个以历史文化为主题的卫星频道——阳光卫视。同年 10 月，阳光卫视入选《福布斯》全球 300 个最佳小型企业，她个人也跃居《福布斯》2001 年度中国富豪榜第 56 位。杨澜是幸运的，但这种幸运需要睿智的眼光和独到的操控能力，是职业经历累积到一定程度厚积薄发的结果。就像杨澜自己说的那样："一次幸运并不可能带给一个人一辈子好运，人生还需要你自己来规划。"

杨澜职业生涯的成功，正是她善于规划和选择的结果。大众视野里的杨澜不断地改变自己的角色设置,但是从没有偏离做媒体这个大方向。她清楚地知道这是自己的优势,她的目标就是不断向这个方向上的更高层次迈进。生活中的每一次选择实际上都是人生的一个转折点,而杨澜的每一次选择都包含着她对自己、对未来的清醒把握和预期。"一个人要想成功的话,一个最重要的基础,就是要先明白自己到底要什么。"

闯过"千军万马挤独木桥"的高考,进入梦寐以求的大学,我们离开了父母,开始在向往已久的学校独立生活。没有进入社会的经济和职业的压力,这也许是我们一生中最自由、最能为自己做点什么的时光。大学四年看起来很长,但其实只有 1460 天。除去寒暑假和大四半年的实习期,我们大约只有 944 天能用来做必须做的事、想做的事以及为未来要准备的事。

有人也许会说:"时间还长,我正年轻,先舒服过完今天再说。"也有人会说:"大学专业不是自己喜欢的,我很迷茫,感觉梦想很远。"还有人说:"其实我也不想拿那么多奖学金,考得差不多就行。"大部分人都很期待美好的四年大学生涯,希望有很好的结果,但在困惑、混沌、迷茫中往往会忽略时间的短暂,总是在大学生活已经过半的时候感慨必做的事情还有很多,没有时间去做当下想做的事,更不要提及未来的事了。

习近平说:"幸福是奋斗出来的。"大学时期不仅仅需要我们刻苦完成学业,也需要我们在四年里完成进入社会的准备,打好人生成就的预备战。

第一节　职　业

【问一问】你认为什么是职业?为什么人人都需要一份职业?

【想一想】职业与工作的关系是什么?

一、职业

(一)职业的概念

职业是参与社会分工,利用专门的知识技能,为社会创造物质财富、精神财富,获得合理回报作为物质生活的来源并能满足精神需求的社会劳动。

从社会角度看,职业是社会分工的产物,它反映了一种或多种的社会需求;从个人角度看，职业是物质生活和精神享受的来源；从内在属性讲，职业必须具有相应的内在要求，如知识、技能、技巧。

与职业相关的概念是“工作”。美国著名生涯学者舒伯(Donald E. Super)认为：“工作是一个人对他自己或他人认为有价值的目标，有系统地进行追求的过程。这个过程是目标导向性的、连续性的、需要花费精力的。工作可能有报酬(如有收入的工作)，也可能没有报酬(如志愿工作)。个人从事工作所追求的可能是工作本身所带来的内在愉快体验，也可能是工作角色带来的生活方式、经济效益或休闲形态。”

【想一想】有一位教师偶然发表了一篇文章，获得稿费500元。请问他的职业是作家吗？为什么？

(二)职业的特性

1.社会性

职业充分体现了社会分工，是社会生产力发展的产物。每一种职业都体现了社会分工的细化，体现了对社会生产和社会进步的积极作用。社会成员在一定的社会职业岗位上为社会整体做贡献，社会整体也以全体成员的劳动成果作为积累而获得持续发展和进步。

2.经济性

职业活动是以获得谋生的经济来源为目的的。一方面，社会、企业及用人部门对劳动者付出劳动给予回报；另一方面，劳动者以此维持家庭生活，这是保持整个社会稳定的基础。合法的收入是职业这种特定劳动区别于其他社会活动的主要特点。

3.技术性

任何一个职业岗位都有相应的职责要求。能胜任和承担岗位工作的人，除了要达到该岗位的职业道德、责任义务、服务要求以外，还要达到持证上岗的技术水准。比如，所有岗位对学位证书、职业资格证书、专业技术考核证书、上岗培训合格证、专业工作年限等都有具体的规定，只有达到起点要求才能上岗。

4.稳定性

任何一种职业都要经历从酝酿到形成，从发展到完善再到消亡的变化过程。职业的生命周期比较长，具有稳定性。但是，随着经济社会的发展，特别是科学技术的变化，职业活动也会发生变化，甚至旧的职业会被新的职业取代。

5.时代性

职业是一个社会历史范畴，随着社会生产力和劳动分工的不断发展，一是不同时期会出现不同的职业，相同名称的职业在不同的时期会有不同的内容，某些职业甚至发生了根本性的变化，一部分新职业产生替代了一部分过时的职业；二是每一个社会都有自己的时尚职业，即该社会中人们所热衷的职业。

6.层次性

源于不同职业的工作复杂程度不同，以及在工作组织权力结构中的地位、工作的自主权、收入水平、社会声望等方面的差别，人们对不同职业的社会评价的确存在着明显的差别。

（三）新职业的产生

1.新职业的概念

新职业是指经济社会发展中已经存在的一定规模的从业人员，具有相对独立成熟的职业技能，但《中华人民共和国职业分类大典》中未收录的职业，包括：

（1）全新职业：随经济社会发展和技术进步而形成的新的社会群体性工作。

（2）更新职业：原有的职业内涵因技术更新产生较大变化，从业方式与原有职业相比已发生质的变化。

2.新职业的崛起

在经济高速增长的今天，职业结构变化频繁，旧职业被淘汰，新职业纷至沓来，这是不可逆转的历史潮流。社会环境在造就新职业的同时，也迫使我们不得不打破长久以来的惯性思维。劳动者不是只有一辈子待在某一个单位里才叫就业，人在一生中可能变换多种职业，关键要不断掌握新技能，与时俱进，要跟上时代发展的脚步。只有终身不断地学习，才是人们应对职业更替的最佳选择。

2004 年 8 月 19 日，劳动和社会保障部正式向社会发布第一批 9 个新职业，至今共发布了 13 批新职业。2019 年 1 月 25 日，人力资源和社会保障部初步确定人工智能工程技术人员、物联网工程技术人员、大数据工程技术人员、云计算工程技术人员、建筑信息模型技术员、电子竞技运营师、电子竞技员、无人机驾驶员、数字化管理师、农业经理人、工业机器人系统操作员、工业机器人系统运维员、物联网安装调试员、城市轨道交通线路工、城市轨道交通列车检修工等15个拟发布的第13批新职业。

【案例分析】

北京人工智能工程师薪水有多高

据预测，未来三到五年内，IT行业会出现大量的人才缺口，尤其是具有综合能力的高端IT人才将会成为各大企业争抢的重点对象。而人工智能可谓是个从业时间越长就越挣钱的领域。下表（表1-1）是一份某机构统计的知名企业人工智能工程师的薪酬与岗位要求表，仅供参考。

表1-1　人工智能工程师薪资水平

企业	薪酬	岗位	候选人背景
腾讯	60万年薪＋北京户口	机器学习基础研究	“985工程”博士或TOP 2硕博
腾讯	80万年薪＋(深圳)	图像识别算法研究	港系博士或顶会论文
百度	3～3.5万月薪	图像识别算法研究	“985工程”博士或海归硕士
微软	50～55万年薪	机器学习基础研究	TOP 2博士
谷歌	50～55万年薪	人工智能研究院	TOP 2博士
美团	3.2万月薪＋北京户口 (北斗计划)	机器学习基础研究	“985工程”硕士 专业前3
滴滴	50万年薪	研究院	“985工程”博士
今日头条	3～3.5万月薪＋住房补助	AI Lab研究员	博士
网易	45万年薪	人工智能研究员	TOP 2博士
华为	50万年薪(2.5万月薪＋奖金＋补助)	算法研究员	“211工程”博士
大疆	3.5万月薪	算法研究员	“985工程”博士
商汤	35～40万年薪	研究员	“985工程”硕士

依据领英(Linkedin)的数据，截至2017年，全球人工智能范畴技术人才数量超越190万人，其中美国相关人才总数超越85万人，高居榜首，而中国的相关人才总数超越5万人，位居全球第七。但我国人工智能人才每年缺口十几万，巨大的人才缺口就意味着无数的潜在时机。以机器学习方向的算法工程师为例，该职位月薪大多在3万元以上，年薪百

万者也不在少数。在人工智能行业,新人入行薪资基本上就能到达互联网其他技术人员的两倍。所以,在这波人工智能热潮下,要不要踏入或转型成为人工智能工程师,应该是很多人关心的问题。

3.多重职业

每个人从找到第一份工作开始,一直到退出职场,这段个体生命中最重要的历程就是你的职业生涯。

职业生涯以一份工作为前提,以一个具体岗位为坐标,以一个组织为平台,以整个社会为背景,随着时间的推移,个人职业生涯的轨迹就开始显现。虽然个体是职业生涯的主角,但社会、组织、团队、工作的发展变化,势必会引起个体职业生涯的变化。

西方学者早就敏锐地捕捉到了这种变化。1976 年,美国学者霍尔提出易变性职业生涯;1994 年,美国的另一位学者亚瑟又提出了无边界职业生涯,用来表示现代职业生涯与传统职业生涯的区别。最近在微信朋友圈里,"斜杠"一度成为"热词","斜杠"体现的也是职业生涯发展的一个新趋势——多重职业。2007 年,《纽约时报》专栏作家麦瑞克·阿尔伯在她的一本名为《一个人,多重职业》的书中描述了一种现象:越来越多的年轻人不再满足"单一职业"这种生活方式,他们开始选择一种能够拥有多重职业和身份的多元生活,在自我介绍时他们会用"斜杠"来区分他们从事的不同职业。例如,某某,律师/演员/制片人。于是,"斜杠"便成为他们的代名词。有人断言,多重职业将成为全球职业发展的新趋势。

总体来说,当代人的职业生涯发展趋势表现出下面三种特点:从稳定型到无边界流动,从生存型到自我实现型,从单一式职业发展路径到多元式职业发展路径。现代社会是多种职业生涯模式和路径并存的。对个人而言,社会提供了多种职业生涯的路径,既可以一条道路做到底,也可以中途不断变化自己的路线,还可以不依赖于任何组织,成为一个个体工作者。职业生涯的多元化大大扩展了人们职业选择的空间和自由度。

【案例分析】

三个犯人的愿望

有三个人要被关进监狱三年,监狱长给他们各自一个实现愿望的机会。

美国人爱抽雪茄,要了三箱雪茄。法国人最浪漫,要一个美丽的女子相伴。而犹太人说,他要一部与外界沟通的电话。

三年过后,第一个冲出来的是美国人,嘴里鼻孔里塞满了雪茄,大喊道:"给我火,给我火!"原来他忘了要火。

接着出来的是法国人。只见他手里抱着一个小孩子,美丽女子手里牵着一个小孩子,肚子里还怀着第三个。

最后出来的是犹太人,他紧紧握住监狱长的手说:"这三年来我每天与外界联系,我的生意不但没有停顿,反而增长了200%。为了表示感谢,我送你一辆劳斯莱斯!"

这个故事告诉我们,什么样的选择决定什么样的生活。今天的生活是由三年前我们的选择决定的,而今天我们的选择将决定我们三年后的生活。

案例思考:

你从故事里面得到了怎样的启示?

二、专业

(一)专业的含义

"专业"(profession)一词最早从拉丁语演变而来,其本意是公开地表达自己的观点和信仰。较早系统研究"专业"的社会学家卡尔·桑德斯认为:"所谓专业,是指一群人在从事需要专门技术的职业。"[①]

专业主要有以下五种含义:(1)专门从事某种学业或职业;(2)专门的学问;(3)高等学校或中等专业学校所分的学业门类;(4)产业部门的各业务部分;(5)对一种物质了解得非常透彻的程度。

对应"大学"一词,专业指高等学校或中等专业学校所分的学业门类。

(二)本专科专业的区别

根据教育部《普通高等学校本科专业目录(2012年)》,本科专业有12大学科门类,92个学科大类,506个专业。而按照教育部《普通高等学校高等职业教育(专科)专业目录(2015年)》的标准,专科专业有19个专业大类,99个专业类,748个专业。

(三)专业与职业的关系

任何专业都有其特定的行业和职业针对性,但大多数专业对应的行业和职业并不是唯一的;任何行业都包括多种多样的工作,都需要不同专业背景的人;同一专业背景的人

① 罗文浪.现代教育技术[M].北京:北京理工大学出版社,2015:147.

可以选择不同的职业,同一职业可以有不同的工作风格。专业学习是进入专业性较强的职业岗位的基本条件;不同的职业岗位对专业学习的要求有不同,有些职业岗位的发展重实践经验,有些职业岗位的发展必须通过不同层次的规范的专业训练才能实现。

三、学科

(一)学科含义

学科是知识或学习的一门分科,尤指在教育制度中,将教学、学术研究等活动,作为一个完整的部分进行安排。学科是相对独立的知识体系,是高校划分教学和科研单位的基本标准,因而也是高校各实践活动的基本组织。正如伯顿·克拉克所言,"一门门知识称作学科",而高等教育组织正是围绕这些学科建立起来的[①]。

学科类别就是指学科的划分。我国高校现行的 12 个学科门类见表 1-2。其中,理学与工学的区别是:理学,研究科学,注重理论研究,培养科学家,出科学院院士。工学,研究技术,注重实际应用,培养工程师,出工程院院士。我国专科现行的 19 个专业大类见表 1-3,本科的 92 个学科大类和专科的 99 个专业类分别见表 1-4 和表 1-5。

表 1-2 本科专业设置第一层级:学科门类

学科代码	学科门类	学科代码	学科门类
1	哲学	7	理学
2	经济学	8	工学
3	法学	9	农学
4	教育学	10	医学
5	文学	11	管理学
6	历史学	12	艺术学

① 郑俊涛,王琪.走进世界名校:英国[M].上海:上海交通大学出版社,2013:221.

表 1-3　专科专业设置第一层级:专业大类

专业代码	专业大类	专业代码	专业大类
51	农林牧渔	61	电子信息
52	资源环境与安全	62	医药卫生
53	能源动力与材料	63	财经商贸
54	土木建筑	64	旅游
55	水利	65	文化艺术
56	装备制造	66	新闻传播
57	生物与化工	67	教育与体育
58	轻工纺织	68	公安与司法
59	食品药品与粮食	69	公共管理与服务
60	交通运输		

表 1-4　本科专业设置第二层级:学科大类

学科门类	学科大类数量	学科大类名称
哲学	1	哲学类
经济学	4	经济学类、财政学类、金融学类、经济与贸易类
法学	6	法学类、公安学类、马克思主义理论类、社会学类、政治学类、民族学类
教育学	2	教育学类、体育学类
文学	3	外国语言文学类、新闻传播学类、中国语言文学类
历史学	1	历史学类
理学	12	大气科学类、地理科学类、地球物理学类、地质学类、海洋科学类、化学类、生物科学类、数学类、天文学类、统计学类、物理学类、心理学类
工学	31	电气类、自动化类、计算机类、地质类、纺织类、核工程类、生物医学工程类、食品科学与工程类、建筑类、安全科学与工程类、材料类、测绘类、矿业类、电子信息类、力学类、公安技术类、海洋工程类、航空航天类、化工与制药类、环境科学与工程类、机械类、交通运输类、林业工程类、能源动力类、农业工程类、轻工类、生物工程类、水利类、土木类、兵器类、仪器类

续表

学科门类	学科大类数量	学科大类名称
农学	7	草学类、动物生产类、动物医学类、自然保护与环境生态类、水产类、植物生产类、林学类
医学	11	法医学类、基础医学类、口腔医学类、临床医学类、药学类、公共卫生与预防医学类、中医学类、中西医结合类、中药学类、医学技术类、护理学
管理学	9	工商管理类、公共管理类、管理科学与工程类、农业经济管理类、图书情报与档案管理类、电子商务类、工业工程类、旅游管理类、物流管理与工程类
艺术学	5	艺术理论类、音乐与舞蹈学类、戏剧与影视学类、美术学类、设计学类
总计	92	

表 1-5　专科专业设置第二层级:专业类

专业大类	专业类	专业类数
农林牧渔	农业类、林业类、畜牧业类、渔业类	4
资源环境与安全	资源勘查类、地质类、测绘地理信息类、石油与天然气类、煤炭类、金属与非金属矿类、气象类、环境保护类、安全类	9
能源动力与材料	电力技术类、热能与发电工程类、新能源发电工程类、黑色金属材料类、有色金属材料类、非金属材料类、建筑材料类	7
土木建筑	建筑设计类、城乡规划与管理类、土建施工类、建筑设备类、建设工程管理类、市政工程类、房地产类	7
水利	水文水资源类、水利工程与管理类、水利水电设备类、水土保持与水环境类	4

续表

专业大类	专业类	专业类数
装备制造	机械设计制造类、机电设备类、自动化类、铁道装备类、船舶与海洋工程装备类、航空装备类、汽车制造类	7
生物与化工	生物技术类、化工技术类	2
轻工纺织	轻化工类、包装类、印刷类、纺织服装类	4
食品药品与粮食	食品工业类、药品制造类、食品药品管理类、粮食工业类、粮食储检类	5
交通运输	铁道运输类、道路运输类、水上运输类、航空运输类、管道运输类、城市轨道交通类、邮政类	7
电子信息	电子信息类、计算机类、通信类	3
医药卫生	临床医学类、护理类、药学类、医学技术类、康复治疗类、公共卫生与卫生管理类、人口与计划生育类、健康管理与促进类	8
财经商贸	财政税务类、金融类、财务会计类、统计类、经济贸易类、工商管理类、市场营销类、电子商务类、物流类	9
旅游	旅游类、餐饮类、会展类	3
文化艺术	艺术设计类、表演艺术类、民族文化类、文化服务类	4
新闻传播	新闻出版类、广播影视类	2
教育与体育	教育类、语言类、文秘类、体育类	4
公安与司法	公安管理类、公安指挥类、公安技术类、侦查类、法律实务类、法律执行类、司法技术类	7
公共管理与服务	公共事业类、公共管理类、公共服务类	3

【案例分析】

医学类专业

本科医学类部分学科分类如图1-1所示，观察后思考某高校只有二级学科麻醉学和医学影像学有博士点，假设你考研后有继续读博士的计划，同时你选择的专业是临床医学，那么，该高校可以报考吗？

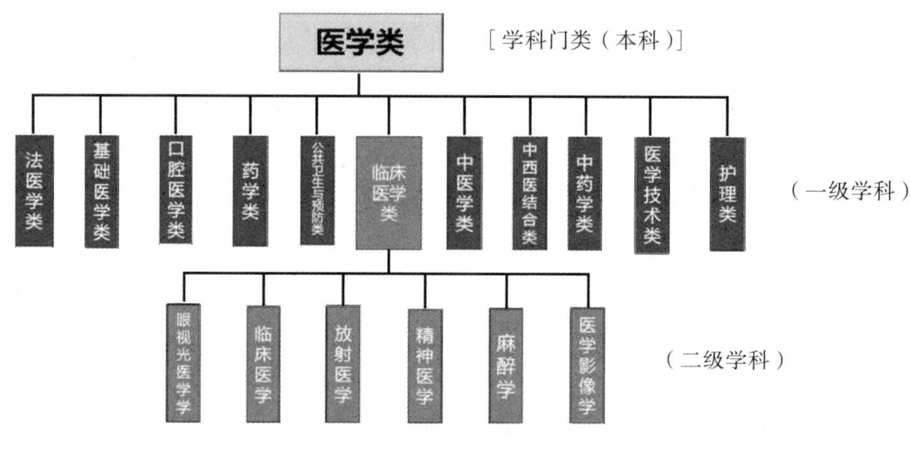

图1-1　医学类专业

(二)一流学科

基本科学指标数据库(essential science indicators, ESI)已经成为学科评估的重要指标。目前，各高校以"进入ESI全球排名前1%或前1‰的学科"作为学科评价的重要指标之一。通过ESI信息监测和预测，可以动态把握各高校ESI学科状态，推进基于事实型数据的"双一流"建设精细化管理，加强关键指标数据的采集、分析和积累，为实现数据评述学校和学科奠定基础[①]。

建设世界一流大学和一流学科，是党中央、国务院做出的重大战略决策。2015年11月，国务院正式印发的《统筹推进世界一流大学和一流学科建设总体方案》指出，要"以支撑创新驱动发展战略、服务经济社会发展为导向，加快建成一批世界一流大学和一流学科，提升我国高等教育综合实力和国际竞争力"。2018年9月，习近平在全国教育大会上

① 张巧月，刘洋，潘莹，等.基于ESI的华北地区高校优势学科比较分析[J].科教文汇(下旬刊)，2019(1):1.

也指出,要“调整优化高校区域布局、学科结构、专业设置,建立健全学科专业动态调整机制,加快一流大学和一流学科建设”。[①] 我国在 ESI 的基础上,将学科分为世界一流学科和国家一流学科。

1.世界一流学科

世界一流学科是由教育部、财政部、国家发展改革委等部门为了确定高等教育财政重点投入的标准而组织评定的高校排名前列的学科分类。

世界一流学科建设入选共计 465 个学科(其中自定学科 44 个),分布在 137 所高校。入选学科所含专业也是这些高校乃至全国的优势专业。表 1-6 给出了部分“双一流”高校世界一流学科的数量。

自定学科:根据“双一流”建设专家委员会建议由高校自主确定的学科。

以华中科技大学为例,世界一流学科建设名单 8 个:机械工程、光学工程、材料科学与工程、动力工程及工程热物理、电气工程、计算机科学与技术、基础医学、公共卫生与预防医学。

表 1-6　部分“双一流”高校世界一流学科的数量

学校名称	一流学科数量	学校名称	一流学科数量
北京大学	41	中国人民大学	14
清华大学	34	中国科学技术大学	11
浙江大学	18	东南大学	11
复旦大学	17	北京师范大学	11
上海交通大学	17	中山大学	11
南京大学	15	武汉大学	10

2.国家一流学科

国家一流学科是由教育厅、财政厅、发展改革委等省级政府部门为了确定高等教育财政重点投入的标准而组织评定的高校排名前列的学科分类。

表 1-7 给出了福建省第二轮“双一流”建设高校名单,表 1-8 给出了福建省一流应用型建设高校及主干学科名单。

---

① 范玉鹏,余小波.一流学科建设的文化困境及其突破[J].研究生教育研究,2019(1):69.

表 1-7　福建省第二轮"双一流"建设高校名单

序号	院校名称	一流学科建设
1	厦门大学	自主确定省"双一流"建设学科
2	福州大学	做大做强化学学科，在新一代信息技术、智能建造、大数据与智慧管理等学科群培育国家一流学科
3	华侨大学	机械工程、化学工程与技术、工商管理学学科
4	福建师范大学	马克思主义理论、中国语言文学、地理学学科
5	福建农林大学	植物保护、生态学、林学学科
6	福建医科大学	基础医学、临床医学学科
7	福建中医药大学	中医学、中西医结合学科
8	集美大学	船舶与海洋工程、水产学科
9	闽南师范大学	中国语言文学、数学学科
10	中国科学院大学福建学院	化学、材料科学与工程学科

表 1-8　福建省一流应用型建设高校及主干学科名单

福建省一流应用型建设高校（A 类）		
序号	院校名称	重点建设主干学科
1	福建工程学院	土木工程、材料科学与工程、交通运输工程
2	厦门理工学院	暂未公布
3	莆田学院	环境科学与工程、机械工程、新闻传播学
4	闽江学院	暂未公布
5	泉州师范学院	音乐、教育、材料与化工
福建省一流应用型建设高校（B 类）		
序号	院校名称	重点建设主干学科
1	三明学院	机械、材料与化工、旅游管理
福建省一流应用型建设高校培育项目		
序号	院校名称	重点建设主干学科
1	福建技术师范学院	教育、生物与医药
2	泉州信息工程学院	机械、电子信息
3	阳光学院	国际商务、电子信息
4	福州外语外贸学院	国际商务、金融

入选世界一流学科数量越多的高校实力相对越强；入选世界一流学科的必定是学校优势学科。同理，国家一流学科也是考生评判高校某个专业实力的重要标准。

第二节　生　涯

一、生涯的含义与特性

（一）生涯的含义

“生涯”(career)一词，就其特性来看，是一个与我们“如影随形”，但又“视而不见”的名词。“生涯”之所以“如影随形”，是因为它与我们的发展经验密不可分；“生涯”之所以让人“视而不见”，是因为一旦我们想去清楚地勾画出它的轮廓，又觉得影像模糊。

在学术上为“生涯”下一个定义，也是言人人殊，困难重重。career 从字源看，来自罗马文 *via carraria* 及拉丁文 *carrus*，二者均指古代的战车。

在希腊，career 这个词有疯狂竞赛的精神，最早常用作动词，如驾驭赛马(to career a horse)。在西方人的概念中，使用“生涯”一词就如同在马场上驰骋竞技，隐含有未知、冒险、克服困难的精神。中文第一次出现“生涯”来自《庄子》的“吾生也有涯，而知也无涯”，原指“生命的尽头”。从南北朝开始，江南就有让孩子满周岁“抓周”的习俗，这也是在看这个孩子以后会选择什么样的生涯轨道。现在“生涯”多被引申为人生发展历程。因时代不同、视角相异等因素，国外学者对生涯的定义也有所不同。

目前大多数西方学者所接受的生涯定义是舒伯(1976)的论点：它是生活里各种事态的连续演进方向；它统合了人一生中依序发展的各种职业和生活的角色，由个人对工作的投入而流露出独特的自我发展形式；它也是人生自青春期以迄退休之后，一连串有酬或无酬职位的综合。除了职业之外，生涯包括任何和工作有关的角色，如学生、受雇者、领退休金者，也包含了副业、家庭、公民的角色。生涯是以人为中心的，只有在个人寻求它的时候，它才存在。

由此看来，“生涯”的界限并未大到与“生命”或“生活”画上等号，也未小到与“工作”、“职业”等义，其本身即有丰富的内涵与范围。

(二)生涯的特性

1.方向性

个人一生当中的生涯发展是有其方向可循的。"内心中自己的引导者"引领着个人路径前进的方向,不同文化脉络影响下的个体也会有不同的引导者:可能是自我概念,可能是生命意义或价值,可能是追求某种需求的满足,也有可能是某些特质如兴趣或能力,甚至是某些紧紧贴近社会的趋势。研究蚂蚁的知名生物学巨匠威尔逊(Edward Wilson)在其自述中提及,决定他生涯方向的是性格内在的那个男孩:"我只想成为第一个发现某些事物的人。"[①]这种性格内在的声音即威尔逊内在的引导者。

2.时间性

"生涯"比较具体的定义是"一生当中依序发展的各种位置的综合体"[②]。这个定义虽然粗糙,但掌握了"生涯"的基本元素——时间性,它是纵贯一生的发展。从过去、现在到未来,个体的生涯发展历程是踏在接二连三的"位置"上前进的。每一个现在的"位置",都受到过去"位置"的影响,也是为未来的"位置"预先准备,这些"位置"是"依序"发展的。

在校大学生如果积极、主动地为职业生涯做准备,迅速地迈出自己职业生涯的第一步,就能为自己将来的职业生涯顺利发展奠定基础,通过不断的调整和持续的职业活动安排,促成自己职业生涯的成功,最终实现职业生涯目标。

3.空间性

从"生涯"在不同年龄发展阶段的横切面看,它会同时呈现出不同的角色。这些角色不全然是职业,但又都与职业活动有直接或间接的关系。生涯是一种生活,但不等于生活的全部。就其空间性观之,"生涯"专指以事业角色为主轴的生活经验,而事业生涯的发展必定伴随着许多与其有关的角色发展,这些角色发展经验自然不能割离于生涯经验之外。以"大学生涯"为例,主要的生涯角色经验是学生;以中年女性"教师生涯"为例,相关的生涯角色经验可能包括人妻、人母、人师等。

4.独特性

如果以类似的顺序经历着类似的职位或角色,不同的人可能有相似的生涯发展。但

---

① 应韶苓.科学的猎人——读威尔逊自传《大自然的猎人》有感[J].出版广角,2001(9):46.

② 林毓贞.生涯发展与辅导[M].北京:开明出版社,2012:5.

每个人的生涯发展又是独一无二的，都有自己的从业条件，有自己的职业选择和职业规划，都有为实现自己的职业目标而做出的各种不同努力。不仅从事不同职业的个人有明显不同的职业生涯，从事相同职业的不同个人的职业生涯也是不同的，并且从事同一职业的同一个人，在不同阶段其职业生涯也是变化的。例如美国前总统约翰逊和福特，都是工人阶级出身，都担任过海军指挥官、国会议员、国会秘书长，以至总统，但是人们对两人在国会与总统任内的表现褒贬不同，各人的生涯经验也自然有别。

5.现象性

生涯的存在是个人主观意识所认定的存在，是一种对客观“位置”的主观知觉。“生涯”定义了人如何在工作环境框架内“看”自己——可以从过去的成功或失败看，可以从现在的能力或才干看，也可以从未来进一步的计划看。因此人生的意义可以在生涯发展过程中得以彰显，得以完成。不仅在于这个人做了什么大官（客观的职位），而且在于这个人做了什么大事（主观的自我实现）。

6.主动性

“只有在个人寻求它的时候，它才存在”，这隐含着人是生涯的主动塑造者这层意义。遗传条件、社会阶级、政策拟定，甚至机会因素，都会影响个人的生涯发展。心理学发现，人不是被动地受环境的制约，而是能主动地去思考、去计划，进而改变环境、创造环境。生涯可以主动塑造，主要透过生涯转换过程中的生涯决定来完成。

实训活动：生涯刻度尺

盘点生命状态，明确生涯规划的意义，激发紧迫感和强化规划意识的重要性。

【材料准备】

生涯刻度尺一份。（制作方法：将一张空白纸条十等分，划分出十个空白格子后，依次在空白格中写下1～10，11～20，21～30，…，91～100）

【活动流程】

1.准备好一份生涯刻度尺。

2.假如这刻度尺上的0～100对应你个人的0～100岁，接下来我们来玩撕纸游戏：

(1)请问你期待活到几岁？

（把活到的岁数之后的纸撕掉，如果你的期待年龄并非整数，请找到期待年龄所在区间对应的位置，然后撕下）

(2)请问你现在几岁?

(找到当前的年龄,并将前面的纸撕掉)

(3)请问你想几岁退休?

(自己判断你期待退休的年龄,找到后将后面的纸撕掉)

哇!就剩这么长了,这是你可以用来工作的时间。

(4)请问一天24小时你会如何分配?

(请将剩下的纸按照你的习惯分配成若干份,并撕下放在面前。通常是睡觉八小时,占1/3;吃饭、休息、聊天、发呆、上网等又占1/3;工作时间约8小时,占1/3)

(5)比比看

(请用左手拿起用来工作的部分,用右手把退休那一段和刚才剩下的休闲、睡觉加在一起,并请思考一下你要用左手的时间工作赚钱,供自己的吃喝玩乐及退休后的生活开销)

(6)想一想

(你要赚多少钱、存多少钱才够自己上述的开销,这还不包括给父母、子女、配偶的!)

(7)请问你现在有何感想?

(8)请问你会如何看待自己的未来?

最后撕剩的这一小段纸条,就是你能够用于职业生涯规划(狭义)的时间长度。

我们每个人最宝贵的资源是时间和生命。职业生涯规划就是在帮助我们去研究每个人最宝贵的生命资源要怎样利用。

二、生涯彩虹图

20世纪五六十年代,美国著名职业生涯规划大师舒伯等人提出“生涯”的概念,于是生涯规划不再局限于职业指导的层面。舒伯的生涯发展理论将生涯的过程视为从出生到死亡,包括成长、探索、建立、维持和衰退五个阶段。大学生的生涯发展阶段属于探索期。这个阶段主要的生涯发展任务是从多种机会中探索自我,逐渐确定职业偏好,并在所选定的领域中开始起步。

(一)成长阶段(0~14岁)

个人在这一阶段的主要任务是认同并建立起自我概念,对各种职业充满好奇,有意识地逐步培养职业能力。

(二)探索阶段(15～24岁)

个人在这一阶段的主要任务是通过学校学习不断认识自我,进行职业探索,完成择业及初步就业。

(三)建立阶段(25～44岁)

个人在这一阶段的主要任务是寻找一个适合自己的工作领域,并谋求发展。这一阶段是大多数人职业生涯周期的核心部分。

(四)维持阶段(45～65岁)

个人在这一阶段的主要任务是在长时间内开发新的技能维护已获得的成就和社会地位,维持家庭和工作两者间的和谐关系,寻找接替人选。

(五)衰退阶段(65岁以后)

个人在这一阶段逐步退出职场并结束职业生涯,减少权利和责任,适应退休后的生活。

舒伯创造性地描绘出一个多重角色生涯发展的综合图形——“生涯彩虹图”,形象地展现了生涯发展的时空关系,更好地诠释了生涯的定义。他认为角色除与年龄及社会期望有关外,还与个人所投入的时间及情绪程度都有关联,因此每一阶段都有显著角色。

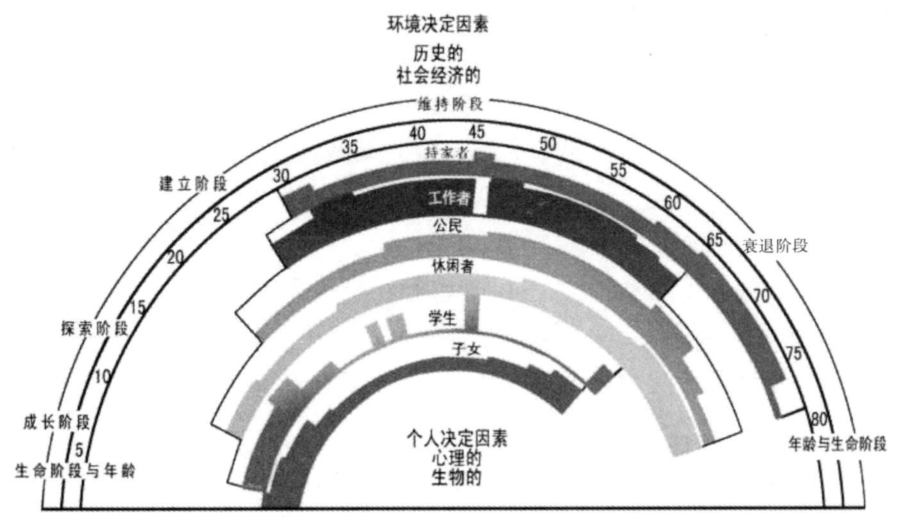

图1-2　职业生涯彩虹图

在生涯彩虹图中，最外的层面代表横跨一生的“生活广度”，又称为“大周期”，包括成长期、探索期、建立期、维持期和衰退期。纵向层面代表的是纵观上下的生活空间，由一组职位和角色所组成：子女、学生、休闲者、公民、工作者、持家者六个不同的角色，交互影响，交织出个人独特的生涯类型。它除了受到年龄增长和社会对个人发展、任务期待的影响外，往往跟个人在各个角色上所花的时间和感情投入的程度有关，并且随年龄的增长而扮演不同的角色。图的外圈为主要发展阶段，内圈阴影部分的范围大小不一，表示在该年龄阶段各种角色的分量。在同一年龄阶段可能同时扮演数种角色，因此彼此会有所重叠，但其所占比例则有所不同。

从这个彩虹图的阴影比例中可以看出：成长阶段（0～14 岁）最显著的角色是子女；探索阶段（15～20 岁）是学生；建立阶段（30 岁左右）是家长和工作者；维持阶段（45 岁左右）工作者的角色突然中断，又恢复了学生角色，同时公民与休闲者的角色逐渐增加，这正如一般所说的“中年危机”的出现，同时暗示这时必须再学习、再调适才有可能处理好职业与家庭生活中所面临的问题。

实训活动——绘制我的“生涯彩虹图”

提示：先画一条空的彩虹，角色的名称可因人而异，在每一个阶段用“涂色”的方式表示角色的轻重，某一角色的颜色愈深，表示这个角色你投入的程度愈高。每个角色的年龄可依个人状况而定，每个角色在不同年龄的意义与重要性是不同的。例如，你作为工作者的角色可以从 22 岁到 70 岁，这个角色最重要的年龄段是 25 岁到 35 岁，之后重心转为家长角色，这时家长角色的着色就得最深。

生涯彩虹图可以很好地显示个人生涯中各个角色的变化，需要注意的是：

第一，某些角色之间是互相作用的。某个角色的成功能带动其他角色的成功。反之，一个角色的失败，也可能导致另一角色的失败。此外，为了某一角色的成功付出太大的代价，也有可能导致其他角色的失败。

第二，人的社会任务或职业生活会不断变化。与此对应，个人的角色也会随之变化，从一个角色进入另一个角色。

第三，每个人的想法都是不同的。所以，每一个人的生涯彩虹图都是不同的。画图时不要人云亦云，互相比较。

完成生涯彩虹图后，请将它好好保存。当你在成长的道路上完成某一阶段任务或进入某个角色时，如高中毕业、第一天上班……你不妨拿出来对照一下。

【思考】你现在的状态与自己当初的计划是否一致？为什么会有偏差？是否需要进行调整？

第三节 职业生涯规划

【案例分析】

给中国学生的第五封信:你有选择的权利①

有一位中国留学生看完了我《写给中国学生的第三封信》后,感触很深,他写了一封信给我说:“很小的时候,我的目标就是长大,长大了做什么,我当时没有想;读小学的时候,父母给我的目标就是考初中,考上初中做什么,我没有想过;读初中的时候,父母给我的目标就是考高中,考上高中做什么,我没有想过;读高中的时候,父母给我的目标就是考大学,考上大学做什么,我没有想过;上大学的时候,父母给我的目标就是要出国,出国做什么,我也没有想过;现在留学拿到了学位,要找工作了,下一步我该做些什么呢?这次,我要好好地想一想。谢谢你的第三封信,它唤醒了我埋藏了25年的进取心,它改变了我25年来被动的生活方式。从今天开始,我要积极主动地为自己而生活!”

当我为这位中国留学生终于理解他“有选择的权利”感到欢欣鼓舞的时候,我不禁想到,还有更多的年轻人依然在被动的道路上迷茫地生活着。在“开复学生网”,我每天都看到“只有你能告诉我,我该怎么做”的被动思维。

在中国的教育体制下,学生们事事要听从父母和老师的安排,遇到问题也可以直接从父母和老师那里获得帮助,这很容易养成被动的习惯。因此,许多中国年轻人不善于主动规划自己的成长路线,不知道如何积极地寻找资源,使自己的学业和人生迈上更高的阶梯。

另一方面,中国的父母和老师习惯于使用越俎代庖的方式,帮助孩子设计人生规划,这通常会使很多人忽视了自己真正的性格和兴趣。当这些孩子长大以后,他们多半会发现,自己早已迷失在“自我缺失”的海洋里了。

……

① 李开复.给中国学生的第五封信:你有选择的权利[EB/OL].(2014-03-09)[2019-03-10].https://blog.csdn.net/programerchen/article/details/22494455.

为了成为国际化的人才，为了在信息时代发挥自己的最大潜能，每一个有进取心的中国青年都应该努力迫使自己从被动转向主动，大家必须成为自己未来的主人，必须积极地管理自己的学业和未来的事业——没有人比你自己更在乎你的工作与生活，没有人比你自己更适于管理你的人生和事业，只有积极主动的你，才能找到真正的"自我"，才能让自己在成功的道路上永远快乐！

未来没有哪一种职业是稳定的"铁饭碗"。与传统意义上的职业生涯相比，当代人的职业观正经历着前所未有的变化，选择的可能性和公平性逐渐提高。在职业选择和发展上，呈现出多样化和个体化的趋势，能否在多变的职业环境中把握住职业发展方向，取决于对自身职业生涯的规划和设计。通过规划和设计，我们可以明确自身的优劣势，设定发展目标和阶段性目标，构建合理的知识结构，培养职业能力，积极开展职业实践，赢在职场起跑线上。

一、职业生涯规划的渊源

在美国波士顿大学教授弗兰克·帕森斯的倡导下，1908 年，世界上第一个职业指导机构——波士顿地方就业局成立了。1913 年，美国又成立了全国职业指导协会。"职业指导"的概念在 20 世纪 80 年代被"生涯咨询"所代替。劳动人事部于 1986 年组织出版了《就业指导》，成为职业指导开始大面积实施的标志性教材。20 世纪 90 年代末，职业生涯规划理论从欧美传入我国，并引起我国教育界、学术界、企业界的高度关注。1996 年开始实施的《中华人民共和国职业教育法》明确要求职业学校"进行职业指导"。1999 年我国开始推行分 4 个等级的职业指导师职业资格证书制度。2007 年 12 月，教育部办公厅关于印发《大学生职业发展与就业指导课程教学要求》的通知（教育厅〔2007〕7 号），从 2008 年起提倡所有普通高校开设职业发展与就业指导课程，并作为公共课纳入教学计划，贯穿学生从入学到毕业的整个培养过程。从 2013 年起，该课程要完成从选修课到必修课的过渡。

二、职业生涯规划的定义

(一)职业生涯的定义与分类

1.职业生涯的定义

在职业心理学领域里,职业生涯有两种经典定义。萨帕认为,人一生所经历的职业与非职业活动都应视为职业生涯的内容,职业生涯除了职业角色外还包括各种生活角色。霍尔主张职业生涯只包括一个人一生中与其职业相关的活动与经验。前者是广义的定义,在时间范围上与生涯的概念等同;后者是狭义的定义,认为职业生涯仅从任职前的职业学习和培训开始至退休结束,可以说是一个人终生的工作经历。

无论哪种定义,都淡化了职业作为谋生之手段的作用,而指向个人生命的意义。编者认为,职业生涯指个体一生的工作经历,特别是其职业、职位的变动和理想的实现过程。

2.职业生涯的分类

职业生涯分为内职业生涯和外职业生涯,它们的区别见表 1-9。

表 1-9　内职业生涯与外职业生涯的区别

	外职业生涯	内职业生涯
定义	从事一种职业时的工作时间、工作地点、工作单位、工作内容、工作职务与职称、工资待遇等因素的组合及其变化过程	从事一种职业时的知识、观念、经验、能力、心理素质、内心感受等因素的组合及其变化过程
体现	通过名片、工资单、人事档案来表现,如工资、岗位津贴、福利待遇、奖金等	通过从事职业时的表现,工作结果、言谈举止表现出来
变化	由别人给予认可的,也容易被别人否定、收回和剥夺,操控权主要掌握在别人手中	靠自己的不断探索而获得的,不随着外职业生涯的发展而自动具备,也不会由于外职业生涯的失去而自动散失

内职业生涯是指劳动者的知识、观念、心理素质、能力、内心感受。比如,小王被任命为销售经理,他获得的只是外职业生涯的一个职务,至于他是不是有能力做好这个经理,该职业应该具备的知识观念、经验能力、心理素质等是不是已经具备,并不是他在被任命的那一天就自动具备了,这需要在工作实践中探索、思考,才能逐渐获得。而一旦获得以

后,即使小王由于某种原因不再担任该职务了,他的知识观念、经验能力和心理素质依然为他自己所拥有。

外职业生涯是指劳动者的工作单位、工作内容、工作职务、工作环境、工资待遇。比如,一个业务代表在应聘一家企业时,这个企业所提供的薪水不是他能决定的,即使他在进入企业之初的薪水很高,如果他不能给企业带来业绩,企业就可以随时降低他的薪水或将其辞退。

内职业生涯的发展,以外职业生涯的发展或成果为展示;内职业生涯的匮乏,以外职业生涯的停滞或失败来呈现。内职业生涯的发展是外职业生涯发展的前提,外职业生涯依赖于内职业生涯的发展而增长。只有内、外职业生涯同时发展,职业生涯之旅才能一帆风顺。

(二)职业生涯规划的定义与分类

1.职业生涯规划的定义

职业生涯规划是指确定一个人的事业发展目标。它指个人与组织、社会相结合,在对一个人职业生涯的主客观条件进行测定、分析、总结的基础上,对自己的兴趣、爱好、能力、特点进行综合分析与权衡,并结合时代特点,根据自己的职业倾向,确定最佳的职业奋斗目标,而后制订出基本措施,使自己的事业得到顺利发展,并获取最大程度的事业成功。著名管理专家诺斯威尔对其内涵的界定是这样的:个人结合自身情况和眼前制约因素,为自己实现职业目标而确定行动方向、行动时间和行动方案。

大学阶段正处于职业生涯中的准备期和探索期,对于大学生群体来说,职业生涯规划有着更具体、更重要的内涵。在大学阶段,应当客观、全面地认识自己的能力、兴趣、个性和价值观,了解各种职业、行业、环境的需求趋势和影响因素,确立职业生涯发展目标,选择实现这一目标的职业方向,并为实现这一目标做出行之有效的安排,包括相应的学习和培训计划,并做到及时反馈和修订。

2.职业生涯规划的分类

按照时间的长短,职业生涯规划分为短期规划、中期规划和长期规划。短期规划,一般是三年以内的规划,主要是确定近期目标,规划近期应完成的任务;中期规划,一般是三到五年的职业目标和任务,在近期目标的基础上设计中期目标;长期规划,一般是五至十年的规划,主要是设定较长远的目标,以及为实现此目标而采取的具体措施,五年的实践可以积累丰富的工作经验,这时应该有质的飞跃。人生规划的时间长达 40 年左右,其任务是设定整个人生的发展目标和阶梯。

随着大学生自身认识能力的不断提高,对世界和职业的认识不断深入,职业目标变动以后,职业规划相应地调整,职业生涯也随之变动。不同的个体之间,有的职业生涯成功了,有的失败了,有的职业生涯进展顺利,有的遭受挫折等。

三、职业生涯规划的意义

著名管理学家彼得·德鲁克(Peter F.Drucker)认为:“越来越多的职场人,需要学习‘经营、管理自己’[①],他们要懂得将自己放在最能有所贡献的地方,并努力发挥自己的所长。”毋庸置疑,雇主们需要的是有职业生涯目标、有计划、有准备、有特定能力的人才。提高职业生涯规划的本领,能让你把握自己的优势,在职业发展中更具独特眼光、远见和洞察力。要发现问题、正视问题,并采取积极和有效的方法解决问题,从而不断改进自己的生涯。因此,职业生涯规划对于个人而言具有重要意义。

(一)历时态视角下的意义

根据发达国家的经验,由学校承担的系统的生涯辅导和职业教育在进入高校之前需要开展5个阶段的工作:

1.幼儿园至小学

生涯认知阶段,帮助孩子了解自我、职业、社会角色、社会行为及自身责任等,唤醒个体生涯意识。

2.小学高年级至初中

生涯探索阶段,发展自我和职业领域的知识和基本技能,探索生涯发展的重要因素,掌握一定的生涯选择能力。

3.初三至高一

生涯定向阶段,掌握有关社会职业的知识,学会评价工作角色,进一步澄清自我概念,了解社会、自身需求和生涯计划之间的关系。

① 孙淑丽.大学生就业指南[M].济南:山东大学出版社,2009:41.

4.高中时代

生涯准备阶段,进一步掌握进入某一职业领域所需要的知识、规范,澄清自己的能力倾向、职业兴趣、价值取向,拟定具体的高中后教育训练计划。

5.高中以后

生涯安置阶段,进一步探索对职业的兴趣和能力倾向,或重新认定自己的职业选择,发展专业的知识和技能,建立人际关系,进入选定的高等教育领域或职业生活。

一般来说,经过上述 5 个阶段循序渐进的教育指导,进入大学之前,青年学生已经很清楚自己要成为什么样的人,要从事什么样的职业,为实现自己的人生目标需要怎样安排自己的学习生活了。我国传统教育体系中没有生涯规划与辅导的内容设置,所以要及时补上这一课。

(二)共时态视角下的意义

1.正确认识自我,坚定职业目标

通过职业生涯规划,我们能够正确认识自身特质和潜在优势,能对自己进行正确的定位。许多大学生由于对自己不甚了解,特别是不了解自己的优势和劣势,因此在职业选择过程中具有较大的盲目性。行之有效的职业生涯规划,可以促使大学生发展自身优势,弥补自身劣势,认识到自身的价值并使其持续增值;可以促使大学生着力培养某些职业特质,满足职业要求,树立职业理想和职业生涯目标,及早转换角色并对大学生涯做出规划,为理想职业做出各种准备。

2.突破自我障碍,提高综合素质

职业生涯规划的过程是大学生不断学习和体验的过程。随着知识的积累,接受培训和教育的次数增加,参加社会实践活动的次数增多,大学生可以逐步突破恐惧不安、缺少自信、自视甚低、态度消极、缺少技能等内在障碍。同时,是否具备社会需要和认可的综合素质是大学生能否取得职业生涯成功的重要因素。职业生涯规划促使大学生明确职业目标,将自己所学与社会需要、职业要求相结合,增强实际应用能力和动手能力,增强合作意识和沟通能力,拥有健康的身心和生活方式,拥有丰富的知识和良好的人际关系,为成功实现学生角色到工作者角色的转变做好准备。

3.充分了解社会,提升就业能力

社会的发展促使职业选择成为一项复杂的社会历程。生活在校园里的大学生常常缺乏对社会环境、职业环境和职业信息的了解。通过职业生涯规划,大学生不断地获得信息。获得的信息越多,心理准备越充分,在制订规划时就越能够根据社会需要兼顾眼前利益和长远利益,合理规划,在激烈的就业市场竞争中处于领先地位,找到一个适合自己的工作起点和发展平台,尽可能避免盲目求职,频繁跳槽。

4.实现职业成功,成就美好人生

每一个人都希望自己的职业生涯成功,特别是受过良好教育的大学生,他们对未来的职业生涯具有较高的期望,并愿意为之付出努力。但是,职业生涯的成功仅靠主观努力是不够的,还要看是否选择了正确的方向。职业生涯规划为职业生涯提供了方向保障,帮助大学生在基本需求得到满足并继续增加的同时,通过提高需求层次,获得别人的赞赏和尊重,获得地位和荣誉,实现自身价值的升华,从而实现人生目标。

【案例分析】

哈佛大学"人生目标"的调查

哈佛大学曾经进行了一项关于树立人生目标对个人发展影响的跟踪调查。他们在一群智力、年龄、学历、环境等客观条件都差不多的年轻人中调查发现:3%的人,有清晰而长远的目标;10%的人,有清晰但比较短期的目标;60%的人,目标模糊;27%的人,根本没有目标。

25年后,哈佛大学再次对这群学生进行了跟踪调查。结果发现:

(1)3%的人有清晰且长期的目标。25年来几乎不曾更改过自己的人生目标,始终朝着一个方向不懈地努力,25年后,他们几乎都成了社会各界的顶尖成功人士。

(2)10%的人有清晰的短期目标。那些人短期目标不断被达成,生活状态步步上升,成为各行各业不可或缺的专业人士。

(3)60%的人目标模糊。25年来几乎都生活在社会的中下层,他们能安稳地工作与生活,但几乎没有什么特别的成绩。

(4)27%的人没有目标。他们几乎都生活在社会的最底层,常常失业,靠社会救济。

案例思考:

他们的人生为什么会有如此大的差别?

实训活动——生涯九宫格

前面我们详细阐述了职业生涯规划的定义和意义，这时候有学生会提出这样的困惑："生涯规划需要考虑职业规划外的问题吗？"生涯咨询专家金树人先生提出了"生涯九宫格"的概念。生涯规划课不等于找工作，找工作只是"生涯"里面的九分之一。生涯九宫格几乎涵盖了人一生可能扮演的所有角色，展示出生涯的宽度与广度（表 1-10）。

生涯九宫格中的内容都是客观的评估标准，可以对我们近期的生涯规划实施工作进行有意义的评估。例如一些学生在初入大学会面临这样的困惑："我在别人眼中是快乐的，但是我自己感受不到快乐。"使用生涯九宫格可以帮助学生找到缺失的角色或没有满足的期待。在进行生涯规划时，生涯九宫格也是很好的可量化工具，例如对于学生体而言，可以在每学期初让学生通过生涯九宫格评估上一学期的综合发展，看到自己缺失的方面。

表 1-10 生涯九宫格

学习进修	职业发展	人际交往
◎课程表上要求的课程有哪些？ ◎除了课程表上的内容，你还需要学习什么？ ◎基于自己未来的职业目标，你需要积累什么？ ◎你的学习习惯怎样？	◎任何一个阶段的实践是否都是在为下个阶段的发展做准备？ ◎你理想职业的要求有哪些？ ◎你为此可以做了哪些准备？ ◎你现在做得怎样？	◎你感觉自己难以应对的人有哪些？ ◎哪些场合让你感觉不自在？ ◎为了将来更好地适应社会，你打算和哪些人交往？
个人情感	身心健康	休闲娱乐
◎你怎么看待爱情、友情等其他情感？ ◎你建立并维持亲密关系的能力如何？ ◎他人对你的重要影响有哪些？	◎你有没有坚持运动的习惯？ ◎你如何保持自己的心情愉悦？ ◎适合你的运动方式有哪些？ ◎你如何处理焦虑、压力、沮丧等不良情绪？	◎你有哪些兴趣爱好？ ◎你业余时间会做哪些事情？这会让你自己感受到何种创造性和成就感？ ◎除了学习、工作之外，你会做什么来让自己愉悦？
经济财务	家庭生活	社会服务
◎你每个月的生活费是如何管理的？ ◎你是否了解过一些关于理财的知识？ ◎你是否尝试为自己增加一些收入？ ◎财富在你未来的职业生涯发展中的比重如何？	◎你和父母的关系如何？ ◎你是否从内心接纳并尊重你的父母？ ◎你和父母的关系是如何影响你自身现今的人际交往的？	◎你参与过哪些志愿服务？ ◎你怎样理解一个大学生的社会责任感？ ◎你是否有过创业的想法？ ◎你觉得创业需要思考哪些问题？

学生对每个格子的问题进行思考，并结合主客观标准给自己打分。每个格子满分 100 分，60 分及格。前三个格子均 60 分以上是合格，前六个格子 60 分以上是优秀，九个格子均 60 分以上是卓越，三层逐层递进。

四、职业生涯规划的内容与步骤

为了使未来的职业风险降至最低，在进行职业生涯规划时就要遵循科学的规划方法。职业生涯规划通常可照以下七个步骤进行。

1.自我评估

自我评估，也就是要全面了解自己。一个有效的职业生涯规划必须是在充分且正确认识自身条件与相关环境的基础上，弄清自己想干什么、能干什么、应该干什么、在众多的职业面前会选择什么等问题。大学生职业生涯自我评估主要从成长历程、专业优势和职业倾向几个方面进行评估。因此，在规划职业生涯时要诚实地自问：

(1)我的兴趣是什么？

(2)我有哪些人格特质？

(3)我有哪些技能是与众不同、用以赖以生存的？

(4)哪些东西是我生命中不能缺少的？我最看重什么？

(5)我最渴望从工作中获得什么？

(6)其他：健康、性别、民族等。

正确地进行自我评估是整个规划流程中最为基础、最为核心的环节。

2.环境评价

每一个人都处在一定的环境之中，离开了这个环境，便无法生存与成长。在制订职业生涯规划时，要了解职业世界和职业环境分析，才能做到在复杂的环境中避害趋利，使自己的职业生涯规划具有实际意义。对环境的探索具体包括：

(1)专业与职业的关系。

(2)职业世界的宏观发展趋势。

(3)职业的分类和人才市场的需求。

(4)具体职业对工作人员的要求、条件和待遇等。

(5)继续教育方面的选择。

(6)宏观的社会环境分析。

(7)中观的行业与地域环境分析。

(8)微观的组织环境分析。

3.生涯决策

职业生涯规划要综合考虑自我职业倾向与现实生涯发展机会的匹配状况,还要结合自己的专业优势,评估生涯发展方向和机会的成功成本与概率,理性地做出生涯决策。一般而言,进行生涯决策,必须遵循以下原则:

(1)择己所爱:对生涯发展蓝图的决定和选择,必须符合自己的兴趣。

(2)择己所能:对生涯发展蓝图的决定和选择,还必须依托自己的能力。

(3)择世所需:生涯决策必须遵循社会发展规律,符合社会的需求。

(4)择己所利:生涯决策也必须遵循利益最大化原则,确保自身利益。

根据生涯决策的基本原则,同学们在进行生涯决策时必须立足于系统思考,重点考虑自己想要什么,自己能够做什么,自己可以做什么等,处理决策过程中的各种问题,比如生涯信念、障碍、挫折等,在此基础上进行信息整合,选取可行的策略。

4.目标设定

目标设定是制订职业生涯规划的关键,通常目标有短期目标、中期目标、长期目标和人生终极目标之分。大学生做职业规划目标设定,主要是确立初次择业的职业方向和阶段目标,要以自己的最佳才能、最优性格、最大兴趣、最有利的环境机会等条件为依据。设立初步的生涯目标后,还需要对目标进行仔细分解,以利目标的澄清和评估目标实现的可行性,并根据细分目标制订实际的具体计划方案。目标设定应注重:

(1)依据客观现实,考虑个人与社会、单位的关系。

(2)比较鉴别,比较职业的条件、要求、性质与自身条件的匹配情况,选择条件更合适、更符合自己特长、更感兴趣的、经过努力能很快胜任的、有发展前途的职业。

(3)扬长避短,看主要方面,不要追求十全十美的职业。

(4)审时度势,及时调整,要根据情况的变化及时调整择业目标,不能一成不变。

5.发展路径选择

"条条大路通罗马。"每个人都有适合其发展的路径,但每个人都是不同的,谁也不能完全复制别人的成功之道。职业生涯发展路径是指一个人选定职业后从什么方向上实现自己的职业目标,向哪一条路线发展,是往专业技术方向发展,还是向行政管理方向发展,是先走技术路线再转向行政管理路线又或是其他的路线。发展路线不同,对职业发展的要求也不相同。通常职业生涯路线的选择需考虑以下三个问题:

(1)想往哪一路线发展?

(2)能往哪一路线发展?

(3)可以往哪一路线发展?

因此,在制订"职业发展行动计划"之前,必须结合职业决策做出发展路径选择,以便安排今后的学习和工作,使其沿着职业生涯的路径发展。

6.策略实施

实施策略就是要制订实现职业生涯目标的行动方案。没有具体的行为措施来保证,职业目标只能是一种梦想。因而既要制订周密的行动方案,更要注意去落实这一行动方案。对于在校大学生而言,策略的实施主要包括以下几个方面:

(1)构建一个以专业知识为核心,以相关专业知识、基础及一般知识为支撑的稳固、宽泛的知识结构。

(2)重点培养满足社会需要的决策能力、创新能力、社交能力、实践操作能力、组织管理能力、终身学习能力、心理调适能力和随机应变能力等。

(3)参加有益的职业训练。比如:校园文化活动、社会实践调查、青年志愿服务、创业体验活动、社会兼职、具体的求职过程、制作简历、面试等。

7.评估与反馈

有效的职业生涯规划要在实施中检验,有意识地回顾自己的行为得失,检验自己的职业定位与职业方向是否合适。要及时诊断生涯规划中各个环节出现的问题,并再次进行生涯探索,找出相应对策,修正对自我的认识。而后要通过反馈与修正,纠正最终职业目标与分阶段职业目标的偏差,保证职业生涯规划的行之有效。

【案例分析】

比尔·拉福的人生规划

比尔·拉福的父亲是洛克菲勒集团的一名高级职员,在商界摔打了多年。

受到父亲的影响,拉福在中学毕业时便立志从商。拉福的父亲认为儿子有商业天赋,机敏果断,敢于创新,但并不赞成他直接攻读商业相关专业。拉福父子进行了一次长谈,最终拉福听从了父亲的劝告,升学时没有直接去读贸易专业,而是选了工科中最基础、最普通的专业——机械制造。

这着棋很妙,因为做商贸必须具备一定的专业知识,在贸易中,工业商品占据了绝大多数,如果不了解产品的性能、生产制造情况,很难保证贸易的收益。况且,工科学习,不仅是知识技能的培养,还能帮助建立起严谨求实的思维体系,训练推理分析能力,培养一种脚踏实地的工作态度,这些素质对经商帮助极大。比尔·拉福就这样在麻省理工学院度过了4年。他没有拘泥于本专业，学习了许多化工、建筑、电子等方面的基本知识，这些知识在他后来的商业活动中发挥了不可替代的作用。

大学毕业后，比尔·拉福根据计划开始攻读经济学的硕士学位。他考进芝加哥大学，开始了为期3年的经济学硕士课程。这期间，比尔·拉福掌握了经济学的基本知识，搞清了影响商业活动的众多因素。他还特意认真学习了有关的法律知识。现代商业活动中，法律充当了至关重要的角色，没有法律保障，现代商业将陷入一片混乱。他更注重学习微观经济活动的管理知识，而不把主要精力用来研究理论经济学，因为那是职业经济学家的工作，他志不在此。这样，几年下来，他在知识上完全具备了经商的素质。

然而，拿到硕士学位的比尔·拉福仍然没有立即投身商海，而是考了公务员，去政府部门工作。他的父亲——这位老谋深算的商人深知，经商必须有很强的交往能力，要想在商业上获得成功，必须深知处世规则，充分了解人的心理特征，善于与人交往，能够给人以良好的印象，使人信任你，愿意与你合作。这种开拓人际关系的能力是在任何学校都学不到的，只有在社会上、在工作中才能得到锻炼，而训练交际能力、观察人际关系的最佳去处就是政府部门。在这种环境里工作，每个人都会逐渐变得机敏、老练、处变不惊。比尔·拉福在政府部门一干就是5年。这5年中，他从稚嫩的热血青年成长为一名老成持重的公务员。他在后来的商业生涯中，很少上当受骗，这都归功于他在政府的5年锻炼。此外，他在政府机关工作，结识了大批各界人士，建立起一套关系网络。

五年的政府工作结束之后，比尔·拉福已完全具备了成功商人所需的各种条件，羽翼丰满了。于是，他辞职"下海"，去了父亲为他引荐的通用公司熟悉商业业务。用了两年，他熟练掌握了商情与商务技巧。这时候，他不再耽搁时间，婉言谢绝了通用公司的高薪挽留，跳出来开办了拉福商贸公司，开始了梦寐以求的商人生涯，正式实施多年前的计划。比尔·拉福的准备工作太充分了，他几乎考虑到每个细节，学会了商人应学的一切。因此，他的生意进展异常顺利，拉福公司的资产从最初的20万美元迅速发展为2亿美元，而比尔·拉福本人也成为一个传奇人物。

案例思考：

从比尔·拉福的成功之路中，你学到了什么呢？

思考与练习

1.你为什么要上大学？通过大学学习，你要实现的目标有哪些？

2.基于现实，你想到实现自己理想的具体计划有哪些？

3.在理想实现的过程中，哪些部分是你特别需要努力的？

4.寻找个人成长过程中的学习顾问、心理健康顾问、生涯发展顾问、个人形象顾问，以便在职业生涯过程中随时得到强有力的支持。

第二章　成长规律

青年应该把坚定正确的政治方向放在第一位。

——毛泽东

【学习目标】

1.掌握马克思主义经典作家关于青年成长的论述；

2.掌握大学生党员的成长规律；

3.掌握学生干部的成长规律。

【导入案例】

从“党外布尔什维克”到优秀党员[①]

1983年秋，面临毕业分配的南京铁道医学院学生王国卿做出了两桩惊人之兴趣：一是坚决要求去新疆，开发大西北；二是宣称自己不入党，要以“党外布尔什维克”的身份和党员们比着干！

大学期间，王国卿耳闻目睹了一些党内不正的人和事，在和同学们讨论是非曲直时，常常愤慨切齿挥拳，坐立不安。为什么党内会有种种不正之风？如何看等这些现象？同学们热烈争论，见解纷呈。王国卿慨然表示要保持一个“真正的人”的形象，与不正之风坚决对立。他买了理发工具，热心为全班同学理发，随叫随到；每天为同学们发信、取报，组织同学们赏雪踏青，搞社会调查；毕业实习，他自告奋勇地把大家的行李拉到车站托运；他还踦自行车游览了祖国东部的名山大川，行程两千公里，边游览边搞社会调查。有的同学问他：“大英雄，你是不是被李燕杰的花露水洒昏了头?”他笑笑：“这叫共产主义道德的自我完善，每个青年的必修课。”但是，当班里的党支部书记劝他写入党申请时，他拒绝了：我不是为了入党。我要以“党外布尔什维克”的身份和一些党员“比着干”，让那些挂牌党员

① 戴艳军.思想政治教育案例分析[M].北京：高等教育出版社，2001:75-78.

们脸红、心跳，想想真正的党员应是什么样子！同学们对此褒贬不一。

来到新疆，王国卿被分配到乌鲁木齐铁路中心医院。他当“党外人士”的雄心正盛，几番申请，被批准与对调分配，来到了天山深处的巩乃斯草原，在解放军某野战医院当了外科医生。

作为医学院应届毕业生中唯一主动申请来到天山深处工作的学生，他感到兴奋和骄傲：那些党员又怎么样？有胆量到这艰苦地方来的还不是我这个“党外人士”？

谁知，日子长了一打听，200余人的小医院，竟有50人是从上海、南京、西安等地志愿来疆的，这些人几乎全是共产党员。王国卿惊叹之余，真正感受到社会之大，个人所见之窄。

对越自卫反击战期间，王国卿来到了战火频仍的老山前线，他要求到最前沿的连队去，但每次请求都被问到同一个问题：“是党员吗？”王国卿的自尊心受到了刺激，但耳闻目睹的事实使他很快明白了：在老山战场，共产党员是真正的先锋队，真正的无私奉献者。上前线，参加突击队，他们争先恐后，当工兵、当军工，虽千辛万苦，默默无闻，也不计较……在某部统计的战亡战伤名单里，共产党员竟占65%！

王国卿从心底发出赞叹，同时耳边也不断响起一个声音：“当共产党员们争相为祖国、为人民流血献身时，仍为入党而苦思而彷徨着，实在是耻辱，是自私，是怯懦！”战斗间隙，王国卿急速地反思自己的思想历程，终于清楚地认识到：要真正读懂社会实际这部大书，仅凭热情和正义感远远不够。只有具备工人阶级先进分子的高度觉悟和马克思主义的聪慧目光，才能在纷繁复杂的社会生活中，保持清醒的头脑和科学的态度。

王国卿终于庄重地向党组织递交了入党申请书。入党后，他继续担任对越自卫反击战的军医。有一次，兄弟部队一名战士被越军的炮弹炸成了血气胸，向下抬时，敌人的炮弹追着炸。王国卿见状，一把推开死死拉他的卫生员，冲过百米生死线，用身体护着伤员进行紧急止血包扎。面对一发又一发的炮弹，他镇定自若。当他背着伤员撤回昏暗的哨位时，战士们看着他那寸把长胡子和满是血污的光身子，都哭了。连长一把搂着他，喃喃地说：“这小子真够个‘王党员’呀！”

从此，“王党员”的称呼不胫而走。

案例思考：

1.王国卿的思想是如何实现转变的？

2.政治方向对青年成长有何重要意义？

青年时代，是满怀激情、富有朝气的时代，是放飞理想、人生出彩的时代。一个人在青年时代确立的正确理想和坚定信念对其成长和人生具有重要意义。确立正确的理想、坚定的信念必须从青年抓起。习近平指出：“帮助广大青年确立正确的理想、坚定的信念，应该成为团组织的首要任务。只有抓好这项工作，才真正抓到了根本上。这是党对共青团工作第一位的要求。”大学承载着对青年学生、对国家民族未来的重大责任，只有坚定理想信念，坚持正确的政治方向，才能培养出社会主义建设者和接班人，大学生个人才能创造出辉煌精彩的人生。

第一节　马克思主义与青年成长

一、马克思恩格斯关于青年成长的论述

马克思、恩格斯在不同时期、不同情况下对青年的成长问题做过多方面论述，这主要表现在青年的发展目标、教育培养、学习问题、职业选择等方面。

(一)关于青年的发展目标

马克思、恩格斯指出，青年应该是摆脱片面性的“全面发展”的人。

人的全面发展既是马克思、恩格斯关于未来社会发展目标的设想，也是他们对青年人成长发展目标的设定和追求。在《共产党宣言》中，马克思、恩格斯提出了对未来社会的构想：“代替那存在着阶级和阶级对立的资产阶级旧社会的，将是这样一个联合体，在那里，每个人的自由发展是一切人的自由发展的条件。”马克思认为，未来社会应该是“以每个人的全面而自由的发展为基本原则的社会形式”。恩格斯在 1847 年为共产主义者同盟起草的纲领草案《共产主义原理》中指出，青年人应该是“能够熟悉整个生产系统”、“摆脱……分工给每个人造成的片面性”的全面发展的人。实现全面发展的途径是消除分工。他们在《德意志意识形态》中指出：“要消灭关系对个人的独立化、个性对偶然性的屈从、个人的私人关系对共同的阶级关系的屈从等等，归根到底都要取决于分工的消灭。”“在共产主义社会里，任何人都没有特定的活动范围，每个人都可以在任何部门内发展，社会调节着整个生产，因而使我有可能随我自己的心愿今天干这事，明天干那事，上午打猎，下午捕鱼，傍晚从事畜牧，晚饭后从事批判，但并不因此就使我成为一个猎人、渔夫、牧人或批判者。”由此可见，人的全面发展是生产力高度发展和社会消除分工的需要。人的解放也就是劳动的解放，人从被剥削的劳动者成为享受劳动成果的劳动者，劳动从被迫的成为主动的需求并且是快乐的，这就是共产主义，也是所有青年人奋斗的最高目标①。

我国当代著名高等教育家潘懋元先生根据马克思主义的全面发展学说提出：“人的全

① 武颖，杨蔚.马克思恩格斯的青年成长思想及其现实意义[J].北京交通大学学报(社会科学版)，2016(2)：137-140.

面发展,是由德智体美诸种素质的发展所构成,全面发展教育就应包含德育、智育、体育以及美育各个组成部分。""全面发展教育的各个组成部分各居其位,各秉其旨,各尽其功,又相互联系,相互促进,构建教育的整体,形成教育的合力。"[①]

【案例分析】

用人单位更需要能力和素质

当了几次招考面试的考官后,我发现其中有两次的第一个面试题目几乎相同,都是问"你应聘这个岗位有什么优势和不足"。应聘者的回答多数都不够理想。有一些应聘者把文凭、科研论文作为主要的优势,实际上这是一个误区,用人单位需要的主要是能力和素质。

用人单位需要的具体是哪些方面的能力和素质呢?我认为既有共性,又有不同岗位上的不同要求。共性的东西应该是事业心、责任心、人际关系的处理能力等。不同的岗位有不同的要求,如作为幼儿园的老师,首先要求老师特别喜欢孩子,对孩子富有爱心;其次,老师要爱好音乐、美术(不一定十分专业),喜欢唱唱跳跳等;最后,老师的性格还要比较活泼外向,办事有耐心,懂得幼儿成长和发展规律及幼儿教育知识。又如担任领导则需要有一定的组织协调能力、写作和口头表达能力,能够较好地处理与上级领导和下属的关系,并且办事公道。之前的工作经历对于以后的工作也是很重要的,可以适当地进行说明。但是,对于学历等方面,在招考报名时已经作了规定,因此面试时完全没有必要再详述。

对于存在哪些方面的不足,应聘者很难进行回答。总而言之,既不能不说,但又不能让考官感觉到你的缺点导致你不适合从事这一岗位的工作。当然,对于应聘者来说范围比较小,实际上在考官对应聘者比较了解的情况下,还是应该比较客观地说说自己的不足及将来会怎么样弥补不足。

有的人面试时成绩不好,往往把原因归结为自己没有准备好或上场吓慌了。以我多年来参加考官工作的经验,是否能够通过面试,实际上主要还是取决于应聘者的基本素质、知识储备,因为机会总是给有准备的人。

案例思考:

人的素质和能力与马克思"人的自由全面发展"理论有无联系?

---

① 彭平一,张卫良."人的全面发展"理论在高校思想政治理论课的运用[J].现代大学教育,2010(2):108.

(二)关于青年的教育培养

1.青年要成为“能通晓整个生产系统的人”

1847年,恩格斯在为共产主义者同盟起草的纲领草案《共产主义原理》中指出:“根据共产主义原则组织起来的社会,将使自己的成员能够全面地发挥他们各方面的才能,这就要求教育要培养能通晓整个生产系统的人。教育将使年轻人很快就能够熟悉整个生产系统,将使他们根据社会的需要或他们自己的爱好,轮流从一个生产部门转到另一个生产部门。因此,教育将使他们摆脱现代这种分工给每个人造成的片面性。到那个时候,现在已被机器破坏了的分工,即把一个人变成农民、把另一个人变成鞋匠、把第三个人变成工厂工人、把第四个人变成交易所投机者,将完全消失。”在《共产党宣言》中,马克思和恩格斯也指出:“代替那存在着阶级和阶级对立的资产阶级旧社会的,将是这样一个联合体,在那里,每个人的自由发展是一切人的自由发展的条件。”与之相适应,未来共产主义社会在教育方面将“对所有儿童实行公共的和免费的教育;取消现在这种形式的儿童的工厂劳动;把教育同物质生产结合起来;等等”。这便是说,在马克思、恩格斯看来,资本主义社会的教育是片面的教育,造就的是片面发展的人。无产阶级革命要摒弃和克服资本主义社会对青年的片面教育,要把青年培养成能通晓整个生产系统的人。

【案例分析】

给中科院硕士当师傅的技工

53岁的李鸿麾下有300多名技师和高级工,他们中不乏中国科学院毕业的硕士、青岛理工大学毕业的硕士。既有很多刚毕业的大学生,也有工作经验丰富的中高级工程师。

而这些专业技术人员都有一个共同的师傅——毕业于上海市隧道技校的李鸿。12月初,李鸿从人力资源和社会保障部那里捧回了中国技能人才领域的最高政府奖项——中华技能大奖。

从1983年技校毕业至今,李鸿已经在隧道建设一线工作了33年。他的徒弟从最开始的技工,到后来的工程师、名校毕业生,很多都已经当上了项目负责人。很多人奇怪,一个技校毕业的一线师傅,拿什么去“镇”住这些名校硕士毕业生?

李鸿被徒弟和同事们称为隧道股份的“李云龙”,颇有老大风范。他担任隧道股份技师协会会长,旗下有近300名技师和高级工。而且他还有一个“李鸿技能大师工作室”,工作室里有6名高级技师、2名工程师、2名技师,主要致力于盾构法隧道施工技术攻关、技艺传承、技能推广和科技创新。

袁风波是上海隧道股份公司越江工程项目部的一名经理助理，中科院硕士毕业。在公司里，他的另一个身份是李鸿的徒弟。按照上海隧道股份公司“双师型”人才培养的计划，像袁风波这样本科、硕士毕业的高级管理人才，都必须跟着高级技师们学习一门技能。

袁风波说：“研究生一毕业就来到工地，说真的，还真缺乏工地现场指挥能力。”他还告诉记者，李鸿最常叮嘱他的一句话就是“要勤于动手、勤于去现场”，李鸿主张遇到问题的时候，工程师一定要去现场，自己动手摸一摸、试一试，这样才能积累更多经验。

案例思考：

生产技术对青年成长有何作用？

2.青年人留学能够开阔眼界

恩格斯说：“我一向赞成把有抱负的青年人送到国外去，使他们能开阔眼界并摆脱在祖国必然会产生的地方偏见。”但同时，青年人不应该盲目追求留学，必须要有明确的规划，要考虑到现实条件。恩格斯曾谈到对于一名青年留学的看法，给出三点建议：第一，要明白学什么。“我认为，在把这个人送到这里来以前，应当确定研究计划——至少是大致的。”第二，具备留学的基本条件。“如果不掌握哪怕是少许英语知识，他在这里就会寸步难行。我想，他最好是首先用半年左右来学点法文和英文，以便在出国前至少能勉勉强强学会用这两种语言阅读。”第三，要掌握必要的基础知识。“如果他想顺利地从事研究，他总还应当在历史方面、地理方面以及如有可能还在数学和自然科学方面具备某些初步知识。”

3.要重视青年的革命传统教育

对于新一代年轻人要进行革命传统教育和正确的舆论引导。“青年要了解历史，并且要了解真正的历史，而不是统治阶级所大量捏造的材料和报道，也不是被人为篡改而被遗忘甚至遗弃的历史。”恩格斯在多封致贝克尔的信中写道：“最近我扎扎实实地做了些工作，并且利用机会重温了1848—1849年美妙的青年时代所写的一些东西。这显得非常必要，因为年青一代已经忘记了或者从来就不知道这一切，他们现在希望知道当时发生了什么事，鉴于存在着大量捏造的材料和报道，所以必须使他们尽可能有一个正确的认识。”“你在《新世界》上发表的片断使我非常高兴。你应该继续写下去，回忆过去的运动对青年是有益的，否则他们会认为，一切都应该归功于他们自己”。

4.对青年要进行扎实的科学宣传

马克思在给恩格斯的信中写道:“如果我们在这两三年里能像1848年以前所做的那样,用各种书籍进行扎实的科学宣传,我们的事业会要好得多……往后我们只要有了报纸,可以把它每星期刊登一篇,人民有不懂的地方,拥护者们就可以作解释,虽然不那么理想,但总不是没有好处的。”

【案例分析】

马克思如何成为马克思主义者①

我们知道早期的马克思一开始是青年黑格尔派。大学毕业之后,他到了《莱茵报》,在那里的一年多时间里,他又是怎样成为马克思主义者的?在一个契机下,他接触到了现实。在黑格尔博士俱乐部,作为一个青年黑格尔派的成员,他相信自我意识。理性是最重要的,这是法国大革命的核心精神。因此要把一切都放到理性的天平上进行审判,这是相对于中世纪不讲人性、不讲理性、只讲神权而言。世界上一切不合理的事情是怎样来的?都是人们不讲理性所造成的,所以要用理性来解决一切。马克思到了《莱茵报》以后才发现,按照他们的理性来面对现实却处处碰壁。当理性与现实发生矛盾时,德国很多学者,如青年黑格尔派的其他成员鲍威尔等人是让现实服从理性,但为什么马克思在遇到这些问题时就转变了?就是因为他发现,每次发生矛盾时,理性总是吃了败仗,现实打了胜仗。马克思的思想就是从这里开始发生转变的。

案例思考:

马克思的价值观转变对你的人生发展有何启发?

(三)关于青年的学习

1.青年人要刻苦钻研和勇于批判

刻苦学习、潜心钻研是学习取得成效的重要保障。马克思强调,为了加强各领域知识的学习,提高为人类服务的本领,青年必须树立刻苦钻研的学习精神。1867年4月,马克思在致齐格弗里特·迈耶尔的信中写道:“我一直在坟墓的边缘徘徊。因此,我不得不利用我还能工作的每时每刻来完成我的著作,为了它,我已经牺牲了我的健康、幸福和家庭。

---

① 薛广洲.马克思成为马克思主义者对青年成长的启示[J].中国青年政治学院学报,2007(1):9.

我希望,这样解释就够了。”1872 年 3 月,马克思在出版的《资本论》法文版序言和跋中强调:“在科学上没有平坦的大道,只有不畏劳苦沿着陡峭山路攀登的人,才有希望达到光辉的顶点。”在经典作家看来,坚持刻苦学习,不为艰难困苦所屈服,对提高青年人认识世界和改造世界的能力具有重要的作用。

坚持正确的学习态度还必须具备批判的精神。1844 年 9 月至 11 月,为了批判青年黑格尔派的唯心主义,马克思、恩格斯撰写了《神圣家族》一书。针对鲍威尔等人把群众看成是“非批判的”、消极被动的“群氓”的观点,他们强调无产阶级的任务就是在批判旧世界中发现、认识和建立新世界。1848 年 2 月,他们在为共产主义者同盟起草的纲领——《共产党宣言》中提出:“共产主义革命就是同传统的所有制关系实行最彻底的决裂,并对各种形形色色的、反动的社会主义进行深刻的批判。”正是由于马克思、恩格斯采取批判的态度对待人类一切优秀文明成果,马克思主义才真正具有了世界意义。1859 年 8 月,恩格斯在为马克思《政治经济学批判· 第一分册》写的书评中强调:“即使只是在一个单独的历史事例上发展唯物主义的观点,也是一项要求多年冷静钻研的科学工作,因为很明显,在这里只说空话是无济于事的,只有靠大量的、批判地审查过的、充分地掌握了的历史资料,才能解决这样的任务。”总之,在经典作家看来,坚持批判的态度是对待人类文明成果的一个基本原则。

2.树立理论联系实际的学风

科学理论本质上是实践的理论,承载着走向现实世界、与实际相联系的工具价值。在无产阶级革命运动中,马克思、恩格斯历来主张坚持理论联系实际。早在《莱茵报》时期,针对黑格尔哲学脱离实际的弊端,马克思就提出了“哲学与现实相联系”的观点。1847 年 10 月,恩格斯在《共产主义者和卡尔·海因岑》一文中指出:“共产主义不是教义,而是运动。它不是从原则出发,而是从事实出发。”19 世纪后半期,针对有些人教条式地对待马克思的理论,恩格斯反复强调,马克思的理论不是教条而是行动的指南,随时随地都要以当时的历史条件为转移。1890 年 6 月,他在致保尔· 恩斯特的信中再次强调:“……至于您用唯物主义方法处理问题的尝试,我首先必须说明:如果不把唯物主义方法当作研究历史的指南,而把它当作现成的公式,按照它来剪裁各种历史事实,那它就会转变为自己的对立物。”这些论述深刻地回答了坚持理论联系实际的重要性和必要性,为推动无产阶级革命和建设事业发展提供了强大的思想理论武器。

3.做到学与用、知与行相结合

马克思主义是无产阶级也是青年认识世界和改造世界的科学真理。学习马克思主义的目的不是抽象地、机械式地记忆个别词句,而在于做到学与用、知与行的统一。1845 年春，马克思在《关于费尔巴哈的提纲》一文中强调："凡是把理论引向神秘主义的神秘东西，都能在人的实践中以及对这个实践的理解中得到合理的解决。"1885 年 4 月，恩格斯在致维拉·伊万诺夫娜·查苏利奇的信中指出："马克思的历史理论是任何坚定不移和始终一贯的革命策略的基本条件；为了找到这种策略，需要的只是把这一理论应用于本国的经济条件和政治条件。"在领导无产阶级革命运动中，马克思还提出了"学习、生活、工作和斗争必须紧紧地联系在一起"的观点。在这些思想指导下，共产党人把学习革命理论、科学文化知识同解决革命实践问题相结合，有力地推动了无产阶级革命向前发展[①]。

【案例分析】

1942 年刘少奇山东之行的革命实践[②]

在抗日战争最艰苦的 1942 年，刘少奇曾在紧要关头，临危受命，到山东工作生活了近 4 个月的时间。4 个月，相对于 8 年抗战，的确不能算很长，但刘少奇在山东的这 4 个月，却对山东抗日根据地的发展巩固产生了巨大的作用，是山东军民抗战的转折点。

刘少奇到达山东后，不顾旅途劳累，一到驻地就开始了紧张的工作。刘少奇主要抓了两个方面的工作，一是调查研究，找准问题症结；二是对症下药，帮助解决问题。

为了尽快地摸清情况，刘少奇灵活运用策略方法，身体力行，三管齐下，深入开展调查研究，充分体现了老一辈革命家在复杂形势面前高超的驾驭能力、实事求是的良好作风。

一是实地走访调查。到达山东境内后，刘少奇就开始了走访调查。他深入部队、农村，每到一处，不顾身体疲劳、处境危险，总是寻找机会同干部群众谈心，了解减租减息、群众生产生活、阶级关系这些方面的情况。他还安排随行的工作人员主动走入群众中，了解党的政策的贯彻情况和老乡们的反映。二是找人谈话，听取汇报。刘少奇抓住重点，与山东党政军主要负责人分别谈话，认真听取了他们的工作汇报。首先与山东分局书记朱瑞谈了三天。接着又同 115 师政委罗荣桓、代师长陈光谈了一天一夜，然后同山东纵队政委黎玉谈了一天。同时，还抽时间听取了 115 师政治部主任萧华等人的工作汇报。通过以上谈话，刘少奇基本上摸清了山东的问题。三是查阅档案文件。刘少奇在与山东分局、115 师、山东纵队、省战工会许多主要干部深入交谈、听取意见的同时，还组织随行人员仔细地翻阅了山东党政军民各方面的有关材料，特别是《大众日报》《斗争生活》这些党报党刊。其中有关党的建设、武装斗争、群众运动这些方面的重要材料，刘少奇都作了详细的

① 吴光会，唐棣宣.马克思恩格斯学习观探析[J].2017(7)：16-17.

② 马京波，王翠.刘少奇生平研究资料[M].北京：中央文献出版社，2013：281-283.

记录。通过查阅档案文件,刘少奇掌握了大量的第一手资料。

通过调研,刘少奇基本上找到了山东问题的症结所在,初步形成了解决山东问题的大体思路。

案例思考:

从刘少奇的故事看,真正的学习是什么?

(四)关于青年的职业选择

1.选择职业的原则

马克思写道:“我们应当认真考虑,所选择的职业是不是真正使我们受到鼓舞?我们的内心是不是同意?我们受到的鼓舞是不是一种迷误?”经过深层考虑,我们有必要找出鼓舞的来源。

影响职业选择的三大因素:个人喜好、身体条件、自身能力。

(1)个人喜好因素,即个体自身的兴趣,能否将自己的兴趣与自己所选的职业相结合。人们在自己的兴趣与好奇心的驱使下,往往能够发挥自己的潜能去进行创造性的工作,从而使兴趣与工作都能够得到发展。马克思说:“如果我们通过冷静的研究,认清了所选择的职业的全部分量,了解它的困难以后,我们仍然对它充满热情,我们仍然爱它,觉得自己适合它,那时我们就应该选择它,那时我们既不会受热情的欺骗,也不会仓促从事。”

(2)身体条件因素,即一个人的体质能否胜任工作。“我们的体质常常威胁我们,可是任何人也不敢藐视它的权利。”十七岁的马克思如是说。当我们的外部条件限制了我们主观愿望前进的时候,我们就会感到阻力,受挫的感觉如果一而再,再而三地向我们袭来,那么即使是原先的热情也会被消耗,厌世的情绪便会油然而生。马克思不主张青年超越体质的限制选择职业,“诚然,我们能够超越体质的限制,但这样一来,我们也就垮得更快”。差强人意的体质使我们不能持久地工作,工作起来也很少乐趣。如果我们选择了力所不能及的职业,那么,我们绝不能把它做好。

(3)个人能力因素,个人的自身能力也是我们考量选择职业的原则之一。马克思曾经说过:“不是意识决定生活,而是生活决定意识。”在我们现在的社会状态中,职业是谋生的手段,具有异化和剥削性质,人们并不总是能够选择自认为适合的职业,只有当各方面的客观社会条件具备以后,才有可能选择理想的职业。马克思强调青年应该在正确估计自身能力的基础上选择职业,他说:“如果我们错误地估计了自己的能力,以为能够胜任经过周密考虑而选定的职业,那么这种错误将使我们受到惩罚,即使不受到外界指责,我们也会感到比外界指责更为可怕的痛苦。”

2.选择职业的原则

这一原则体现了对职业选择的价值追求。马克思提出了选择有尊严的职业、深信其正确的职业、能为我们提供广阔场所的完美境地的职业，其主要指针是人类的幸福和我们自身的完美。

(1)有尊严的职业。尊严是什么？尊严就是最能使人高尚起来、使他的活动和他的一切努力具有崇高品质的东西，就是使他无可非议、受到众人钦佩并高于众人之上的东西。所谓有尊严的职业是能给人以尊严的职业，在从事这种职业时，我们不是作为奴隶般的工具，而是能够在自己的领域内独立地进行创造。用马克思的话来说，就是“不一定是最高贵的职业，但总是最可取的职业”。

(2)深信其正确的职业。马克思从反面论述错误思想上的职业，“使我们感到压抑、自我欺骗乃至使仓促从事的人毁灭”；正面论述正确思想上的职业会使我们行为高尚，拥有高尚的地位，提高自身的尊严。一言概之，建立在错误思想上的职业使我们受压抑，甚至使仓促从事的人毁灭，而建立在正确思想上的职业使我们得到尊严。

(3)遵循指针是人类的幸福和我们自身的完美，就是追求把社会需要与个人发展结合起来获得主客观统一的职业，追求人类幸福的职业是“能为我们提供广阔场所的完美境地”的职业。马克思说个人完美与人类幸福这两种利益不是敌对、互相冲突的。人类的天性本身应该是——“人们只有为同时代人的完美、为他们的幸福而工作，才能使自己也过得完美”。

例如，2004 年“央视”感动中国人物中支教大学生徐本禹在大学毕业后到贫困农村扎根支教，为当地的孩子们带去了希望，实现了自己的价值，也为整个社会做出了贡献。这些选择都是符合马克思主义职业观的选择，因为他通过自己的选择为社会做出了贡献，为其他人带去了幸福，同时也做到了自我价值与社会价值的统一。

【案例分析】

什么是职业尊严？①

人这辈子一定要有尊严地活着，生命本就短暂，认真对待生活的人活得都很有尊严。

一、几种行业的尊严

(一)保姆的尊严

十年来用同一个保姆。前几天她第一次跟我请假一周。回家之后我发现她认真地给

① 我认为，这就是职业尊严[EB/OL].(2017-12-13/)[2019-4-19].http://baijiahao.baidu.com/s?id=1586672858601427192&wfr=spider&for=pc.

厨房的垃圾桶套上了七层垃圾袋。

我认为,这就是职业尊严。

(二)理发师的尊严

剪头发的时候认识一个发型师。他的收费比大部分人贵,但是绝不推荐染发、烫发,绝不向客人推销任何东西。他的理由是:第一,用最简单的方式能让客人满意才算手艺;第二,我的专业是剃头的,不是推销的。

我认为,这就是职业尊严。

(三)司机的尊严

去年到青海湖旅行,包车的时候认识一个司机。他只有小学文化程度,但是每天都穿着笔挺的西装衬衫,永远提前十分钟到门口等候,车子每天换座椅套,车上免费准备垃圾桶、矿泉水、湿纸巾和睡觉盖的薄毯。司机还自带一台单反相机,他会默默拍下客人观景时的背影或远景,分别时送给客人。

我认为,这就是职业尊严。

(四)木匠的尊严

定做家具时认识一个木匠。他的生意很大,手工极慢,而且对于我所想出来的所有省事儿的主意都嗤之以鼻。虽然我订的两件东西并不贵重,就相当于"不带钻石的素圈儿戒指",但是量尺寸时他亲自来,为的是要"看看你家的壁纸究竟啥颜色,用这个木料行不行?"送货时他也亲自带着徒弟来,生怕放置得不合适,连我放的位置不合他意,他都焦虑得要命。他经常会抚摸着光滑的木头满眼爱意。

我认为,这就是职业尊严。

(五)网球教练的尊严

在网球俱乐部学球时认识一个网球教练。他的收费比其他教练稍贵,但是他从来不占用学员的时间接打电话、喝水、抽烟、上厕所,也从不向学员推销会员卡、球拍器材。但客人如果有问题要咨询,他又总能给出最专业详尽的解答。他的理由是:第一,我是教练,不是会籍顾问,也不是销售店员。第二,学员花钱报名来学习网球,充分利用场上时间来实现学员技术水平的最大化提高是教练员的职业道德。

我认为,这就是职业尊严。

二、尊严的来源

这些人身上有一种引而不发,然则绵绵不绝的力量。职业尊严在今天俨然已经成为一种稀缺资源。我常常为很多"社会精英"级的人物工作。但是,即使在这个人群中,"端起碗来吃肉,放下筷子骂娘"者有之,"常在河边走,主动去湿鞋"者亦有之。可见,职业尊严跟教育程度、社会地位甚至眼界都没有必然联系。

我深深地迷恋每一个人全情投入于自己手艺时的样子,不管这手艺是写代码还是扫大街。不为任何人，自己就是最大的理由，不苟且、不应付、不模糊，全身心投入自己正在做的事情。

这就是尊严的来源。

案例思考：

你从以上案例里面得到了怎样的启示？

二、列宁关于青年成长的论述

“我们是未来的党，而未来是属于青年的。我们是革新者的党，而青年总是更乐于跟着革新者走。我们是跟腐朽的旧事物进行忘我斗争的党，而青年总是首先投身到忘我斗争中去。[①]”列宁对青年的教育培养有许多精辟而深刻的论述，这些论述对我国当代青年大学生学习能力、实践能力、组织管理能力以及辩证分析能力等综合能力的培养和提升具有重要的现实指导意义。

（一）学习与创新相结合，练就过硬本领

列宁认为：“全体青年的任务，尤其是共产主义青年团及其他一切组织的任务，可以用一句话来表达：就是要学习。”学习的内容包含两个方面，即共产主义理论和科学文化知识。这两个方面的内容是相辅相成、相互联系的。首先，学习共产主义理论，树立大学生的社会主义世界观。科学理论武装是马克思主义学习型政党的本质特征。列宁很早就意识到理论学习的重要性，指出革命不是蛮干，是有革命理论指导的对抗性行动，需要每个革命者都刻苦学习革命理论。“没有革命的理论，就没有革命运动。”[②]

其次，青年一代还应该刻苦学习现代科学技术和文化知识。“不识字的人实现不了电气化，而且仅仅识字还不够。只懂得什么是电还不够，还应该懂得怎样在技术上把电应用到工农业上去，应用到工农业的各个部门中去。你们自己必须学会这一点，而且还要教会全体劳动青年。”这就要求“每个青年必须懂得，只有受了现代教育，他才能建立共产主义社会，如果不受这种教育，共产主义仍然不过是一种愿望而已”。[③]

青年在建设共产主义社会的过程中应该是处处表现出首创精神。青年是创新的有生力量。在这个知识经济主导的时代，迫切需要青年树立创新意识、提高创新能力。青年在

① 张贵仁，吴宝珠.思想政治教育学原理[M].大连：大连海运学院出版社，1990：282.

② 陈如东.论列宁的学习观[J].中共福建省委党校学报，2011(10)：12.

③ 王永浩.列宁培养新青年一代的思想及其现实意义[J].重庆教育学院学报，2011(1)：28.

学习和实践过程中，要善于思考，敢于突破陈规，不断激发自己的创新意识。在学习中，要勇于解放思想，与时俱进，不要盲目地相信权威和专家，也不要一味地相信书本知识，要敢于质疑和提出疑问，用创新的眼光提炼出新的、积极的、能够推动实践发展的理论，实现理论创新。在生产实践中，青年要积极探索，敢于迎接挑战，善于运用知识和经验优化生产技术、改进生产产品、创新工作方法；在学习和生产生活实践中要不断总结和积累经验，响应建设创新型国家发展战略，增强创新意识，提高创新能力，引领创新实践。①

（二）教育与实践相结合，适应社会需求

把教育与沸腾的实际生活相结合。列宁深刻地批评书本和生活实践完全脱节的教育，并把它称为“资本主义旧社会留给我们的最大祸害之一”。“离开工作，离开斗争，那么从共产主义小册子和著作中得来的关于共产主义的书本知识，可以说是一文不值，因为这样的书本知识仍然会保持旧时的理论与实践的脱节，而这正是资产阶级旧社会的一个最令人厌恶的特征。”“训练、培养和教育要是只限于学校以内，而与沸腾的实际生活脱离，那我们是不会信赖的。”“青年一代只有在与工农的共同劳动中，才能成为真正的共产主义者。” 因此，列宁对新的青年一代的培养和教育工作提出了明确要求：“我们的教育应当同劳动者反对剥削者的斗争结合起来，以便帮助劳动者完成共产主义学说提出的任务。”“我们的学校应当使人们在学习期间就成为铲除剥削者这一斗争的参加者。共产主义青年团只有把自己的训练、培养和教育中的每一步骤同参加全体劳动者反对剥削者的总斗争联系起来，才符合共产主义青年团这一称号。”②

社会主义国家坚持教育与生产劳动相结合是现代生产和现代科学技术发展的需要。现代教育与现代生产相结合是大工业生产的必然结果，是社会发展的必然趋势。根据马列主义关于“现代教育”与“现代生产”的一般论述，“现代生产”指的就是现代工业生产；“现代教育”指的就是在现代生产基础上的以传授现代科学技术知识和生产实践知识为主要内容的教育。只有用现代科学技术和现代生产实践的知识充实年轻一代的头脑，才能使他们掌握现代生产过程的基本原理和基本生产技能，以适应现代生产的需要。列宁认为：“没有年轻一代的教育和生产劳动的结合，未来社会的理想是不能想象的：无论是脱离生产劳动的教学和教育，或是没有同时进行教学和教育的生产劳动，都不能达到现代技术水平和科学知识现状所要求的高度。”因此，列宁提出了在社会主义建设时期的一个十分重要的思想，就是学校应该让全体儿童无一例外地都参加必要生产劳动。他说：“为了使普遍生产劳动同普遍教育相结合，显然必须使所有的人都担负参加生产劳动的义务。”在

---

① 孙亚芳.列宁《青年团的任务》中的青年教育思想及当代启示[J].理论建设，2018(2)：85-86.

② 王永浩.列宁培养新青年一代的思想及其现实意义[J].重庆教育学院学报，2011(1)：28.

这个问题上,列宁既坚持了马克思主义关于教育同生产劳动相结合的一般原理,又驳斥了当时俄国民粹主义者混淆视听的空想计划。“我们的‘民粹主义者’对这个问题是这样解决的:的确应该规定体力劳动的义务是一个共同的原则,但这绝不是为所有的人规定的,而只是为穷人规定的。”“因此义务生产劳动在我们的民粹主义者看来就不是人类普遍和全面发展的条件,而只是为了付中学学费。”列宁详细地分析了尤沙柯夫拟订的整个计划,指出这种为富人办一种学校,为穷人办另一种学校,你有钱就纳费,没有钱就去干活的计划只不过是农奴主、官僚、资产阶级的所谓社会主义实验而已。为了反对尤沙柯夫的计划,列宁又进一步提出建立统一的劳动的普及义务学校,在这种学校里既要讲授有用的知识,也要让全体学生劳动。所以,列宁在 1917 年制定党纲草案时指出,必须“对十六岁以下的全体男女儿童实施免费的义务的普及的综合技术教育(即从理论上和实践上熟悉一切主要的生产部门),使教育与儿童的社会生产劳动密切结合起来。”他认为这种结合对于为建立未来没有阶级的社会是起奠基作用的重要措施之一。①

【案例分析】

拿破仑统治下的巴黎理工学校②

巴黎理工学校在拿破仑执政后,受到更多的关照和重视,培养的大批工程技术精英成为法国不同时期的“领路人”,堪称是高等专科学校当中的翘楚。理工学校是在战争破坏严重、工程人才奇缺的社会背景下创建的,目的是通过复苏精神科学的研究,为共和国培养有教养的军官和有能力的工程师。但并未获得国民公会的认可。筹建学校委员会的专家们没有气馁,以蒙日(Gaspard Monge)为代表的专家学者们经过一系列的博弈,最终促使国民公会通过法案,于 1974 年 3 月 11 日成立“公共工程中心学校”,由内政部领导,并于 1795 年 9 月 1 日,将学校更名为巴黎理工学校。执政后的拿破仑在视察巴黎理工学校的时候,受到蒙日等学者的倡议影响,通过法案确定巴黎理工学校的办学目标是传播数学、物理、化学等科学和制图技术,特别是为炮兵、工兵、路桥、造船、军用和民用工程、开矿和地理等技术性的公立专科学校输送学生。自此,这所为适应战争需求而创建的新型专科学校,确立了作为基础性学校的功能,而旧王朝留下的高等专科学校则转型为应用学校,从基础学校毕业的学生再到应用型学校加以训练即可成为各种专业人才。

案例思考:

巴黎理工学校的经验对教育与实践相结合有什么启示?

① 宋才发.对列宁关于教育与生产劳动相结合思想的再认识[J].教育评论,1987(3):4.

② 周敏娟,周文任.拿破仑的教育改革思想探析[J].石家庄学院学报,2015,17(2):119.

(三)加强道德修养,注重道德实践

共产主义道德是为提高人类幸福水平,改善人类生活,帮助人类摆脱劳动奴役服务的。青年作为社会主义的建设者和接班人,要提高道德修养并重视道德实践。对于道德修养的提高,青年要继承和发扬中华民族"仁、义、礼、智、信"的优秀传统美德,要培养良好的社会公德、职业道德、家庭美德和个人品德,要牢记"勿因善小而不为,勿以恶小而为之"的道理。同时,要树立榜样,在潜移默化中提高思想道德追求。中国有着许许多多的仁人志士、先进人物、劳动模范,青年要主动学习他们身上的优秀品质,向他们看齐。良好的道德只有在实践中才能彰显。对于道德实践,青年在社会实践过程中要用良好的道德修养指导道德实践。在生产生活实践中,青年要乐于助人,积极做一名志愿者,为一些需要帮助的人提供一些力所能及的帮助。同时,如果有能力就主动参加公益活动,勇于承担社会责任。总而言之,青年要多做一些扶弱助残、扶老助幼、扶贫济困的好事,用行动推动社会进步,用善良创造和谐社会。例如,青年可以通过关心和帮助空巢老人、留守儿童、贫困学生、残疾人士等特殊群体,服务社会、报效国家。①

【案例分析】

严格要求自己的列宁②

革命导师列宁在少年时代就严格要求自己。

列宁总是注意保持作业本的干净、整齐。有一次,他不小心将一个大墨点滴在作业本上,虽然这一页的作业已快写满了,可他不肯让清洁、整齐的作业本上留下这个墨点儿。于是,他将那张纸撕下来,补上一张新的纸,并重新抄写了才罢休。

列宁的作文经常受到老师的夸奖。老师给他打的分数往往不是"5",而是"5+"。

每次写作文,老师会在一两个星期以前把题目告诉大家。列宁就马上开始准备:先找有关的材料,考虑文章的内容;考虑好了,写个提纲;然后打草稿。

他把稿纸折成两半,在左半边起草稿,右半边先空着。草稿起好以后,他就在右半边作补充、修改,或者写一些必要的说明。不几天,右边的一半也快写满了。

等到交作文的时候,他的文章已经被认真细致地修改过几遍,显得自然充实又有条理。老师看了非常满意,所以给他打的分数常常是"5+"。

---

① 孙亚芳.列宁《青年团的任务》中的青年教育思想及当代启示[J].理论建设,2018(2):85-86.

② 毛文凤.讲透教材(语文,三年级,下)[M].长春:吉林出版集团有限责任公司,2011:43.

案例思考:

你从以上案例里面得到了怎样的启示?

三、毛泽东关于青年成长的论述

(一)关于正确的政治方向

毛泽东始终把培养青年人坚定正确的政治观点放在首位。近代以来的历史表明,青年学生具有满腔的热情和无畏的勇气,但需要正确的引导和帮助。毛泽东指出:青年学生"只有跟共产党在一起,才能走上正确的道路"①,只有始终听党的话,自觉接受中国共产党的教育和领导,才能团结奋斗并担负起历史赋予的使命。在抗日战争时期,毛泽东为抗日军政大学制定的教育方针的第一句就是"坚定正确的政治方向"。他在抗大第三大队开学典礼上的讲话中指出,学员来到延安,"首先是学一个政治方向。政治方向可以有许多不同的方向,你们要学一个正确的政治方向。"他认为,这个正确的政治方向,在当时就是抗日救国,教育要服务于抗战的需要。中华人民共和国成立后,毛泽东又多次论述了教育工作中的政治方向问题。在《关于正确处理人民内部矛盾的问题》一文中,他针对忽视思想政治教育的情况说:"除了学习专业之外,在思想上要有所进步,政治上也要有所进步,这就需要学习马克思主义,学习时事政治。没有正确的政治观点,就等于没有灵魂。"为此,他要求学校尤其是高等院校,要对学生进行马克思主义教育、为人民服务的教育和坚持社会主义道路的教育。1958 年 9 月,《中共中央、国务院关于教育工作的指示》中提出,"党的教育指导方针,是教育为无产阶级政治服务,教育与生产劳动相结合;为了实现这个方针,教育工作必须由党来领导"进一步确立了"教育为无产阶级政治服务"的政治方向。②

(二)关于锤炼德智体综合素质

毛泽东十分重视对青年的培养、教育和塑造,强调德育、智育、体育"三育并重"的教育观点。革命战争年代,毛泽东在给自己的好友黎锦熙的信中写道:"古称三达,德、智、仁与勇并举,今之教育学者以为可配德 、智、体之三言。"后来他发表《体育之研究》一文,系统地阐述了德、智、体三育全面发展的思想,指出"夫知识则诚可贵矣,人之所以异于动物者

① 毛泽东选集(第二卷)[M].北京:人民出版社,1993:256.

② 王宇明.毛泽东关于人全面发展的思想概要[EB/OL].[2019-05-07]http://theory.people.com.cn/GB/12900693.html.

此耳”“道德亦诚可贵矣,所以立群道、平人己者此耳”“体者,载知识之车而寓道德之舍也”“体强壮而后学问道德之进修勇而收效远”。中华人民共和国成立后,毛泽东向全国青年发出“身体好、学习好、工作好”的口号,进一步阐明了三育并重的观点。1957年毛泽东明确提出了我们的教育方针:“应该使受教育者在德育、智育、体育几方面都得到发展,成为有社会主义觉悟的有文化的劳动者。”毛泽东提出的青年要德智体全面发展的思想对于当代大学生的成长成才仍具有重要的指导意义。①

(三)关于面向社会的实践能力

毛泽东认为“青年同志的自然的缺点是缺乏经验”,因此,他要求青年要密切联系群众,在社会实践中锻炼成长。

在学生时代勤奋地读书,这是一般人多少能办到的事。毛泽东与众不同的地方便是不但要勤于学习,而且要讲究实践;不但要善于读“死”的书本,而且要善于读“活”的书本,按照他自己的话说,不但要读有字书,而且要读无字书。这一方面毛泽东是深受了杨昌济的熏陶,另一方面也是受了顾炎武、颜习斋、王船山等的影响,后来则是受了《新青年》的影响。但最根本的还是他有明确的为了改造中国的行动目标。他在当时已经领悟:知而不行,等于不知。只有实践才能产生真知,才能考察自己所知的究竟正确与否。如果不经过刻苦的锻炼,就无法实现自己的抱负和理想。他预想到自己的将来好比一艘远洋的航船,定将遇到无数险恶的风浪。光有一些书本知识,怎能应付这种命运?正如他在《讲堂录》中记下的:“闭门求学,其学无用。欲从天下国家万事万物而学之,则汗漫九垓,遍游四宇尚已。”他最注重的是当代的现实,用他笔记中的话来讲就是,要“通今,读史必重近世”。

【案例分析】

毛泽东学生时代当乞丐的传奇经历②

1917年暑假将要来临的时候,毛泽东同在楚怡小学当教员的好朋友萧子升商量,怎样度过漫长的假期。他们定出的度假计划是十分奇特的:去当叫花子③!身上一个钱不带,去长途旅行,靠着乞讨解决吃和住的问题。这样,从社会的最底层来看社会,来看人情世态,必定能够看到许多平日看不到的东西。旧时有穷苦的读书人或失业塾师到处给大

---

① 潘晔,闫灵令.论毛泽东青年观对当代大学生成长成才的启示[J].学校党建与思想教育(高教版),2013(5):60-62.

② 人民网.毛泽东成功之道:学生时代当乞丐的传奇经历[EB/OL][2019-05-07]http://book.people.com.cn/n/2013/0703/c69360-22062304.html.

③ 湖南方言:乞丐。

户商号送对联或恭维话,做游学先生以解饥困,社会上叫作"打秋风"。这是穷秀才一种解决旅途生计的办法:每到一处,遇上商店或者住户,就写一副对联送去,接受一点馈赠。结果,他们在一个多月"乞讨生活"的游学中没有花一文钱。他们走过许多市镇,经过更多的偏僻农村,一路了解农民和各阶层人民的生活以及社会风俗人情。萧子升放不下架子,向人问路都要先整整衣服,干咳两声,然后开腔,还只愿进大户人家。毛泽东却态度谦和,谈话亲切,愿意进小户人家,尤其热心于访贫问苦,同什么人都谈得来。在这次游学里,他们漫游了宁乡、安化、益阳、沅江等5个县,是一次大丰收,使毛泽东获得了许多书本上学不到的东西。据一师老同学回忆,他曾将此次游历中一些有意义有兴趣之事,写信寄到湖南通俗报发表。

案例思考:

毛泽东学生时代的经历对你有什么启发?

(四)关于榜样的力量

毛泽东十分重视榜样的引导作用,认为青年榜样能激励青年健康向上、奋发图强,从而为社会主义建设做贡献。毛泽东树立的榜样不胜枚举,具有代表性的有如坚定信念、毫不畏惧、从容面对死亡的刘胡兰。她的事迹使毛泽东深受感动,挥笔写下"生的伟大,死的光荣"八个大字。毛泽东对张思德全心全意为人民服务精神给予高度的评价:"张思德同志是为人民利益而死的,他的死是比泰山还要重的。"毛泽东号召人民学习白求恩同志毫无自私自利之心的精神,并指出一个人能力有大小,但只要有这点精神,就是一个高尚的人,一个纯粹的人,一个有道德的人,一个脱离了低级趣味的人,一个有益于人民的人。雷锋,一个普通的士兵,他以22岁的短暂生命感动了一个时代。他那平凡而伟大的品格成为民族精神的生动组成。1963年3月5日,毛泽东亲笔题词"向雷锋同志学习"。

毛泽东不仅为人民树立了大量的榜样,而且毛泽东本人也起到表率作用,特别在廉政节俭方面。毛泽东的榜样作用可以概括为"言传身教"。新中国成立前,他身穿粗布,脚穿草鞋,与战士同甘共苦。打了胜仗,唯一的"奢侈"就是吃碗红烧肉补补。进城后,他仍然保持农民的生活习惯,经常是一两碗米饭,两菜一汤。内衣、内裤、袜子总是补了又补,床上用品是"进城时是这些东西,逝世时还是这些东西"。从1953年底到1962年底,毛主席没有添一件新衣服。20世纪60年代初期,我国由于三年自然灾害以及与苏联关系的恶化,国民经济极端困难,为了克服和渡过难关,毛泽东一连七个月没吃一口肉。毛泽东真真正正起到表率作用,凡是要求别人做到的,他总是率先做到。①

---

① 段凤龙.试论毛泽东的榜样教育[J].内蒙古财经学院学报,2007(2):55-56.

四、习近平关于青年成长的论述

(一)关于教育

首先,青年的成才,教育是关键。早在2011年12月,习近平同志在全国组织部长会议上的讲话中就曾指出:“青年是党和国家的未来”。此后,2013年3月和9月在俄罗斯莫斯科国际关系学院和哈萨克斯坦纳扎尔巴耶夫大学的两次演讲中,4月在比利时布鲁日欧洲学院的演讲以及2013年11月致第二届中越青年大联欢活动的贺信中,他又多次表达了这一观点。在习近平同志看来,“青年兴则国家兴,青年强则国家强”。由于青年是祖国的未来和民族的希望,所以各种社会思想和社会力量就“都会去影响青年,都会去争夺‘青年’”,加之“青年时代是学习知识、陶冶情操、增长本领的黄金时期”,青年时代的思想倾向和行为模式具有很大的可塑性和变通性,因此,我们必须着力加强对于青年群体的教育和引导,以帮助其有效抵制各种错误思潮的影响和腐蚀从而早日成才,这是当代中国青年全面健康成长成才的关键。教育和引导青年的基础在于我国教育事业的发展。鉴于此,2013年9月和次年3月,在联合国“教育第一”全球倡议行动一周年纪念活动上发表的视频贺词及在联合国教科文组织总部的演讲中,习近平先后两次对中国教育事业的发展表态,承诺要“坚定实施科教兴国战略,始终把教育摆在优先发展的战略位置”,要“通过普及教育,启迪心智,传承知识,陶冶情操,使人们在持续的格物致知中更好认识各种文明的价值,让教育为文明传承和创造服务”。2014年5月,在北京大学师生座谈会上的讲话中,他又郑重发出要“认真吸收世界上先进的办学治学经验,更重遵循教育规律,扎根中国大地办大学”[①]。2018年9月10日,习近平在全国教育大会上指出:“坚持中国特色社会主义教育发展道路”,“培养德智体美劳全面发展的社会主义建设者和接班人”,再次明确了教育的方向。

(二)关于信念

其次,青年的成才,信念是核心。思想是行动的先导。“人而无德,行之不远。没有良好的道德品质和思想修养,即使有丰富的知识、高深的学问,也难成大器。”习近平同志认为,“人生的道路要靠自己来选择,如何选择一条正确的道路,关键是要有坚定的理想信念,否则环境再好照样会走错路”。习近平同志反复强调,理想指引人生方向,信念决定事

① 顾友仁.当代中国青年成才观——基于习近平总书记关于当代中国青年成才系列重要论述的维度[J].社会科学家,2015(4):22-26.

业成败，广大青年一定要坚定理想信念，没有理想信念，就会导致精神上“缺钙”。习近平多次指出，青年一代有理想、有担当，国家就有前途，民族就有希望。这些重要论述充分揭示了理想信念对于青年学生成长成才的重要性。习近平总书记在党的二十大报告中指出：“当代中国青年生逢其时，施展才干的舞台无比广阔，实现梦想的前景无比光明。”历史和现实证明，青年学生追求理想的高度决定着中华民族未来发展的高度，青年学生坚定信念的程度影响着中国特色社会主义事业发展的进度。教育引导青年学生坚定理想信念，就是要以党的旗帜为旗帜，以党的方向为方向，以党的意志为意志，树立永远跟党走的理想信念。[①]

（三）关于学习

再次，青年的成才，学习是基础。清代诗人袁枚曾说过：“学如弓弩，才如箭镞，识以领之，方能中鹄”。青年的成才，学问是基础。青年之学问的积累，不仅要靠其自身的学习，还依赖于教师、学校、家庭、国家和整个社会的通力配合。习近平回忆上山放羊、抽空看书的知青岁月，强调青年时代是学习的黄金时期，应该把学习作为首要任务、作为一种政治责任、一种精神追求、一种生活方式，树立梦想从学习开始、事业靠本领成就的观念，让勤奋学习成为青春远航的动力，让增长本领成为青春搏击的能量。习近平指出，学习贵在勤奋、贵在钻研、贵在有恒。既要惜时如金、孜孜不倦，下一番心无旁骛、静谧自怡的功夫，又要突出主干、择其精要，努力做到又博又专、愈博愈专。这些重要论述成为青年学生在知识海洋中前进航行的人生灯塔。大学是学生系统形成知识体系的文化殿堂。对学生开展知识教育，就是要引导学生静心学习、刻苦钻研、加强磨炼，求得真学问、练就真本领[②]。

（四）关于实践

最后，青年的成才，实践是路径。在当代中国青年成长成才的过程中，无论是教育事业的发展，还是家庭、学校和社会的协同与配合，都只是外因。青年成才目标的最终实现，归根结底要靠其自身的实际努力，要靠实践。习近平十分重视和关注青年在基层实践中锻炼成长。他指出，青年要成长为国家栋梁之材，既要读万卷书，又要行万里路，既多读有字之书，也多读无字之书，注重学习人生经验和社会知识；坚持知行合一，在实践中学真知、悟真谛，加强磨炼、增长本领；要重视实践育人，坚持教育同生产劳动和社会实践相结合，广泛开展各类社会实践，让学生在亲身参与中认识国情、了解社会，受教育、长才干，不

---

① 中共教育部党组.深入学习贯彻习近平总书记关于青年学生成长成才重要思想大力培养中国特色社会主义建设者和接班人[N].光明日报，2017-09-08(2).

② 中共教育部党组.深入学习贯彻习近平总书记关于青年学生成长成才重要思想大力培养中国特色社会主义建设者和接班人[N].光明日报，2017-09-08(2).

断拓展学生社会实践的平台和路径。这些重要论述深刻体现习近平同志在实践中培养青年的理念和思路，凸显鲜明的基层导向，为新时代青年健康成长和全面发展确定了时代坐标[①]。

【案例分析】

习近平：我人生第一步所学到的都是在梁家河[②]

北纬36.8°，陕北黄土高原上，有一个小小村落，名叫梁家河，“这是大有学问的地方”。

1969年，15岁的习近平下乡来到梁家河成为一名知青，度过7年的青春岁月。习近平曾说：“15岁来到黄土地时，我迷惘、彷徨；22岁离开黄土地时，我已经有着坚定的人生目标，充满自信。”离开梁家河40多年来，习近平先后四次给梁家河村回信表达惦念之情，也曾亲自回去看望陕北的乡亲们。

在广播纪实文学《梁家河》中，讲述了习近平在梁家河的知青生活，记录梁家河几十年翻天覆地的巨大变化。在这个叫作梁家河的小村庄里，习近平经历了他人生中的很多“第一次”。

第一次成为“种地的好把式”

到梁家河两三年后，习近平已经能够说一口流利的延川话。掏地、挑粪、耕种、锄地、收割、担粮，别人怎么做，习近平就跟着学。遇到不懂的问题，他就向村里人请教，渐渐地熟悉了所有农活，成了“种地的好把式”。

对农村里的各种活计，习近平已经干得很娴熟了。他还学会了自己捻毛线、补衣服、缝被子，带来的针线包派上了用场，尽管针脚不那么齐整，但也有模有样。

那些年，他接受艰苦生活的磨炼，过了“跳蚤关、饮食关、生活关、劳动关、思想关”。

第一次迎来政治生活中的曙光

1972年冬，习近平加入了共青团。对他来说，入团之路如同劳动时走的山路一样，蜿蜒曲折。在远离北京的梁家河，那顶看不见却又无时不在的“黑帮子弟”帽子再次被人拿了出来。

习近平不认输，第一份、第二份、第三份入团申请书……不停地写着。他坚信自己的父亲是好人，自己也是好人。第八份入团申请书递上去后，终于获得了批准，他成了一名共青团员。

---

① 乔东亮，李新利，李雯.习近平新时代青年思想[EB/OL].[2019-05-08]http://theory.people.com.cn/n1/2018/0516/c40531-29993969.html.

② 中央广播电视总台央广网.习近平：我人生第一步所学到的都是在梁家河[EB/OL].[2019-05-08]https://www.baidu.com.

1973年8月，时任梁家河大队党支部书记梁玉明问习近平："想不想入党？"习近平说："很难。"想到入团的经历，他有理由说很难。"你不要求进步，怎么能发展你入党？"梁玉明用了激将法。

于是，梁玉明当了习近平的入党介绍人。入党申请书写好后，梁玉明上报公社，同样挨了一顿训。

回到梁家河后，梁玉明说："不要怕人家不批，你应该要求进步。"习近平又一次拿起了笔，一份一份，直至写到第十份，才获得批准。

1974年1月10日，公社党委批准了习近平的入党申请，接收他为党员。随后，梁家河大队推选他为党支部书记。习近平终于迎来了政治生活中的曙光。

第一次当众流泪

2013年5月4日，习近平同各界优秀青年代表座谈时说："我到农村插队后，给自己定了一个座右铭，先从修身开始。一物不知，深以为耻，便求知若渴。上山放羊，我揣着书，把羊圈在山坡上，就开始看书。锄地到田头，开始休息一会儿时，我就拿出《新华字典》记一个字的多种含义，一点一滴积累。"

1975年7月15日，中共延安地委召开上山下乡知识青年学大寨先进代表会，习近平等14名北京知青作为先进个人受到通报表扬。

1975年，习近平被清华大学录取了，10月7日是他离开梁家河的日子。前一天晚上，他和乡亲们拉话一直到深夜。第二天早上起得较晚，当他早晨推开门走出窑洞时，看到院子里、道路旁站满了人——大人、孩子、老人，全村人都来了。大家手里拿着红枣、小米，默默地站着。他的眼泪一下子流了出来，这是他第一次当众流泪。

多年以后，习近平对梁家河这片土地做了深情的回望——

他说："作为一个人民公仆，陕北高原是我的根，因为这里培养出了我不变的信念：要为人民做实事！"

案例思考：

习近平的知青生活告诉我们什么？

第二节　大学生党员成长规律

一、当代大学生必须确立马克思主义的科学信仰

(一)马克思主义信仰的含义

1.信仰的定义

信仰是指对某种政治主张和主义、宗教或某人的信奉敬仰,把他们作为自己行为的准则或榜样。

信仰具有强大的激励作用。荣格指出:“就像人的身体需要盐一样,人类的心灵从记忆难及的洪荒年代起就感觉到了信仰的需要。”信仰是心灵的产物,是一个人的精神支柱,是对某种主张、主义、宗教或某人极度的相信和尊敬,拿来作为自己行动的指南或榜样。信仰不但赋予道德以自律的本性和意义,而且是人们的精神支柱和道德选择的坐标。信仰不但可以提升人们的道德境界,而且可以塑造人们的道德人格。信仰不但是道德行为的动力,而且是人生路上的“指向灯”。

【案例分析】

瞿秋白:平静坐地,从容就义

瞿秋白,中共早期主要领导人之一。红军长征后,留在根据地。1935 年 2 月,在转移途中被俘,6 月 18 日,在福建长汀被押赴郊野刑场,瞿秋白环望四周山水,驻足说:“此地甚好”,遂平静坐地,从容就义,年 36 岁。

关于瞿秋白就义时的情景,作为蒋介石枪杀瞿秋白手令的执行人——当时的国民党 36 师师长宋希濂是这样回忆的:

“六月十八日早晨八点多钟在警戒方面部署妥当后,向贤矩进入秋白先生室内,将蒋介石的电报交秋白先生看,据向贤矩告诉我,瞿先生看了后,面色都没有一点变化,好像若无其事一样。”

“九时二十分左右，秋白先生在蒋先启的陪伴下走出他住了一个多月的小房间，仰面向我们这些人看了一下，神态自若，缓步从容地走出大门。时间只是一刹那，但秋白先生这种视死如归的伟大精神，使我们这些人很受感动，在场的每个人都觉得很难过，默默无声地离开了那间堂屋。”

“执行后，蒋先启向我和向贤矩报告执行情况，说秋白先生到了公园后，向在场的人作了十多分钟的讲演，主要是说共产主义是人类最伟大的理想，使人人都能过美好幸福的生活。他相信这个理想迟早一定会实现，中国共产党最后一定会胜利等语。”

案例思考：

为什么信仰能够驱散死亡恐惧的阴霾？

2.马克思主义信仰的含义

党的二十大报告指出，拥有马克思主义科学理论指导是我们党坚定信仰信念、把握历史主动的根本所在。从信仰主体的角度分析，马克思主义信仰是指人们对马克思主义的信仰。普通的信仰主体是广大人民群众，信仰的核心力量和组织是共产党。

从信仰客体的角度分析，马克思主义信仰是指信仰者心中的马克思主义。一是体现在理论层面，它是指马克思主义的基本理论。二是体现在现实层面，它是指马克思主义的革命实践活动及其结果。

马克思主义信仰与共产主义信仰既有区别，又有联系。从本质上讲，二者之间的根本内涵是一致的，因为马克思主义的理论核心就是共产主义，实现共产主义是马克思主义的现实目标。人们信仰马克思主义，在本质上也就是对共产主义的信仰。

马克思主义信仰更加强调对马克思主义理论的坚信，更加强调对马克思主义理论的态度。而共产主义信仰则不同，实现共产主义是马克思主义的根本目标，共产主义信仰更加突出了马克思主义的信仰目标和奋斗方向。

3.马克思主义信仰的核心内容与特征

马克思主义认为，唯物主义的世界图景是世界自足，不谈鬼神；共产主义的远大理想是社会发展，人类解放；为人民服务的根本宗旨是人民至上，服务群众；自由而全面的人生追求是人生的自由，全面发展。

马克思主义信仰具有鲜明的特征：此世性（不在来世）、此地性（不追求一种感觉）、社会性（美好社会的追求）、人民性（为广大人民谋幸福）、科学性（严密的逻辑结构）、实践性（可以被实践所证明）。

(二)马克思主义信仰的必要性

马克思为什么是对的？无论在西方还是在中国,这都是一个引人关注的话题。一个生活在发达资本主义国家的英国人——特里·伊格尔顿于 2011 年 4 月在耶鲁大学出版社出版的《马克思为什么是对的》这部专著回答了这个问题,引起广泛的社会关注。

《马克思为什么是对的》是特里·伊格尔顿所写的一本关于马克思主义的书籍。作者希望澄清人们对马克思主义的错误认识。作者通过大量的实证内容反驳了世人对马克思主义的错误认识,阐述了作者对马克思主义的理解和认同,验证了马克思主义的正确性。

特里·伊格尔顿提出以下观点:

(1)马克思主义符合客观规律性的定理。马克思主义作为理论形态,是对人类社会、自然和思维一般规律的正确反映,由客观规律所决定,是科学真理,因而是对的。

(2)马克思主义能经得起西方世界的围攻和诋毁的考验。马克思主义自诞生以来,遭到了资产阶级政府无所不用其极的禁锢和"围剿"。而马克思独领风骚,马克思主义持续发酵,成了众多国家和政党的指导思想,成为数以亿计的共产党人的坚定信仰。

(3)马克思主义并没有过时。其一,马克思本人具有高超的预见性和明锐的洞察力,准确地判断出了资本主义制度在不断发展变化的实质。其二,只要资本主义制度还存在一天,马克思主义就不会消亡。只有在资本主义结束之后,马克思主义才会退出历史的舞台。

(4)马克思主义对中国发展的影响。马克思主义是马克思、恩格斯在 19 世纪工人运动实践基础上创立的理论体系。其在中国渐渐发展成为具有中国特色的马克思主义,对中国社会发展产生了极大的影响,形成了毛泽东思想和中国特色社会主义理论体系。中国特色社会主义理论体系,就是包括邓小平理论、"三个代表"重要思想、科学发展观以及习近平新时代中国特色社会主义思想等重大战略思想在内的科学理论体系。

习近平指出,在人类思想史上,就科学性、真理性、影响力、传播面而言,没有一种思想理论能达到马克思主义的高度,也没有一种学说能像马克思主义那样对世界产生了如此巨大的影响。马克思主义对青年学生的生涯发展而言意义重大,具体体现在以下四个方面:第一,马克思主义的理论教育可以帮助大学生树立科学的世界观、人生观和价值观。第二,马克思主义哲学有助于大学生思维创新能力的培养,可以增强大学生分析过去、改造未来的能力。第三,马克思主义有助于大学生养成实事求是的态度,让理论和实践结合起来。第四,马克思主义对于当代大学生民族精神的形成也有巨大影响。

对于马克思主义与中国共产党的关系,习近平在庆祝中国共产党成立 95 周年大会上的重要讲话中明确指出:"马克思主义是我们立党立国的根本指导思想。背离或放弃马克思主义,我们党就会失去灵魂、迷失方向。"

【案例分析】

巴桑老人的故事

今年70岁的巴桑老人，一生都奉献给了自己钟爱的党校教育事业。近40年的教学生涯里，他已记不清自己讲了多少节理论课、教过多少学生，也就是在这段教学生涯里，让他对新旧西藏特别是人民群众在政治权利上的变化，有了深刻感悟。

巴桑老人的祖辈都经历过旧西藏的黑暗。在旧西藏，广大农奴主和奴隶之间是一种压迫与被压迫、剥削与被剥削的关系，根本没有平等可言。仅占西藏人口5%的三大领主拥有西藏全部耕地、牧场、森林和大部分牲畜，而其余95%的农奴则一无所有。

"我的爷爷奶奶都是农奴，没有属于自己的房屋和土地，仅有的生产资料也都被农奴主剥削光，我从一出生就跟着母亲，四处寄居在亲戚家，过着食不果腹、衣不遮体的生活。"巴桑说。

翻开历史不难发现：1959年民主改革前，西藏长期处于政教合一、僧侣和贵族专政的封建农奴制社会。在这种封建农奴制社会，旧西藏法律将人分为三等九级，明确规定人在法律上的不平等地位。农奴的人权被领主阶级所剥夺，地方政府完全被官家、贵族和寺庙上层僧侣（又称"三大领主"）所掌控，各级官员由上层僧侣和世俗贵族担任。有的大贵族官员的子弟一出生就获得四品官阶，十七八岁就可出任政府重要职务。中小贵族的子弟经俗官学校学习后，即可进入地方政府任职。僧官大部分由贵族出身的喇嘛担任。广大农奴处于社会最底层，毫无地位可言。

民主改革废除了寺庙的一切封建特权。僧尼获得了平等权利和自由掌握命运的权利，许多处于底层的僧尼冲破束缚，还俗返家。

"因为家里养不起我，为缓解家里困境，母亲想尽办法把我送进了扎什伦布寺当小僧。民主改革时，我刚好10岁。记得当时共产党给了寺庙三个政策：一是愿意继续留在寺庙的可以选择留在寺庙；二是到上学的适龄儿童可以去内地或者当地的学校念书；三是选择回家。"巴桑回忆说。当时，巴桑年龄还小，拿不定主意，所以就选择回家。

民主改革废除了封建土地所有制，农奴不再被当作农奴主的私有财产而被随意支配，农奴主对农奴的人身占有权失去了赖以生存的基础。

"回到家时，家里已分到了2间房子、4头牲畜、6亩土地。从此，我每天都去放羊，帮爷爷奶奶干农活。有了自己的土地和牲畜，日子也慢慢好起来了。"巴桑说。

15岁那年，家人发现巴桑之前在寺庙里学习的东西并不能改善家里的条件，于是将巴桑送到皮革厂当工人。2年的临时工加5年的正式工，在这7年里，因接触的都是汉族老师，巴桑对汉语产生了极大兴趣，于是他开始学习汉语、政治理论等方面的内容。

民主改革后，基层民主政治建设也不断发展和完善，西藏各级人民政权相继建立。1980年，西藏全区开展了乡级直接选举，1984年后扩大到县。1987年，西藏自治区作出《关于加强基层政权建设的决定》和《关于加强农牧区基层党组织建设的决定》。经过多年探索，西藏逐步发展形成了农牧区基层民主制度。农村建立了村民代表会议制度，城市社区全部建立了社区居民代表大会、社区居委会等社区组织。

“22岁那年，我被工作队看中，选拔去居委会工作，3年时间里，先后担任了民兵连连长、团委书记等职务，从26岁到退休，我一直是党校老师。”巴桑说，“大半辈子当老师，当年带的农牧民子女学生，现如今很多都走上了领导岗位，这在旧西藏，以他们这样的身份，连想都不敢想。”

今天的幸福日子，让巴桑老人感触颇深。如今，巴桑老人的孩子们都在各自工作岗位上，履职尽责为人民服务。“没有中国共产党，没有西藏的和平解放和民主改革，我不可能走上工作岗位，当上干部学校老师，更不可能有今天的成就，是党改变了我农奴的命运，让我当家做了主。”巴桑老人笑着说。

案例思考：

马克思主义给巴桑老人带来什么变化？

二、发展党员的程序和标准

（一）申请入党的条件

1.申请入党的条件

党章第一章第一条规定：“年满十八岁的中国工人、农民、军人、知识分子和其他社会阶层的先进分子，承认党的纲领和章程，愿意参加党的一个组织并在其中积极工作、执行党的决议和按期交纳党费的，可以申请加入中国共产党。”这既是申请入党的条件，也是做一名共产党员的要求。

2.党员的基本条件

党章第一章第二条表述：“中国共产党党员是中国工人阶级的有共产主义觉悟的先锋战士。”“中国共产党党员必须全心全意为人民服务，不惜牺牲个人的一切，为实现共产主义奋斗终生。”“中国共产党党员永远是劳动人民的普通一员。除了法律和政策规定范围内的个人利益和工作职权以外，所有共产党员都不得谋求任何私利和特权。”

3.党员的义务和权利

党章第一章第三条、第四条指明党员的权利与义务。

第一，党员必须履行的八项义务：

(1)认真学习马克思列宁主义、毛泽东思想、邓小平理论、“三个代表”重要思想、科学发展观、习近平新时代中国特色社会主义思想，学习党的路线、方针、政策和决议，学习党的基本知识，学习科学、文化、法律和业务知识，努力提高为人民服务的本领。

(2)贯彻执行党的基本路线和各项方针、政策，带头参加改革开放和社会主义现代化建设，带动群众为经济发展和社会进步艰苦奋斗，在生产、工作、学习和社会生活中起先锋模范作用。

(3)坚持党和人民的利益高于一切，个人利益服从党和人民的利益，吃苦在前，享受在后，克己奉公，多做贡献。

(4)自觉遵守党的纪律，首先是党的政治纪律和政治规矩，模范遵守国家的法律法规，严格保守党和国家的秘密，执行党的决定，服从组织分配，积极完成党的任务。

(5)维护党的团结和统一，对党忠诚老实，言行一致，坚决反对一切派别组织和小集团活动，反对阳奉阴违的两面派行为和一切阴谋诡计。

(6)切实开展批评和自我批评，勇于揭露和纠正违反党的原则的言行和工作中的缺点、错误，坚决同消极腐败现象作斗争。

(7)密切联系群众，向群众宣传党的主张，遇事同群众商量，及时向党反映群众的意见和要求，维护群众的正当利益。

(8)发扬社会主义新风尚，带头实践社会主义核心价值观和社会主义荣辱观，提倡共产主义道德，弘扬中华民族传统美德，为了保护国家和人民的利益，在一切困难和危险的时刻挺身而出，英勇斗争，不怕牺牲。

党员必须履行八条义务是新党章对每一个共产党员提出的必须要做到的具体要求。党员义务是党员对党应尽的责任和党员行为的规范与约束。它是党对每个党员的基本要求，是党员基本条件的具体化。看一个共产党员合格不合格，就是要看这个党员八条义务履行得如何。

第二，党员应当享有的八项基本权利：

(1)参加党的有关会议，阅读党的有关文件，接受党的教育和培训。

(2)在党的会议上和党报党刊上，参加关于党的政策问题的讨论。

(3)对党的工作提出建议和倡议。

(4)在党的会议上有根据地批评党的任何组织和任何党员，向党负责地揭发、检举党的任何组织和任何党员违法乱纪的事实，要求处分违法乱纪的党员，要求罢免或撤换不称职的干部。

(5)行使表决权、选举权,有被选举权。

(6)在党组织讨论决定对党员的党纪处分或作出鉴定时,本人有权参加和进行申辩,其他党员可以为他作证和辩护。

(7)对党的决议和政策如有不同意见,在坚决执行的前提下,可以声明保留,并且可以把自己的意见向党的上级组织直至中央提出。

(8)向党的上级组织直至中央提出请求、申诉和控告,并要求有关组织给以负责的答复。

【案例分析】

冷有春的故事①

2015 年 4 月 3 日,吉林省纪委发布消息,吉林省白城市人大常委会原副主任冷有春涉嫌严重违纪,接受组织调查。接受调查期间,冷有春对违纪事实供认不讳。他理想缺失、信念不坚,入党时思想上的隐患已为他日后严重违纪埋下了伏笔。

当初在入党志愿书上,冷有春写道:“我加入中国共产党,不是想在执政党中捞到什么个人的好处,而是更好地全心全意为人民服务,为实现共产主义奋斗终身。”但多年后回忆往事,冷有春忏悔说,当年入党,一方面有信念感召,另一方面,也确实有自己的“盘算”:“当时就是想多付出,多贡献,对党要忠诚。同时也不隐讳地说,只有工作好了,入了党,才能够升官,最后才能够光宗耀祖。”

案例思考:

冷有春入党时,有做到从思想上入党吗?

共产党员意味着什么?这个问题,直至落马,冷有春都没有想明白。现实生活中,申请入党者的动机也是各有不同:有些同志是为了实现共产主义、全心全意为人民服务;有的认为党的政策好,自己富起来了,为报答党的恩情要求入党;有的则认为入了党光荣,在人前有面子;有的是看到周围一些同志提出了申请,随大流而要求入党;有的认为这是一种政治资本,通过入党在政治上找个靠山;也有的认为入了党容易得到提拔重用,或者大学毕业后好找工作。上述动机中,只有为了献身共产主义事业、更好地为人民服务而要求入党,才是完全正确的入党动机,其他的入党动机则是不完全正确甚至是极其错误的。

---

① 李志勇.思想上脱党,违纪成必然——吉林省白城市人大常委会原副主任冷有春腐败警示录[N].中国纪检监察报,2015-11-05(03).

党章第一章第二条规定："中国共产党党员是中国工人阶级的有共产主义觉悟的先锋战士。中国共产党党员必须全心全意为人民服务，不惜牺牲个人的一切，为实现共产主义奋斗终身。"正确的入党动机，是与我们党的性质、宗旨、纲领和党员条件相一致的。冷有春入党时动机不纯，潜意识里把入党当作晋升和光宗耀祖的一张"门票"，背离了党的宗旨。他虽然在组织上入了党，但思想上并没有完全入党，甚至完全没有入党。思想上不入党，说话做事就不会自我约束，就会违反党的纪律和规定，进而影响党的形象。

冷有春的教训，值得每一名党员深思。正确的入党动机，是正确行动的精神力量。只有确立了正确的入党动机，才能够严格要求自己，坚持党和人民的利益高于一切，在生活、工作中起先锋模范作用。端正入党动机，不是入党前一时的事情，而是一辈子的事情。入了党更要时时检查自己的思想，把思想建设放在首位。只有坚定理想信念，尊崇党章、遵守党规，不断加强党性锻炼和道德修养，才能经得起各种风浪的考验。

（二）发展党员的程序

1.自愿提出入党申请

要求入党的同志自愿向所在院系党组织提出书面申请，申请主要写对党的认识、入党动机和本人主要表现。

2.确定入党积极分子

入党申请人经党小组（团支部）推荐、支委会审查同意后，便确定为入党积极分子。党支部将入党积极分子报上级党委备案，并通知入党积极分子本人，指定两名正式党员作为入党积极分子的培养联系人。

3.进入考察期

入党积极分子的考察期一年以上，自党支部确定其为入党积极分子之日算起，要不定期地向党组织汇报思想。

4.确定发展对象

要求入党的积极分子经过一年以上培养教育后，在听取党小组、培养联系人和党内外群众意见的基础上，经由党支部委员会集体讨论确定为发展对象。入党积极分子写出自传（内容主要写本人简历、家庭主要成员及主要社会关系的政历和现实表现情况）。

5.参加党课培训

申请入党的同学要参加学校党委的党课培训和结业考试，通过考试之后才能进一步发展。

6.确定入党介绍人

入党介绍人由两名或一名正式党员担任，一般由培养联系人担任，也可由发展对象约请，或由党组织指定。

7.填写入党志愿书

发展对象填写《入党志愿书》，须经上级党组织同意，在入党介绍人的指导下，用钢笔或毛笔填写。并要求其填写时要忠诚老实、实事求是，不得有任何隐瞒和伪造。字迹要清楚，不得涂改。对《入党志愿书》上有的项目没有内容可填写时，应注明“无”。在“对党还有哪些需要说明的问题”一栏，主要填写需要向党说明，而其他栏目中不能填写的问题，或对某些栏目需要补充说明的问题。

8.支委会审查

召开支委会，严格审查发展对象填写的《入党志愿书》和有关材料，经支委集体讨论认为发展对象合格和手续完备后，即提交支部大会进行讨论。

9.召开支部大会

程序：申请入党人汇报对党的认识、入党动机、本人履历、现实表现以及向组织说明的其他问题；党小组和介绍人介绍入党人的主要情况，并对其能否入党表明意见；支委会报告对申请入党人的审议情况；与会党员充分发表意见，对申请入党人能否入党进行讨论；采取举手或无记名投票的方式进行表决。入党申请人对大会讨论情况表明自己的态度。

10.组织员谈话

在审批接收新党员前，要指派党委组织委员、组织员、其他党委成员同申请人谈话(2人以上)，作进一步的考察。谈话前，组织员要对支部报来的入党材料进行审查，看材料是否齐全，手续是否完备(查看支部记录)，并采取座谈或个别谈心的方式，听取党内外人员对入党申请人的反映。谈话中，主要了解被谈话人的入党动机，对党的认识和对党的基本知识的掌握情况，征求其对党需要说明的问题，帮助其提高对党的认识，指出努力的方向。谈话后，及时如实地将谈话人的意见填入《入党志愿书》，并向党委汇报谈话情况。

11.党委审批

党委审批必须坚持集体讨论的原则,将审批意见填写在《入党志愿书》上,注明预备期的起止时间,并通知报批的党支部。

12.支部向本人发出入党通知书

党支部接到上级党委入党审批通知后,应及时通知本人并在党员大会上宣布。党支部应将上级党委批准的预备党员编入党小组活动,告诉其交纳党费的时间、规定等。

13.入党宣誓

预备党员必须面对党旗进行宣誓。

14.预备期的培养考察

预备期为一年,从支部大会通过预备党员之日算起。对预备党员的教育和考察,党组织通过听取本人汇报、个别谈心、集中培训、介绍人帮助等方式,每季度要讨论一次,发现问题及时同本人谈话。预备党员要自觉地接受党组织的教育和考察,经常向党组织汇报思想和工作情况,每季度要向支部书面汇报思想和工作一次。预备期满后,党支部要进行全面考察,并写出书面报告。预备党员转正材料(转正申请、个人思想工作汇报、党小组意见、党内外群众意见、党支部考察报告及发展材料)必须报上级组织部门审查同意后,方可讨论审批。

15.预备期满考察合格,向党组织提交转正申请书

手续:本人在预备期满前的适当时候向支部书面提出转正申请和本人的年度总结—党小组提出意见—党支部征求党内外群众意见—支委会审查—支部大会讨论、表决通过—上级党委审批。党委对党支部上报的接收预备党员的决议,必须在三个月内审批,并通知报批的党支部。

【案例分析】

徐特立临危入党[①]

徐特立是我国杰出的无产阶级革命家、教育家,被称为“延安五老”之一,他的一生都

① 唐澜波.教育师尊·徐特立[M].武汉:武汉大学出版社,2012:91.

与革命和教育事业有关。1927 年 5 月，年过半百的徐特立毅然决然地加入中国共产党，成为一名用行动宣示信仰、用行动践行信仰的共产主义战士。陆定一称赞他入党“这本没有字的教科书，比什么教科书都好，也比什么教科书都重要”。这本教科书也依然值得我们今天学习、品读和思考。

徐特立 1877 年出生于湖南省长沙县一个贫苦农民家庭，在备尝贫寒之苦中，逐渐成长成为一名进步的知识分子，走上探索救国救民真理的道路。

1895 年，徐特立投身教育，成了一名乡村塾师，树立了“教育救国”的理想。

他在 20 多年间，先后创办了梨江高小、五美高小、长沙师范、长沙女子师范等多所学校，并在湖南第一师范等学校任教，积极投入反帝反封建运动，支持进步学生运动，精心改进教育方法，培养大批学生和教师人才，对毛泽东、蔡和森等许多有志青年产生了深远的影响。

中国向何处去？年近 50 的徐特立经过苦苦的追寻，终于找到了明确的方向。1926 年 12 月，徐特立与他昔日的学生、回湖南考察农民运动的毛泽东会面，了解到共产党领导下蓬勃兴起的农民运动的一些状况。1927 年春，徐特立便回到家乡去调查农民运动的基本情况，目睹了他小时候生活过的地方令人震撼的变化，认识到了大革命推动下、共产党领导下农民运动的巨大能量。这股巨大能量动摇着封建社会的根基，让徐特立意识到了中国社会翻天覆地的变化将由工农团结带来的巨大力量开启，救国的理想将在中国共产党的领导下实现。

徐特立开始投身工农运动，担任了湖南农民协会教育科科长、湖南农民运动讲习所主任，为发展湖南的工农运动做了大量的工作。在这一段时间的工作中，徐特立接触到许许多多具体的、有血有肉的共产党人。徐特立看到他们不计个人得失，为着崇高的目标尽心尽力，感受到他们视民族复兴、民族解放为己任的真心，更加坚定了对共产党的认同。

1927 年 4 月，蒋介石发动“四一二”反革命政变，大肆屠杀共产党员和革命群众，全国陷入“白色恐怖”之中。5 月 21 日，长沙发生“马日事变”，不到一个月的时间里，长沙附近就有一万多共产党员和革命群众惨遭杀害。这时候入党就意味着牺牲。就是在这样极端险恶的条件下，在革命陷入困境、处于低潮、前途未卜的情况下，徐特立找到了过去的学生、中共湖南省委负责人李维汉，义无反顾地加入中国共产党，决心和工农大众站在一起，一头扎进党和人民的事业中去。

徐特立从一名有所成就的教育家到一位无产阶级革命家，终于找到了实现理想的办法，并用实际行动捍卫着自己的信仰，体现了他为了民族大义而大公无私的公心，为了革命事业而舍我其谁的决心。

案例思考：

以上案例对你有什么启发？

三、大学生党员的行为规范标准和成长规律

(一)共产党员行为规范标准

1.提高政治理论素质

制订切实可行的计划,通过系统的学习,认识社会发展历史特别是中国近现代史与中共党史,精读理论著作,熟悉《中国共产党党章》,牢记党风廉政建设的有关规定。

2.纯正思想,更新观念

关注国际、国内形势,随时掌握党和国家现时的方针与政策,联系现实,勤于深入思考问题,定期向党组织汇报自己的思想,主动在支部生活会上或组织生活中交流看法,得到思想上的帮助,达到相互启发、观念与时俱进的效果。

3.修炼品格,示范于人

热爱祖国、热爱党、热爱人民、热爱生活、尊敬师长,道德品质高尚,求真务实,为人诚恳、豁达,谈吐、举止文雅,增进心理健康,朝气蓬勃,坚持从小事做起,从自身做起,从现在做起。

4.注重抓好业务学习

勤奋刻苦地学习专业知识与技能,永不自满,讲求方法,提高效率,注意构建合理的知识与智能结构,发展良好的非智力因素,强化创新精神,学习成绩优良,素质全面。

5.模范遵守校规校纪

在管好自己的同时,主动宣讲校规校纪,通过约定、提示和监督等,减少班上同学无故旷课、迟到、早退和违反作息时间的行为,避免出现打架斗殴、败坏道德、考试作弊等违纪行为。

6.带领集体争先创优

融入集体,关心集体,热心公益事务,团结同学,凝聚团队,带领同学在各项学生活动中争创佳绩,将所在班级、宿舍建设成为先进班集体和文明寝室。

7.坚持原则,维护稳定

在大是大非问题上旗帜鲜明,做人正派,处事公道,勇于同不良倾向作斗争,能为党和人民利益挺身而出,敏感地发现不稳定因素,及时向党组织汇报并积极做好稳定工作。

8.做联系群众的纽带

广泛联系群众,做同学的知心朋友,关心并帮助其他同学政治上进步,积极负责地向党组织汇报对申请人的培养教育和考察情况,认真完成党组织分派的其他任务。

9.服从党和祖国需要

始终将党的利益放在首位,正确处理国家利益、集体利益与个人利益的关系,培养奉献于社会和他人的精神,树立正确的择业观,做好到基层、在艰苦岗位上建功立业的准备。

(二)大学生党员的成长规律

世界上的事物、现象千差万别,但任何事物或人的发展都有其内在的规律。规律是指事物之间内在的必然联系,决定着事物发展的必然趋向。成长规律是指个体在成长和成功过程中内因及外因等诸多要素之间内在本质的必然联系。

1.优秀学生党员的成长,离不开坚定的理想信念

坚定的理想信念是党凝聚力、战斗力的源泉,也是共产党人安身立命的根本。党的十八大报告指出:“共产党人必须坚定理想信念,坚守共产党人精神追求。对马克思主义的信仰,对社会主义和共产主义的信念,是共产党人的政治灵魂,是共产党人经受住任何考验的精神支柱。”

习近平在十八届中央政治局第一次集体学习时再次强调:“理想信念就是共产党人精神上的‘钙’,没有理想信念,理想信念不坚定,精神上就会‘缺钙’,就会得‘软骨病’”。因此,共产党人要以信念铸魂,用信仰作骨,坚守一名共产党员的追求。

2.优秀学生党员的成长,离不开自身的努力

外因对每一个学生党员来说都是客观公正的,机会也是相对均等的。而内因是学生党员个人主观努力造就的。优秀学生党员都具有良好的个人素质,包括政治素质、思想道德素质、文化素质、能力素质等。在政治素质方面,信仰坚定、服从大局;在思想道德素质方面,牢记宗旨、乐于奉献、恪守公德、廉洁自律;在文化能力素质方面,刻苦学习、勤奋钻研、精益求精、追求卓越;在身心素质方面,心胸豁达、正视困难、永葆朝气。政治素质、思想道德素质是优秀学生党员成长的首要因素，文化素质和能力素质是优秀学生党员成长的关键因素，身心素质是优秀学生党员成长的重要因素。优秀学生党员之所以能够出类拔萃，就因为他们能够充分发挥内因的决定性作用，珍惜、把握外因，自觉地接受组织的任务，自觉地把组织的要求培养、内化为一种品质、一种行动、一种追求。内因、外因充分融合，变为无穷的动力，共同作用于优秀学生党员的成长。

3.优秀学生党员的成长，离不开党组织的精心培养

优秀学生党员的成长需要党组织不断提供理论学习与实践机会，要通过实践育人的方式来增强教育的吸引力，同时也要通过强调学习、重视实践的方式来提高优秀学生党员的政治思想觉悟和服务群众的意识，提升党性修养。离开了党组织的精心培养教育，谈不上个人的成长进步。如开展“诚信考试，向我看齐”活动，要求优秀学生党员佩戴党徽明示身份参加学校组织的各类考试，接受群众的监督来约束其行为，激励优秀学生党员发挥先锋模范带头作用；开展优秀学生党员宿舍挂牌活动，增强优秀学生党员的责任感，加强文明寝室的建设，体现其在日常生活中的模范带头作用；开展形式多样的特色主题党日活动，让学生党员走出课堂、走出学校，在社会实践中增长才干、服务群众，拓展模范作用发挥的平台。

4.优秀学生党员的成长，离不开良好的社会环境

在网络日益普及、发达的今天，必须要借助网络来提高学生党员工作的实效性，要充分认识到网络信息的作用，为学生党建工作的有效开展拓宽新的阵地。可建立学生党建博客，定期将优秀学生党员事迹通过网络向师生宣传，同时也使优秀学生党员接受群众的监督；可建立微信群和 QQ 群，及时发布学生党建工作的开展情况，进行网络答疑，针对热点问题进行讨论交流；可建立网上党校，通过网络进行思想政治教育，使优秀学生党员可以自主自觉地学习政治理论知识，提高政治理论水平。①

① 刘洁.新时期优秀学生党员成长规律的研究[J].学园，2013(14)：35-36.

第三节　学生干部成长规律

实训活动:想一想

【想一想】

第一个问题:你为什么要参加学生组织成为一名学生干部?

第二个问题:你认为学生干部是真正的干部吗?为什么?

第三个问题:你认为成为一名合格的学生干部应具备哪些条件?

大学是培养和造就高层次专门人才,为社会主义现代化建设培养接班人的重要基地。随着我国改革开放的不断深入、经济建设的高速发展、知识经济时代的到来,社会对大学人才的培养质量提出了更高的要求。要实现把大批的学生培养成为当代社会所需要的既有科学文化知识又有理想追求的高素质人才的这一目标,除了广大教师的辛勤付出和无私奉献以外,众多的学生干部在协助教育、教学管理,引领健康良好的校园风气,实现大学生自我教育、自我管理、自我服务的"三自"功能等方面起到了非常重要而又不可替代的作用。

一、学生干部工作的内涵与特点

(一)学生干部工作的内涵

学生干部=学生+特殊的干部。既是学生,又是干部,两者不可分割。其一,如果只顾自己学习而不顾服务同学,这样的人也许是合格的学生,但不是合格的学生干部;如果不顾自己学习而专搞所谓的活动,或者只为自己的私利,这样的人既不是合格的学生,也不是合格的学生干部。其二,学生干部不是社会上的干部,因此,不能染上社会上一些干部的不良作风,不要变成脱离同学、高高在上,只对老师负责、不对学生负责的官僚主义干部。

学生干部工作是一种社会活动的过程,一种引导与参与相统一的过程,一种确定和实现目标的组织过程。学生干部工作的本质是对学生干部工作质的规定性,是对学生干部繁杂多变的工作现象的概括,是对学生干部工作表层的、显性的现象的抽象。学生干部工作产生的初衷和学生干部的领导角色决定了学生干部工作的本质即“服务”。

(二)学生干部工作的特点

1.流动强

学生干部的任职期限是不固定的。一般而言,大一担任干事,大二、大三担任副部长、部长,大四时离职。四年的大学生活包括学习、工作、生活等多个方面,学生干部工作只是他们众多选择之一。

2.事务杂

学生干部要经常处理学校教育、学校管理、学校服务以及其他临时任务,可以称之为“跑腿的角色”。

3.难度大

学生干部扮演着双重角色,学习与工作的矛盾是每个学生干部都会面临的一个普遍性问题。学生干部联系的两端,一边是老师,一边是学生,站在同学立场和老师对着干,或站在老师的立场上和同学“对着干”,很多情况下是两头不讨好,尤其是当两者出现较大分歧和矛盾时,学生干部很难进行抉择。学生干部服务的对象——同学,他们是一个很大的群体,有着各自欣赏的视角和标准,且未必相同,众口难调。学生干部工作的经费比较紧张,学生干部要在老师和学生寄予厚望与资金捉襟见肘的夹缝中工作,常常备感无力,开展工作难度较大。

4.要求高

从学生干部工作本身来讲,它是一项事务性的工作,但它更是一门艺术。其中蕴含着深刻的道理和客观规律,如用人艺术、协调艺术、激励艺术、沟通艺术、表达艺术、运筹时间艺术等。学生干部工作的艺术性对学生干部提出了很高的要求,现实中一些学生干部工作做得很出色,不仅因为他们工作能力很强,还源于他们掌握了工作的艺术。

从学生干部工作的对象来讲,当代大学生追求创新的欲望十分强烈,他们思想活跃,情感丰富,渴望了解新鲜事物,愿意接受新鲜事物,追求新形式、新体验,排斥陈旧的活动方式,这无形中对学生干部提出了更高的要求。

二、学生干部工作的艺术与方法

学生干部在群体组织内部都有明确的职责和工作任务。要履行好职责，完成工作任务，必须通过一定的工作方法和艺术方能得以实现。因为只有采取良好的工作方法，才能提高工作效率，达到事半功倍的效果。

(一)人际协调的方法和艺术

1.前提条件:避免人际认知偏差或偏见

人际认知活动是一种特殊的认知活动，比一般认知活动更易受个体的需要、动机、心理发展水平以及生活经验和认知实践的影响，从而导致认知偏差或偏见，成为协调人际关系的障碍。

社会刻板印象也称社会定型或社会成见，是指人们对属于不同类型的人所持的固定看法。在人际交往和人际认知中，人们常常按照预想的类型对每一类人套上自己头脑中固定的看法，以此作为判断某人的依据，这样往往会得出比较片面的结论。

心理定式是指人在认知特定对象时心理上的准备状态。人们在对人进行认知和评价时，往往会受心理定式的影响，以主观倾向性解释客观性事实，根据自己的认知习惯、情绪、心境和先入为主的观念来认知他人，而使对人的认知带上一定的主观色彩，阻碍了正确的人际认知。

自我投射是指人们把自己的特征、爱好、情感、愿望投射到认知对象身上，产生认知幻觉，做出不合实际的评价。自我投射效应表现为以己度人，从自我出发认知他人，以主观统摄客观，将他人归结为自我。这种以自我为中心的认知态度和方式是极其有害的。

总之，高校学生干部在实际工作中，必须避免人际认知偏差或偏见，形成正确的人际认知，才能更好地协调人际关系。

2.关键因素:正确的人际归因

人际归因是指个体在人际交往与人际认知过程中，对自己和认知对象的行为表现进行分析，判定其性质或推测其原因。学生干部在人际协调过程中必须克服各种归因偏差。

其一，自尊心需要造成的归因偏差。在一般情况下，人们常常对成功作内归因，失败作外归因。学生干部在组织某项活动之后，若活动成功了，往往归结为自己组织、策划有方；反之，则容易归结为外部环境因素的干扰。人际关系不和谐时，常常归结为他人素质不好、对方不真诚、有人挑拨离间等。

其二,个体的情感因素造成归因偏差。在认知过程中,人们对认知对象的归因常受感情支配而造成偏差。有的学生干部在协调人际关系时,常常把与自己关系好的人的成绩作内归因,称赞是自己努力的结果,对自己的失败作外归因;反之,则把成绩作外归因,把缺点错误作内归因。对同学之间的人际矛盾进行归因时,常会把原因归结为同自己关系不好的一方。

其三,涉及个人利益时的归因偏差。一般来讲,他人行为在涉及个人利益时,会较多地作内归因。当团体中失败者的行为结果可能损害其他成员利益时,其他人员就对他做出个人倾向的内归因,以避免自己承担相应的责任。

其四,归因者对方立场不同而造成归因分歧。对同一行为,行为者与观察者往往会出现意见分歧,甚至产生人际关系不协调。

总之,高校学生干部在实际工作中,应尽量避免人际归因的偏差,尽量公平、公正,从而更好地达到人际协调的目的。

3.主要途径:提高人际协调素养

其一,培养健康的个性心理。在交往中,具有良好思想品质的人,别人乐于与之交往,也容易形成和谐的人际关系。因此,培养健康的个性心理,无疑是消除人际关系障碍,建立良好人际关系的先决条件。

其二,努力提高知识和经验水平。高校学生干部已具备一定的知识水平,但由于人际交往的深度与和谐程度会受知识、经验水平差距的制约和影响,要想与周围的同学或其他干部建立融洽的人际关系,需要不断提高自己的知识、经验水平。

其三,端正建立人际关系的态度。这要求学生干部待人处事抱有一种宽容的态度,不苛求于人;以高度重视的态度来对待交往关系中双方的差异,以一种与人为善、助人为乐的态度来建立人际关系。这样,就容易消除很多障碍因素,人际关系的和谐也更容易成为现实。

其四,信任和尊重对方。信任和尊重对于建立良好的人际关系也许不是万能,但要想建立良好的人际关系,没有信任与尊重是万万不能。一个学生干部如果没有诚意与别人交往,不懂得尊重别人,是很难与别人建立良好的人际关系的。

其五,真心、真诚、真实不可缺少。在对待人际关系问题上,尤其需要“真”。这就是与对方相交要真心;表达自己、对待别人的意见和态度要真诚。这样做的话,可能会得罪人,但从长远讲,这样做最终会为人们所理解和肯定,从而建立起真正良好的人际关系。

4.重要保证:建立良好的组织氛围

倡导一种健康、向上、民主、平等的风气。在这种风气的影响下,往往会促进这一环境中的所有人的相互交流;会使每个成员形成团结和谐的关系,从而建立起良好、融洽的人际关系。

(二)时间管理的方法与艺术

1.制订时间使用计划,合理分配时间

制订时间使用计划和程序:学生干部的工作是要分清主次顺序,先主后次,要用精力最充沛的时间做最重要、最难办的事。

正确处理学习、工作、休息的关系:学生干部首先必须在学习方面起到带头作用。只重视工作而忽视学习行为是不可取的。其次,必须用一定的时间去思考和精心组织工作。不会休息的人,就不会工作,学生干部还得要有充足的时间保证休息。

保持时间利用的相对连续性:做一项工作或思考某一问题时,最好能够一气呵成,不要间断。因为被中断的注意力通常需要很长时间才能恢复。古人云:"一鼓作气,再而衰,三而竭。"

当日事当日毕:精力在成功之中更新,而在拖延之中衰竭。学生干部应在当天总结工作,分析自身利用时间的情况是否合理,有无浪费,如何改进,同时考虑明天的计划安排。

2.避免时间浪费,争取一切有效时间

养成快速准时的习惯:做每项工作要给自己规定严格科学的时间限度,何时起、何时止。开会、约见要准时,养成开短会、说短话、写短文的良好习惯。

善于简化工作:任何一项工作只有简化到最低限度,避免无效劳动、重复劳动和低效劳动,才能最大限度地节约时间。

学会见缝插针:工作、学习的时候,必须善于零时整用,而不可整时零用。

3.充分调动其他干部、同学的主动性和积极性

应当学会相信群众,依靠群众,善于听取广大同学的意见,认真执行民主集中制原则,善于决断而又不独断专行,只有如此,才能充分调动周围其他干部的工作积极性和工作热情,同时又能加强广大同学参与的自觉性和主动性。

4.提高工作效率,达到事半功倍的效果

养成勤于记录的习惯:发现好的创见、设想和观点时,应当立即记录。开会、听汇报、谈话中的要点,以及有关的事件、人名、数字等也应及时记录,以便需要时随时可以利用。

利用现代化技术:作为高校学生干部,必须学会运用现代化办公用具,加快工作速度,提高时间效率，并相应地提高工作质量。

学会暂停：在工作中精力疲惫时，应当进行适当调节，休息片刻，高度紧张的状态就会得到缓解，新的精力就会焕发出来。

（三）组织开会的方法与艺术

1.学会主持会议

以饱满的工作热情和奋发进取的精神状态出席会议，以此振奋与会人员的工作热情。讲话要简明扼要、热情洋溢、准确有力、风趣幽默生动、有鼓动力。要牢牢抓住会议主题，抓住重点，中肯有力，掌握问题的实质。注意激励与会人员的热情，激发他们的创造性思维，注意引导大家共同创造良好的会议气氛。注重集思广益，不固执于自己已形成的主意和想法，不过早地表达自己的主意和想法。鼓励与会人员畅所欲言，善于捕捉和发现真知灼见，听取与会者的意见。注意会议导向，当讨论的问题或发言有偏差时，要保持清醒的头脑，寻找契机引导纠正，并尽可能使发言者愉快地接受。注意用会议产生的积极思想和意见办法，充实和完善原有的思路和方案。科学地把握会议的时间和效果，达到预期目的就应及时结束会议，尽量开短会，不轻易追加会议内容。

2.控制好会场氛围

充分做好会前准备：不开没有准备的会；不开没有明确主题的会；不开主题不正确不健康的会；禁止无关人员参加会议。把握好会议节奏：高度重视会议程序和环节的联结和转换；正确处理会议期间突发性的矛盾和冲突。

高校学生干部应具备：高度的政治责任感和原则性；处理复杂事物、集中正确意见的能力；优良的民主作风，坚决摒弃独断专横；正确地掌握会议方向；当机立断、多谋善断的胆略和气魄。

3.科学确定和安排会议主题

详细描述议题，表述要准确，语言逻辑要规范。分清议题的大小、轻重、虚实、缓急，以及它们的相互关联，从而科学地安排议程。会议议题宜少不宜多，以便展开讨论。议程组织讨论人员较多时，宜分组进行讨论，保证与会者都有发言权。鼓励积极发言，把观点讲清讲透，充分发扬会议民主。讨论离题时，应巧妙地加以引导和纠正。鼓励会议的辩论和争鸣，激发人们的想象力和创造性思维，从而开阔视野、深化思想，并追求最佳效益和效率。会议有较大分歧时，应鼓励与会者出以公心，不放弃原则，也不固执己见，尊重客观实际，坚持真理。当在原则问题上出现偏差时，应坚持原则性与灵活性的统一，既坚持正确的政治方向，又妥善处理各种矛盾。对会议讨论的结果，应及时予以总结，择其重要者写入会议纪要。

思考与练习

1. 马克思、恩格斯、列宁、毛泽东和习近平关于青年成长的论述有何共同点？
2. 徐特立临危入党，对大学生的成长有何启示？

第三章　了解自我

孙子的规律，“知彼知己，百战不殆”，仍是科学的真理。我的经验历来如此，凡是忧愁没有办法的时候，就去调查研究，一经调查研究，办法就出来了，问题就解决了。

——毛泽东

【学习目标】

1.了解性格及其类型；

2.了解兴趣及其类型；

3.了解价值观及其类型；

4.了解多元智能；

5.掌握以上四种内在世界的探索方法以及这四种方法的整合。

【导入案例】

学唱歌的驴子①

一天，一头驴子在树下走着，它在想：我的理想是什么呢？对了，我要当歌唱家！可是它不知道怎么学唱歌，于是，便踏上了寻找老师的旅程。

它走啊，走啊，感到口很渴，听到了叮咚的流水声，就循声走了过去，原来是一条清澈的小溪。驴子兴奋极了，多么美妙的歌声啊！它对小溪说：“小溪，你能收我为徒吗？”小溪说：“还有比我唱得更好听的呢！你再去找找吧！”驴子离开了。

它走到一棵大树下，一只小麻雀正在欢快地叫着。驴子说：“我能拜你为师吗？”小麻雀回答：“还有比我唱得好的呢！”驴子摇摇头，失望地走开了。

不知不觉，它走到了森林里，遇见了一只小鹦鹉，驴子听到鹦鹉婉转清脆的歌声有些

---

① 朱宁虹.中华圣哲光辉 中国哲学的故事[M].北京：中国戏剧出版社，2009：137.

陶醉了，便说："鹦鹉先生，您能让我跟您学唱歌吗？"鹦鹉见驴子这么诚恳，就说："你的声音不好听，唱歌也不好，我劝你还是改改自己的理想吧。"驴子不服气："那怎样才能改变声音呢？"鹦鹉说："我不知道。不过，你看见前面那棵大榕树了吗？蝉先生住在那里，它知识渊博，一定有办法帮你改变声音的。"驴子听了，谢过鹦鹉，赶忙向大榕树走去。

到了榕树下，蝉先生正在翻阅书籍，看见驴子说："你来找我有什么事？"驴子把想改变声音的事一说，蝉先生大笑起来："这个简单，喝露水呗！"驴子听了以后，每天就只喝露水，没过几天就死了。

案例思考：

1.驴子最后真正死亡的原因是什么？

2.驴子的故事给人什么启发？

其实，案例中是一头"古希腊寓言"中的驴子。这头驴子酷爱唱歌，并不断地去寻求导师，从某种意义上来说，这种执著的、勇于挑战自我的精神是值得人们学习的。但是，这头驴子的理想超越了它自身的能力范围，结局是悲哀的。究其原因，是它未能正确地认识自己，盲目追求，理想的破灭是理所当然，最后还因为一味地遵循只喝露水的要求而枉断了性命，教训真是发人深省。现实生活中，像驴子这样的人还有很多，很多人的"自我"认知几乎都会发生严重的扭曲和变形。这是因为现代商品社会物欲横流，人们每每只见"物"不见"人"或只见"他人"不见"自己"，从而导致人在认识自我的过程中常常如雾里看花，如隔江观景，不敢正视自己，不敢研究自己，不敢解剖自己。

"认识你自己"，是希腊神庙上镌刻的三句箴言之一。还有两句是"有所为，有所不为"和"学我者生，似我者死"。认识自己，就要了解自己的过去、现在和未来。认识自己，就要了解自己的家庭、单位和社会。认识你自己，就要了解自己的性格、兴趣、价值观和多元智能。

本章就以性格、兴趣、价值观和多元智能等四个维度开展个体内部世界的自我探索（表 3-1）。

表 3-1　本章知识导图

序号	内部世界维度	维度内涵	汇总
1	性格	择已所适：适合做什么？	专业
2	兴趣	择已所爱：喜欢做什么？	
3	价值观	择已所求：追求是什么？	
4	多元智能	择已所长：擅长做什么	

第一节　性格探索

生活中,我们经常说这人性格怎样,自己的性格怎样。也会有这样的情况:自己也不了解自己的性格如何,还要向他人询问自己的性格怎样呢?"那么,到底什么叫性格?性格有哪些分类?我们应如何了解自己的性格呢?

实训活动——换手签名

请同学们拿出一张空白纸,在纸上签下自己的名字。

请换一只手,再次在纸上签下自己的名字。

两次签名有什么不同的感受?请用几个词来形容。

一、性格概念

《辞海》解释:性格是指主要表现在人对现实的态度和行为方式中较稳定的个性心理特征。性格是个性的核心部分,最能表现个别差异。性格具有复杂的结构,大体包括:(1)对现实和自己的态度的特征,如诚实或虚伪、谦逊或骄傲等。(2)意志特征,如勇敢或怯懦、果断或优柔寡断等。(3)情绪特征,如热情或冷漠、开朗或抑郁等。(4)情绪的理智特征,如思维敏捷、深刻、逻辑性强或思维迟缓、浅薄、没有逻辑性等。①

《现代汉语词典》解释:性格是指每个人在对人、对事的态度和行为方式上所表现出来的心理特点:如开朗、刚强、懦弱、粗暴等。②

性格是指人在个体生活过程中所形成的对现实的稳定的态度以及与之相适应的习惯化的行为方式。性格是人与人区别的主要方面,是人格的核心。一个人"对现实的稳定态度"决定了他的"行为方式",而习惯化了的"行为方式"又体现了他对"现实的态度"。由此

① 夏征农,陈至立.辞海[G].上海:辞书出版社,2011:2396.

② 晁继周,韩敬体,等.现代汉语词典[G].北京:商务印书馆,2005:1461.

可见，态度决定了行为方式，稳定的态度使与这种态度相适应的行为方式慢慢地变成了习惯，并自然而然地在现实生活中表现出来。举例来说，一个助人为乐的人，助人为乐是他的性格特性，当遇到别人有困难他就会毫不犹豫地去帮助别人。别人看到他的助人行为也会觉得很自然，很符合他的性格特点。反之，一个自私自利的人，如果别人看到他去帮助人了，反而觉得很奇怪，无法理解。因此，一个人在长期的社会生活中养成的对现实的态度和他的行为方式是密切联系、不可分割的。

东方古语云："积行成习，积习成性，积性成命。"西方也有名言："播下一个行为，收获一种习惯；播下一种习惯，收获一种性格；播下一种性格，收获一种命运。"可见东西方对性格形成的看法都一样。性格是在社会生活实践中逐渐形成的，一经形成便比较稳定，它会在不同的时间和不同的地点表现出来。但是，性格具有稳定性并不是说它是一成不变的，而是可塑的。性格在一个人的生活中形成后，生活环境的重大变化也会让个人的性格发生显著变化。

实训活动——卡特尔 16PF 测验

【活动】请用手机微信关注"泉州师范学院就业网"，按"我的事务—微主页—学生登录"路径，输入账号密码，再按"职业测评—卡特尔 16PF 测验"进行测试，并用手机截图保存测试结果。

【思考】经过测试，你的人格是什么？你认为准确吗？

二、MBTI 理论简介

人与人的个性差别首先表现在性格上。由于各人先天的素质不同，以及后天所处的客观环境不一样，这就形成了各种各样的性格。不同的心理学家依据不同的分类标准和原则，划分出了不同的性格类型。

美国心理学家凯恩琳·库克·布里格斯（Katherine Cook Briggs）和伊莎贝尔·布里格斯·迈尔斯（Isabel Briggs Myers）根据瑞士著名的心理分析学家荣格（Carl G. Jung）的心理类型理论和她们对于人类性格差异的长期观察和研究，编制出了《迈尔斯-布里格斯类型指标》（Myers-Briggs Type Indicator，MBTI）。这是一种迫选型、自我报告式的性格评估测试，用以衡量和描述人们在获取信息、作出决策、对待生活等方面的心理活动规律和性格类型，我们称之为"MBTI 理论"。

(一)MBTI 理论的四维性格分类

MBTI 理论认为一个人的性格可以从四个维度进行分析,用字母代表如下:

(1)精力支配:外倾 E(Extraversion),内倾 I(Introversion)。

(2)认识世界:感觉 S(Sensing),直觉 N(Nutrition)。

(3)判断事物:思维 T(Thinking),情感 F(Feeling)。

(4)生活态度:判断 J(Judging),知觉 P(Perceiving)。

1.内倾(I)—外倾(E)维度

该维度用以表示个体心理能量的获得途径和与外界相互作用的程度,即个体的注意较多地指向于外部的客观环境还是内部的概念建构和思想观念。外倾型性格表现为主体的注意力和精力指向于客体,即在外部世界中获得支持并依赖于外在环境中发生的信息,这是一种从主体到客体的兴趣向外的转移。外倾型个体需要通过经历来了解世界,所以他们更喜欢大量的活动,并偏好于通过谈话的方式来思考,在语言的交流中对信息予以加工。而内倾型性格表现为主体的注意力和精力指向于内部的精神世界,其心理能量通过内部的思想、情绪等获得。内倾型个体在内部世界中获得支持并看重发生的事件的概念、意义等,因此他们的许多活动是精神性的,倾向于在头脑内安静地思考以加工信息。外倾型个体经常先行动后思考,而内倾型个体经常耽于思考而缺乏行动。

实训活动——内倾和外倾

【活动】请同学们 6 人组成一组,在小组中分享自己是内倾型还是外倾型,并说明判断依据。

请外倾型的同学和内倾型的同学分成两组,相互说一说平常对对方的印象是什么?相处的时候希望对方做些什么?自己应该注意些什么?能从对方身上学习到什么?

【思考】通过对讨论过程的观察,你觉得哪些同学可能是外倾型,哪些可能是内倾型,为什么?

2.感觉(S)—直觉(N)维度

该维度又称之为非理性维度或知觉维度,表示个体在收集信息时注意的指向。即倾向于通过各种感官去注意现实的、直接的、实际的、可观察的事件,或者对事件将来的各种可能性、事件背后隐含的意义以及符号和理论感兴趣。感觉型的个体倾向可接受能够衡量或有证据的任何事物,关注真实而有形的事件。他们相信感官能告诉他们关于外界的准确信息,也相信自己的经验。他们重视现在,关心某一刻发生的所有事情。而直觉型的个体则自然地去辨认和寻找一切事物的含义,他们重视想象力,更注重将来,努力改变事物而不是维持它们的现状,看到一个环境就想知道它的含义和结果。感觉型的个体被视为较有实际意识,而直觉型个体被视为较有改革意识。感觉一直觉维度在问题解决过程中有重要作用。

实训活动——感觉与直觉

【活动】请给“海洋”下定义。

【思考】看一看大家所下的这些定义有什么不同?

3.思维(T)—情感(F)维度

该维度又称之为理性维度或判断维度,用于表示个体在作决定时采用什么系统,即作决定和下结论的方法,是客观的逻辑推理还是主观的情感和价值。情感型的个体期望自己的情感与他人保持一致,他们作决定的基石是何者对自己和他人是重要的,其理性判断的依据是个人的价值观。而思维型的个体通过对情境做出客观的、非个人的逻辑分析来作决定。他们注重因果关系并寻求事实的客观尺度,因此较少受个人感情的影响。

实训活动——思维与情感

想象一下:你是一支篮球队的队长,你必须选择一名队员荣称为“年度篮球先生”。最后有两个候选人:A和B。你倾向于谁?

对于A,很明显,他是一个明星队员。虽然他还是一个低年级学生,但是他为球队赢得了许多分数,并使得全队获得年度金奖。虽然说A不是天生的运动健将,但是他还是非常尽力地打好每场比赛。所以,为了公平起见,选择不仅仅只根据赛场表现来做出。如果有偏袒,就会开一个不好的先例。当然了,相信所有的人都会同意让A获得这个荣誉。

B虽然不是最佳的球手,但是他付出了超出常人的努力去练球,并总是拿出150%的努力去打好每场比赛。每一场比赛他都热情高涨,并且很好地鼓励其他的队友共同努力。而且B是高年级的,因为家境问题,高中毕业后就得找份工作,不能进入大学学习。所以,这次可能是他唯一一次获得这样荣誉的机会。奖金还可能使他有机会继续读书。

4.判断(J)—知觉(P)维度

该维度用以描述个体的生活方式。即倾向于以一种较固定的方式生活(或作决定)还是以一种更自然的方式生活(或收集信息)。这一维度是一种态度维度。虽然个体能够使用直觉和判断,但是这两极不能够同时被运用。多数个体会自然地发现采用某种生活方式时总是比另一种更加轻松,因此总是在和外部世界打交道时采用这种生活态度。判断型个体倾向于以一种有序的、有计划的方式对其生活加以控制。他们期望看到问题被解决,习惯并喜欢作决定。而知觉型个体偏好于知觉经验,他们不断地收集信息以使其生活保持弹性和自然,努力使事件保持开放性,让其自然地变化,以便出现更好的事件。

实训活动——判断与知觉

假设现在是周五下午,你在本周日上午要参加大学英语六级考试。这是你参加这个考试的最后一次机会,而你感觉自己有不少东西还没准备好,因此打算在今晚和周六好好复习一下。但是,你忽然接到电话,一个好朋友从外地来北京了,你们已经好久没见面了,他邀你今晚去看他,因为他周六早上就要离开。你会去吗?为什么?

【思考】针对案例请同学们说说自己的想法,认真倾听每个同学的发言,判断哪些同学可能是判断型,哪些同学可能是知觉型。

每个人的性格都落足于四种维度每一种中点的这一边或那一边,我们把每种维度的两端称作“偏好”。例如:如果你落在外向的那一边,那么就可以说你具有外向的偏好。反之,如果你落在内向的那一边,那么就可以说你具有内向的偏好。表3-2给出了MBTI的四个维度和八个方面的性格特征。

表3-2　MBTI的四个维度和八个方面的性格特征

维度	特征	维度	特征
外向 E	从人际交往中获得能量 喜欢外出 表情丰富,外露 喜欢交互作用,合群 喜行动、多样性(不能长期坚持) 不怕打扰,喜自由沟通 先讲后想;易冲动、易后悔、易受他人影响	内向 I	从时间中获得能量 喜静、多思、冥想(离群、与外界产生误解) 谨慎,不露表情 社会行为的反射性(会失去机会) 独立、负责、细致、周到、不蛮干 不怕长时间做事,勤奋,怕打扰 先想后讲

续表

维度	特征	维度	特征
感觉 S	通过五官感受世界,注重真实的存在实际 用已经有的技能解决问题 喜具体、明确 重细节(少全面性) 脚踏实地 做事会预估结果、能忍耐、小心 可做重复工作,(不喜新)不喜展望	直觉 N	通过第六感洞察世界,注重应该如何,比较笼统 喜学新技能 不重准确,喜抽象和理论 重可能性,讨厌细节 好高骛远,喜欢新问题 凭爱好做事,对事情的态度易变 提新见解、仓促下结论
思维 T	分析,用逻辑客观方式决策 坚信自己的观点正确,不考虑他人意见 清晰、正义、不喜欢调和主义 批判和鉴别力 规则 工作中少表现出情感,也不喜欢他人感情用事	情感 F	主观和综合,用个人化的、价值导向的方式决策;考虑决策对他人的影响 和谐、宽容、喜欢调解 不按照逻辑思考 考虑环境 喜欢工作场景中的情感,从赞美中得到享受,也希望得到他人的赞美
判断 J	封闭定向 结构化和组织化 时间导向 决断,事情都有正误之分 喜命令,控制、反应迅速,喜欢完成任务 不善适应	知觉 P	开放定向 弹性化和自发化 探索和开放结局 好奇,喜欢收集新信息而不是作结论 喜欢观望,喜欢开始许多新的项目,但不完成 优柔寡断,易分散注意

(二)MBTI 理论 16 种性格类型的特点与就业方向

MBTI 的四个维度,两两组合,可以组合成 16 种性格类型。

1.ISTJ

特点:(1)沉静,认真,贯彻始终,得人信赖。(2)讲实际,注事实,能够合情合理地决定应做的事,并坚持完成,不会因外界分散精力。(3)做事有次序、有条理,重视传统和忠诚。

适合职业:管理者、行政管理、执法者、会计或者其他能够让他们可以利用自己的经验和对细节的注意完成任务的职业。

2.ISFJ

特点:(1)沉静,友善,谨慎,有责任感。(2)做事坚持始终,不辞辛劳,准确无误。(3)忠诚,替人着想。(4)往往重视细节,关心别人的感受,努力创造一个有秩序、和谐的环境。

适合职业:教育者、健康护理、宗教服务或者其他能够让他们运用自己的经验亲力亲为帮助别人的职业,这种帮助是协助或辅助性的。

3.INTJ

特点:(1)有创意,有冲劲。能很快掌握事情发展的规律而找到长远发展方向。(2)一旦做出承诺,便会有条理地开展直至完成。(3)有怀疑精神,独立自主。(4)无论为自己还是他人,都有高水准的工作表现。

适合职业:科学或技术领域,律师或者其他能够让他们运用智力创造和技术知识去构思、分析和完成任务的职业。

4.INFJ

特点:(1)具有探索精神,有洞察力。(2)能够尽责履行他们坚持的价值观念,有清晰的理念以谋取大众的最佳利益。(3)能够有条理地、果断地实践他们的理念。

适合职业:宗教、咨询服务、教学/教导、艺术或者其他能够促进他们情感、智力和精神发展的职业。

5.ISTP

特点:(1)善容忍,有弹性。(2)冷静的观察者,有问题便迅速行动,找出解决办法。(3)善于分析,重视前因后果,能够以理性原则处事,重视效率。

适合职业:熟练工种、技术领域、农业、执法者、军人或者其他能够让他们动手操作、分析数据和事情的职业。

6.ISFP

特点:(1)沉静,友善,敏感,仁慈。(2)欣赏所发生的事情。(3)喜欢有自己的空间,做事能把握时间。(4)忠于自己所重视的人。(5)不喜欢争论和冲突,不会强迫别人接受自己的意见或价值观。

适合职业:商业、健康护理、执法者;或者其他能够让他们运用友善、专注于细节的相关服务的职业。

7.INFP

特点:(1)理想主义者,忠于自己及自己所重视的人。(2)外在与内在配合。(3)好奇能加速对理念的实践。(4)试图了解、协助别人的潜能。(5)适应力强,有弹性,如果价值观没有抵触,往往能包容他人。

适合职业:写作、咨询服务、艺术或者其他能够让他们运用创造力和集中于他们的价值观的职业。

8.INTP

特点:(1)对兴趣所在用于探索,喜欢理论和抽象的事情,喜欢理念思维多于社交活动。(2)沉静,满足,有弹性,适应力强。(3)有怀疑精神,有时喜欢批评,常常善于分析。

适合职业:科学技术领域或者其他能够让他们基于自己的专业技术知识独立、客观分析问题的职业。

9.ESTP

特点:(1)弹性,容忍。(2)讲实际,专注即时效益。(3)对理论和概念的解释不耐烦,希望以行动解决问题。(4)专注于此时此地,喜欢主动与人交往。(5)喜欢物质享受。(6)能通过实践达到最佳学习效果。

适合职业:熟练工种、市场、商业、执法者、应用技术或者其他能够让他们利用行动关注必要细节的职业。

10.ESFP

特点:(1)外向,友善,包容。(2)热爱生命,爱物质享受。(3)喜欢与别人共事。(4)富于灵活性、即兴性,易接受新朋友和适应新环境。(5)与别人在一起,学习效果可以达到最佳。

适合职业:教学/教导、健康护理、教练、儿童保育、熟练工种或者其他能够让他们利用外向的天性和热情去帮助那些有实际需要的人们的职业。

11.ENFP

特点:(1)热情而热心,富于想象力。(2)能很快找出事件关联性,有信心依照模式做。(3)很需要别人的肯定,又乐于欣赏和支持别人。(4)即兴而富于弹性,时常信赖自己的临场表现和流畅的语言能力。

适合职业:宗教、咨询服务、教学/教导、艺术或者其他能够让他们利用创造和交流去帮助促进他人成长的职业。

12.ENTP

特点:(1)思维敏捷,机灵,能激励他人,警觉,勇于发言。(2)随机应变,富于挑战性。(3)善于洞察别人,对日常例行事务厌倦。(4)甚少以相同方法处理同一事情,能灵活处理新事物。

适合职业:科学、技术、管理者、艺术或者其他能够让他们有机会不断承担新挑战的工作。

13.ESTJ

特点:(1)讲实际,重现实;果断,能很快做出实际可行的决定。(2)高效做事。(3)注意日常工作的细节。(4)有清晰的逻辑标准,会有系统地跟着去做,也想别人跟着去做。(5)会以强硬态度去执行计划。

适合职业:管理者、行政管理、执法者或者其他能够让他们运用对事实的逻辑和组织完成任务的职业。

14.ESFJ

特点:(1)有爱心、尽责、合作、渴望有和谐的环境。(2)喜欢与别人共事。(3)忠诚,在细节上也一样。(4)渴望别人赞赏他们,欣赏他们所做的贡献。

适合工作:教育、健康护理、宗教或者其他能够让他们运用个人关怀为他人提供服务的职业。

15.ENFJ

特点:(1)温情,有同情心,反应敏捷和有责任感。(2)高度关注别人的情绪需要和动机。(3)忠诚,对赞美和批评能很快回应。(4)社交活跃,在一组人当中能惠及别人,有启发人的领导才能。

适合工作:宗教、教学/教导、艺术或者其他能够让他们帮助别人在情感、智力和精神上成长的职业。

16.ENTJ

特点:(1)坦率,果断,乐于作为领导者。(2)具有发现漏洞和错误的能力。(3)喜欢长远计划。(4)往往是博学多闻的,喜欢追求知识,又能把知识传给别人。(5)能够有力地提出自己的主张。

适合工作:管理者、领导者或者其他能够让他们运用实际分析、计划和组织完成任务的职业。

三、MBTI 理论的运用

(一)MBTI 理论的性格典型

MBTI 理论的 16 种类型又归于四个大类之中,在此我们将四个大类型筛选,并总结见表 3-3。

表 3-3　MBTI 典型代表

类型	特征	代表人物
SJ 型:忠诚的监护人	具有 SJ 偏爱的人的共性是有很强的责任心与事业心,他们忠诚、按时完成任务,推崇安全、礼仪、规则和服从,他们被一种服务于社会需要的强烈动机所驱使。他们坚定、尊重权威和等级制度,持保守的价值观 他们充当着保护者、管理员、稳压器、监护人的角色。大约有 50%左右 SJ 偏爱的人为政府部门及军事部门的职务所吸引,并且显现出卓越成就。其中在美国执政过的 41 位总统中有 20 位是 SJ 偏爱的人	乔治・布什(George Bush) 女王维多利亚(Queen Victoria) 女王伊丽莎白・伊伊(Queen Elizabeth) 乔治・华盛顿(George Washington)
SP 型:天才的艺术家	有 SP 偏好的人有冒险精神,反应灵敏,在任何要求技巧性强的领域中游刃有余,他们常常被认为是喜欢活在危险边缘寻找刺激的人 他们为行动、冲动和享受现在而活着。约有 60%左右 SP 偏好的人喜欢艺术、娱乐、体育和文学,他们被称赞为天才的艺术家	迈克尔・乔丹(Michael Jordan) 伊丽莎白・泰勒(Elizabet Taylor) 玛丽莲・梦露(Marilyn Monroe) 帕布洛・毕加索(Pablo Picasso)

续表

类型	特征	代表人物
NT 型：科学家、思想家的摇篮	NT 偏爱的人有着天生好奇心，喜欢梦想，有独创性、创造力、洞察力，有兴趣获得新知识，有极强的分析问题、解决问题的能力。他们是独立的、理性的、有能力的人 人们称 NT 是思想家、科学家的摇篮，大多数 NT 类型的人喜欢物理、研究、管理、电脑、法律、金融、工程等理论性和技术性强的工作	比尔·盖茨(Bill Gates) 乔治·索罗斯(George Soros) 伯特·爱因斯坦(Albert Einstein) 玛格丽特·萨切尔(Margaret Thatcher)
NF 型：理想主义者、精神领袖	NF 偏爱的人在精神上有极强的哲理性，他们善于言辩、充满活力、有感染力、能影响他人的价值观并鼓舞其激情。他们帮助别人成长和进步，具有煽动性，被称为传播者和催化剂 约有一半的人在教育界、文学界、宗教界、咨询界以及心理学、文学、美术和音乐等行业显示着他们的非凡成就	夫拉迪默·列宁(VLadimir Lenin) 奥普拉·温弗尼(Oprah Winfrey) 夏洛特姐妹(Emily Bronte and Dickenson) 莫汉迪斯·甘地(Mohandas Gandhi)

(二)MBTI 性格类型与职业匹配

人的性格千差万别，或热情外向，或羞怯内向，或沉着冷静，或火爆急躁。职业心理学的研究表明，不同的职业有不同的性格要求。虽然每个人的性格都不能百分之百地适合某项职业，但可以根据自己的职业倾向来培养、发展相应的职业性格。不同性格特征的人员，对企业而言，决定了每个员工的工作岗位和工作业绩；对个人而言，决定着自己的事业能否成功。大部分人在二十岁以后会形成稳定的 MBTI 人格。MBTI 的人格会随着年龄的增加、经验的丰富逐步发展完善。根据 MBTI 的理论，对于 MBTI 中任何类型的人而言，均有相应的优点和缺点，适合自己的工作环境，适合自己的岗位特质，为职业生涯决策提供帮助。(表 3-4)

表 3-4　MBTI 性格类型与职业匹配

性格类型	适合领域与职业
ISTJ 内倾感觉 思维判断	适合的领域有：工商业领域、政府机构金融银行业、政府机构、技术领域、医务领域 适合的职业有：审计员、后勤经理、信息总监、预算分析员、工程师、计算机程序员、证券经纪人、地质学者、医学研究者、会计、文字处理专业人士等

续表

性格类型	适合领域与职业
ISFJ 内倾感觉 情感判断	适合的领域有：领域特征不明显，较相关的如医护领域、消费类商业、服务业领域 适合的职业有：人事管理人员、电脑操作员、顾客服务代表、信贷顾问、零售业主、房地产代理或经纪人、艺术人员、室内装潢师、商品规划员、语言病理学者等
INFJ 内倾直觉 情感判断	适合的领域有：咨询、教育、科研等领域 适合的职业有：人力资源经理、事业发展顾问、营销人员、职业分析人员、企业培训人员、编辑、艺术指导、口译人员、社会科学工作者
INTJ 内倾直觉 思维判断	适合的领域有：科研、科技应用、技术咨询、管理咨询、金融、投资领域，创造性行业 适合的职业有：管理顾问、经济学者、国际银行业务职员、金融规划师、运作研究分析人员、信息系统开发者、综合网络专业人员等
ISTP 内倾感觉 思维知觉	适合的领域有：技术领域、金融业、贸易、商业、户外运动、艺术等领域 适合的职业有：证券分析、银行职员、管理顾问、电子专业人士、技术培训人员、信息服务开发人员、软件开发商、海洋生物学者、经济学者等
ISFP 内倾感觉 情感知觉	适合的领域有：手工艺、艺术领域、医护领域、商业、服务业领域等 适合的职业有：客户销售代表、行政人员、商品规划师、测量师、海洋生物学者、厨师、室内/风景设计师、旅游销售经理、职业病理专业人员等
INFP 内倾直觉 情感知觉	适合的领域有：创作性、艺术类教育、研究、咨询类等 适合的职业有：人力资源开发专业人士、社会科学工作者、团队建设顾问、编辑、艺术指导、记者、口译人员、娱乐界人士、建筑师、研究工作者、顾问等
INTP 内倾直觉 思维知觉	适合的领域有：计算机技术理论研究、学术领域、专业领域、创造性领域等 适合的职业有：电脑软件设计师、系统分析人员、研究开发人员、战略规划师、金融规划师、信息服务开发商、变革管理顾问等
ESTP 外倾感觉 思维知觉	适合的领域有：贸易、商业、服务业、金融证券业、娱乐、体育、艺术 适合的职业有：企业家、业务运作顾问、个人理财专家、证券经纪人、银行职员、预算分析员、技术培训员、旅游代理、促销商、手工艺人、新闻记者等
ESFP 外倾感觉 情感知觉	适合的领域有：消费类领域、服务业、广告业、娱乐业、旅游业、社区服务等 适合的职业有：公关专业人士、劳工关系调解人、零售经理、商品规划师、团队培训人员、旅游项目经营者、表演人员、特别事件协调人、社会工作者、旅游销售经理、融资者、保险代理/经纪人等

续表

性格类型	适合领域与职业
ENFP 外倾直觉 情感知觉	适合的领域有：未有明显的限定领域 适合的职业有：人力资源经理、变革管理顾问、营销经理、广告客户经理、战略规划人员、宣传人员、环保律师、研究助理、广告撰稿员等
ENTP 外倾直觉 思维知觉	适合的领域有：投资顾问、项目策划、投资银行、自我创业、市场营销、创造性、公共关系、政治等领域 适合的职业有：人事系统开发人员、投资经纪人、工业设计经理、后勤顾问、金融规划师、投资银行职员、营销策划人员等
ESTJ 外倾感觉 思维判断	适合的领域有：无明显领域特征 适合的职业有：银行官员、项目经理、数据库经理、信息总监、后勤与供应经理、业务运作经理、证券经纪人、电脑分析人员、保险代理、普通承包商、工厂主管等
ESFJ 外倾感觉 情感判断	适合的领域有：领域特征不明显 适合的职业：公关客户经理、银行业务员、销售代表、人力资源顾问、零售业主、餐饮业者、房地产经纪人、营销经理、电信营销员、接待员、信贷顾问等
ENFJ 外倾直觉 情感判断	适合的领域有：培训、咨询、教育、新闻传播、公共关系、文化艺术 适合的职业有：人力资源开发培训人员、销售经理、程序设计员、生态旅游业专家、广告客户经理、协调人、作家、记者、交流总裁等
ENTJ 外倾直觉 思维判断	适合的领域有：工商业、政界、金融和投资、培训领域 适合的职业有：人事/销售/营销经理、技术培训人员、国际销售经理、特许经营业主、程序设计员、环保工程师等

实训活动——性格特质大家说[①]

请根据表 3-5 的填写情况，数一数，写下来。

表 3-5　大家眼中的我

	性格特质 （谦虚、坦率、喜欢思考、外向、有责任心等）
我眼中的我	
爸爸眼中的我	
妈妈眼中的我	
老师眼中的我	
同学眼中的我	
其他人眼中的我	

1.自己有填写，且他人也有填写的特质，共＿＿＿＿＿个；
2.自己没有填写，而他人有填写的特质，共＿＿＿＿＿个；
3.自己有填写，而他人没有填写的特质，共＿＿＿＿＿个；
4.自己没有填写，且他人也没有填写的特质，共＿＿＿＿＿个。
对他人（爸爸、妈妈、老师、同学及其他人）填写的特质，经过分析，哪些是我认同的？

＿＿＿＿＿＿＿＿＿＿＿＿＿＿＿＿＿＿＿＿＿＿＿＿＿＿＿＿＿＿＿＿＿＿＿＿

从上面的活动中，我发现：

＿＿＿＿＿＿＿＿＿＿＿＿＿＿＿＿＿＿＿＿＿＿＿＿＿＿＿＿＿＿＿＿＿＿＿＿

（三）性格测试

求职时，许多求职者首先考虑的都是薪资待遇、工作环境、职位职责等外在的因素，时常会选择性地忽略自己内在的性格与从事的工作是否匹配，也不清楚该如何利用自己的优势谋求长远的职业发展。事实上，一个人的人格特点是决定其适合哪些职业的重要因素。利用性格优势择业，不但更容易获得成功，且工作过程本身就可以给你带来很多满足感。那么，如何了解自己的职业性格？如何发挥自己的职业潜力？如何利用职业性格优势，规划职业路线？下面重点介绍“MBTI 性格类型测试问卷”。

① 邵隆.升学辅导课(上)[M].汕头:汕头大学出版社,2018:10.

实训活动——MBTI 性格测试

【活动】用电脑登录"泉州师范学院就业网"(https://qztc.jysd.com/jobtest),路径如下:泉州师范学院官网—网络导航—就业网—职业测评—MBTI 职业性格测试(93 题测试)。

【思考】经过测试,你的性格是什么类型?该类型有什么含义?你认为准确吗?

第二节 兴趣探索

人们常说,兴趣是最好的老师,它可激发人的创造热情、好奇心和求知欲。有人认为只有把兴趣作为自己的职业才会快乐,才会取得成就。也有人认为不要把兴趣当作职业,因为职业会毁了它。其实关于这一点,要学习"小马过河"的精神,河水的深浅,只有自己亲自试过才知道,而不是站在河边冥思苦想、一动不动。那么,兴趣是什么呢?它有哪些分类呢?我们如何来了解自己的兴趣呢?

实训活动:你什么时候感觉最高兴、最愉快、最满足?

【说一说】什么时候,你感到最快乐?

【问一问】A:吃一顿丰盛可口的大餐。
B:打一次酣畅淋漓的球赛。
C:玩一次痛痛快快的网游。
D:看一场精彩绝伦的电影。
E:赏一次美轮美奂的烟火。
F:做一件意义非凡的事情。

【想一想】为什么在这个时候你会感到最快乐?

美国芝加哥大学心理学教授米哈利(Mihaly Csikszentmihalyi)花了 30 多年的时间对几百位各行各业的人进行了访谈,研究什么东西能真正令人感到幸福和满足。米哈利教授将这种状态称之为“flow”(原意是“流动”,这里是“沉浸”或“忘我”的状态)。米哈利发现,人在两种情况下最愉快:一是在人们很放松、什么事也不做的时候(比如看电视);二是当人们在专心致志地、积极地参与某种活动,忘记了时空和自己的时候。米哈利的发现说明:人们的满足感、幸福感往往来源于从事某种活动,而不是无所事事或单纯地享乐游玩。而这也正是工作原本的意义所在。

一、兴趣概念

(一)兴趣的定义

从小到大,同学们可能学过武术、绘画、唱歌、打乒乓球,可能收集过邮票,可能研究过昆虫、兵器甚至鞋子……在许多方面还得过奖。可常常是没有长性,过不了多久就丢一边了。那么,究竟什么是兴趣?《辞海》解释:兴趣是指注意与探究某种事物或从事某种活动的积极态度与倾向,在社会实践中发生与发展。[①]《现代汉语词典》解释:兴趣是指喜好的情绪[②]。

我们认为,兴趣是指人认识某种事物或从事某种活动的心理倾向,它是以认识和探索外界事物的需要为基础的,是推动人认识事物、探索真理的重要动机。它表现为人们对某件事物、某项活动的选择性态度和积极的情绪反应。兴趣会对人的认识和活动产生积极的影响,可以使人集中注意力,产生愉快紧张的心理状态,但不一定有利于提高工作的质量和效果。兴趣是由个体在生活中长期形成的,也有在特定的情景下由某一事物偶然激发出来的。兴趣具有社会制约性,人所处的历史条件不同、社会环境不同,其兴趣就会有不同的特点。

(二)兴趣的作用

兴趣可以使人集中注意力,产生愉快紧张的心理状态,而且对所从事的活动印象深刻;兴趣是一种无形的动力,当我们对某件事情或某项活动感兴趣时,就会很投入,这有利于提高工作的质量和效果。

---

① 夏征农,陈至立.辞海[G].上海:辞书出版社,2011:2396.

② 晁继周,韩敬体,等.现代汉语词典[G].北京:商务印书馆,2005:1460.

【案例分析】

古道尔的故事

英国著名生物学家、动物行为学家珍妮·古道尔从小就喜欢生物，11岁时接触到一本书《生活在丛林中的人猿泰山》，由此对黑猩猩产生了强烈的兴趣，她开始痴迷于这个“丛林之王”。1960年，为了解它们的生活和行为，26岁的她只身来到在周围人看来是一片黑暗、充满野兽的非洲丛林。刚到森林的时候，她吃尽了苦头，“它们抓我的衣服，打我的脑袋，用树枝和石块砸我”。但是经过长期的跟踪，她逐渐赢得了黑猩猩的信任，那些可爱的黑猩猩甚至大摇大摆地闯入她的帐篷，找她要香蕉吃。她与黑猩猩一起生活了二十多年，通过研究黑猩猩的习性，她发现黑猩猩会组成相互合作的捕猎团体，会制造并使用简单的工具……就这样，古道尔收集了大量的数据和资料，出版了几十本著作，为人类揭开黑猩猩的秘密做出了杰出的贡献。

案例思考：

兴趣对古道尔产生什么作用？

（三）兴趣的形成过程

兴趣的发生和发展一般要经历这样一个过程：有趣—乐趣—志趣。

1.有趣

有趣是兴趣的第一个阶段，也是兴趣发展的低级阶段，它往往短暂易逝，非常不稳定。处于这一阶段的兴趣常常与你对某一事物的新奇感相联系，随着新奇感的消失，兴趣也会自然地逝去。

2.乐趣

乐趣是兴趣的第二个阶段，又称为爱好，它是在有趣的基础上发展而成的，比较稳定、专业和深入。

3.志趣

志趣是兴趣的高级阶段，当人的爱好与社会责任、理想、奋斗目标结合起来时，乐趣就变成了志趣。

(四)影响兴趣的因素

兴趣和爱好是受社会性制约的,不同的环境、不同的阶级、不同的职业、不同的文化层次的人,兴趣和爱好都不一样。

兴趣和爱好有时也受遗传的影响,父母的兴趣和爱好也会对孩子有直接的影响。

年龄的变化和时代的变化也会对人的兴趣产生直接影响。

二、职业兴趣

(一)职业兴趣的定义

一个普遍现象是:有的人对自己兴趣的认知十分模糊;有的人兴趣过于广泛,但是不持久;有的人兴趣明显,却由于某种原因进入了一个与自己兴趣不相符合的专业……大家都想知道怎样才能将自己的兴趣与未来的职业结合起来,这就是职业兴趣。

所谓职业兴趣,是指兴趣在职业方面的表现,是指人们对某种职业活动具有的比较稳定而持久的心理倾向。这使人对某种职业给予优先注意,并向往之。职业兴趣是个人进行职业规划时需要注意的要素之一,兴趣对一个人的个性形成和发展有巨大的作用。

有资料表明,如果一个人对某份工作有浓厚的兴趣,他就可能发挥其全部才能的80%～90%,并能长时间地保持高效率而不感到疲劳;反之,如果一个人对某份工作缺乏兴趣,就只能发挥其全部才能的20%～30%,且容易筋疲力尽。

【案例分析】

李开复的职业兴趣

我刚进入大学时,想从事法律或政治工作。一年后我才发现自己对它没有兴趣,学习成绩也只能居中。但我爱上了计算机,每天疯狂地编程,很快就引起了老师、同学的重视。终于,大二的一天,我做了一个重大的决定:放弃此前一年多在全美前三名的哥伦比亚大学法律系已经修成的学分,转入哥伦比亚默默无名的计算机系。我告诉自己,人生只有一次,不应浪费在没有快乐、没有成就感的领域。当时也有朋友对我说,改变专业会付出很多代价,但我对他们说,做一个没有激情的工作将付出更大的代价。那一天,我心花怒放,精神振奋,我对自己承诺,大学后三年每一门功课都要拿A。若不是那天的决定,今天我就不会拥有在计算机领域所取得的成就,而我很可能只是在美国某个小镇上做一个既不成功又不快乐的律师。

案例思考：

李开复换专业给你什么启示？

(二)霍兰德职业兴趣理论

约翰·霍兰德(John Holland)于1959年提出了具有广泛社会影响的职业兴趣理论。该理论认为人的人格类型、兴趣与职业密切相关，兴趣是人们活动的巨大动力。凡是从事具有兴趣的职业，都可以提高人们的积极性，促使人们积极地、愉快地从事该职业，且职业兴趣与人格之间存在很高的相关性。他认为人格可分为实用型(realistic)、研究型(investigative)、艺术型(artistic)、社会型(social)、企业型(enterprising)和事务型(conventional)六种类型(图3-1)。霍兰德六种职业兴趣类型及其特征和匹配职业见表3-6。

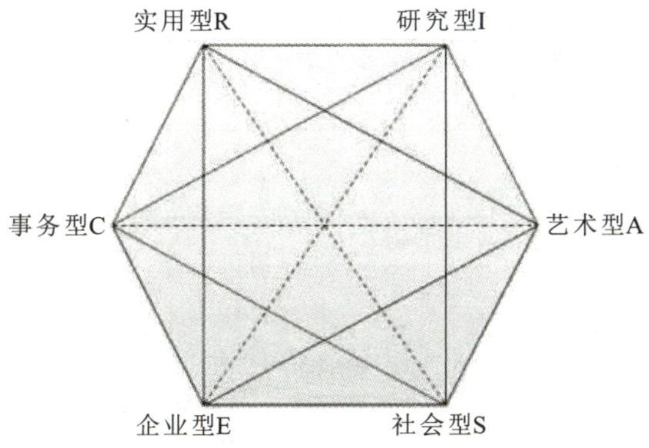

图3-1 霍兰德职业兴趣类型

表3-6 霍兰德职业兴趣类型、特征和匹配职业

类型	特征	典型职业
实用型 R	愿意使用工具从事操作性工作，动手能力强，做事手脚灵活，动作协调。偏好于具体任务，不善言辞，做事保守，较为谦虚。缺乏社交能力，通常喜欢独立做事	喜欢使用工具、机器，需要基本操作技能的工作。对要求具备机械方面才能、体力或从事与物件、机器、工具、运动器材、植物、动物相关的职业有兴趣，并具备相应能力。如：技术性职业(计算机硬件人员、摄影师、制图员、机械装配工)，技能性职业(木匠、厨师、技工、修理工、农民、一般劳动)

续表

类型	特征	典型职业
研究型 I	思想家而非实干家，抽象思维能力强，求知欲强，肯动脑，善思考，不愿动手。喜欢独立的和富有创造性的工作。知识渊博，有学识才能，不善于领导他人。考虑问题理性，做事喜欢精确，喜欢逻辑分析和推理，不断探讨未知的领域	喜欢智力的、抽象的、分析的、独立的定向任务，要求具备智力或分析才能，并将其用于观察、估测、衡量、形成理论、最终解决问题的工作，并具备相应的能力。如科学研究人员、教师、工程师、电脑编程人员、医生、系统分析员
艺术型 A	有创造力，乐于创造新颖、与众不同的成果，渴望表现自己的个性，实现自身的价值。做事理想化，追求完美，不重实际。具有一定的艺术才能和个性，善于表达、怀旧、心态较为复杂	喜欢的工作要求具备艺术修养、创造力、表达能力和直觉，并将其用于语言、行为、声音、颜色和形式的审美、思索和感受，具备相应的能力。不善于事务性工作。如艺术方面（演员、导演、艺术设计师、雕刻家、建筑师、摄影家、广告制作人），音乐方面（歌唱家、作曲家、乐队指挥），文学方面（小说家、诗人、剧作家）
社会型 S	喜欢与人交往、不断结交新的朋友、善言谈、愿意教导别人。关心社会问题、渴望发挥自己的社会作用。寻求广泛的人际关系，比较看重社会义务和社会道德	喜欢要求与人打交道的工作，能够不断结交新朋友，从事提供信息、启迪、帮助、培训、开发或治疗等事务，并具备相应能力。如：教育工作者（教师、教育行政人员），社会工作者（咨询人员、公关人员）
企业型 E	追求权力、权威和物质财富，具有领导才能。喜欢竞争、敢冒风险、有野心、抱负。为人务实，习惯以利益得失、权利、地位、金钱等来衡量做事的价值，做事有较强的目的性	喜欢要求具备经营、管理、劝服、监督和领导才能，以实现机构、政治、社会及经济目标的工作，并具备相应的能力。如项目经理、销售人员、营销管理人员、政府官员、企业领导、法官、律师
事务型 C	尊重权威和规章制度，喜欢按计划办事，细心、有条理，习惯接受他人的指挥和领导，自己不谋求领导职务。喜欢关注实际和细节情况，通常较为谨慎和保守，缺乏创造性，不喜欢冒险和竞争，富有自我牺牲精神	喜欢要求注意细节、精确度，有系统有条理，具有记录、归档、据特定要求或程序组织数据和文字信息的职业，并具备相应能力。如：秘书、办公室人员、记事员、会计、行政助理、图书馆管理员、出纳员、打字员、投资分析员

霍兰德划分的六大类型，并非是并列的、有着明晰的边界的。他以六边形标示出六大

类型的关系。

相邻关系：RI、IR、IA、AI、AS、SA、SE、ES、EC、CE、RC、CR。属于这种关系的两种类型的个体之间共同点较多，现实型R、研究型I的人就都不太偏好人际交往，这两种职业环境中也都较少有机会与人接触。

相隔关系：RA、RE、IC、IS、AR、AE、SI、SC、EA、ER、CI、CS。属于这种关系的两种类型个体之间共同点较相邻关系少。

相对关系：在六边形上处于对角位置的类型之间即为相对关系，RS、IE、AC、SR、EI、CA。相对关系的人格类型共同点少，因此，一个人同时对处于相对关系的两种职业环境都兴趣很浓的情况较为少见。

实训活动：你知道自己的兴趣在哪里吗？

1.你在业余时间比较喜欢的休闲活动是什么？

2.你参加哪些社团或俱乐部？

3.你比较喜欢浏览哪些网站？

4.你比较喜欢的电视节目或者电影有哪些？

5.你读过哪些对自己有较大影响的书？

通过以上几个问题，你是否大致知道了自己的兴趣所在？请你按照兴趣的大小依次列出你的三个兴趣点，并思考这些兴趣可以和哪些职业相关联，填在表3-7的表格中。

表3-7　兴趣与职业

序号	兴趣	相关职业
1		
2		
3		

(三)霍兰德职业兴趣测试

兴趣测试是职业探索的第一步。有人说过，如果人能从事自己感兴趣的工作，那么，人生就是天堂。兴趣给人的活动过程带来的乐趣由此可见一斑。美国霍普金斯大学心理学教授、著名的职业指导专家约翰·霍兰德(John Holland)根据他本人大量的职业咨询经验及其职业类型理论，编制出“霍兰德职业兴趣测试”测评工具。

实训活动——霍兰德职业倾向测试

【活动】用电脑登录“泉州师范学院就业网”(https://qztc.jysd.com/jobtest),路径如下:泉州师范学院官网—网络导航—就业网—职业测评—霍兰德职业倾向测试。

【思考】经过测试,你的职业兴趣前三位是什么?有什么含义?你认为准确吗?

第三节　价值观探索

人们常说:三观不同,不必强融。三观即世界观、价值观、人生观。三观不同的意思就是对待事物的看法不一样,如何解决与处理的方法也有所不同。那么,什么是价值观呢?价值观对职业生涯有什么影响呢?我们如何来了解自己的价值观呢?

实训活动:有关“工作”的一分钟联想

【想一想】我希望工作……

请在一分钟的时间内尽可能地写下你头脑中所联想到的任何词语。

【问一问】你在工作中寻找的是什么?

你判断工作“好”与“坏”的标准是什么?

一、价值观概论

(一)价值观的概念

《辞海》解释:价值观是指关于价值的一定信念、倾向、主张和态度的系统观点。起着行为取向、评价标准、评价原则和尺度的作用。表现为经济价值观、政治价值观、道德价值观、职业价值观、生活价值观、人生价值观等。受到主体所处的社会历史条件、社会地位、教育水平等诸多因素的影响，是具体的、历史的。[①]

《现代汉语词典》解释：价值观，是指对经济、政治、道德、金钱等所持有的总的看法。由于人们的社会地位不同，价值观也有所不同。[②]

价值观是基于人的一定的思维感官之上而做出的认知、理解、判断或抉择，也就是人认定事物、辨定是非的一种思维或取向，从而体现出人、事、物一定的价值或作用。在阶级社会中，不同阶级有不同的价值观念。

任何一种思想在没有被绝对地否定之前，这种思想所形成的视角、背景、判断以及它所述说的意义，都会有着一定程度上的客观价值，而这种思想的价值则在于它所被认可的程度和意义，就是人对于这种思想的理解感知。这是人性思维里最简单，也是最真实的评定所在，这也就评定出一种思想是否伟大，而这种思想又是否可以成为价值观的由来。[③]

实训活动：条件选择

现在你的宿舍正被烈火吞噬，情况危殆，时间只够你冲进火海取出 3 样东西。你如何选择？

1.你会先挑选哪 3 样东西？

2.取出这三样东西的先后次序是怎么样的？

3.为什么选择这三样？

4.它们对你有什么价值？

5.还有重要的物品不在抢救之列吗？为什么？

实训活动：生存选择

地球上发生了核战争，人类将要灭亡。但是，一位科学家发明了一个特别的核保护装置，如果谁能进入其中，谁就能生存。现在有 10 个人如表 3-8 所示，但是核保护装置、生化水、食品和空间有限，只能容纳 7 个人。也就是说，人类只能有 7 个人生存下去。请你决定谁应该活下去，谁只能面对死亡，为什么？请排出先后次序，并将自己的选择以及选择的理由填入表 3-9。

---

① 夏征农，陈至立. 辞海[G]. 上海：辞书出版社，2011：993.

② 晁继周，韩敬体，等. 现代汉语词典[G]. 北京：商务印书馆，2005：625.

③ 袁贵仁. 价值观的理论与实践[M]. 北京：北京师范大学出版社，2013.

表 3-8 10 个人

1.小学教师	2.怀孕的妇女
3.足球运动员	4.12 岁的小女孩
5.优秀的警察	6.著名的作家
7.外科医生	8.年长的和尚
9.有名的演员	10.一位生病的老人

表 3-9 选择人物及是由

选择人物	选择理由

(二)价值观类型

价值观类型是指人对社会生活不同领域的价值在认识上存在差异,因而在态度、偏好和行为上表现出可比较的人格倾向。理想、信念、世界观都会反映到职业价值观上。根据不同的划分标准,人们对职业价值观的种类划分也不同。

1.洛特克十三种价值观

美国心理学家洛特克(Milton Rokeach)在《人类价值观的本质》(*The Nature of Human Values*)中提出十三种价值观:

(1)成就感:提升社会地位,得到社会认同;希望工作能受到他人认可,对工作的完成和挑战成功感到满足。

(2)美感的追求:能有机会多方面地欣赏周围的人、事、物,或任何自己觉得重要且有意义的事物。

(3)挑战:能有机会运用聪明才智来解决困难。舍弃传统的方法,而选择创新的方法处理事物。

(4)健康(包括身体和心理):工作能够免于焦虑、紧张和恐惧,希望能够心平气和地处理事物。

(5)收入与财富:工作能够明显、有效地改变自己的财政状况,希望能够得到金钱所能买到的东西。

(6)独立性:在工作中能有弹性,可以充分掌握自己的时间和行动,自由度高。

(7)爱、家庭、人际关系:关心他人,与别人分享,协助别人解决问题;体贴、关爱,对周围的人慷慨。

(8)道德感:与组织的目标、价值观和工作使命能够不相冲突,紧密结合。

(9)欢乐:享受生命,结交朋友,一同享受美好时光。

(10)权力:能够影响或控制别人,使他人照着自己的意思行动。

(11)安全感:能够满足疾病需要,有安全感,远离突如其来的变动。

(12)自我成长:能够追求知性方面的刺激,寻求更圆满的人生,在智慧、知识与人生的体会上有所提升。

(13)协助他人:体会到自己的付出对团体是有帮助的,别人因为你的行动而受惠许多。

2.马丁·凯茨的十种价值观

心理学家马丁·凯茨找出了10种与工作有关的价值观,它们可以帮助一个人澄清在某个工作中所能得到的回报和满足。在20世纪60年代末,凯茨不厌其烦地研究了大约250种职业,以便确定这些职业在这10种职业价值观上是如何被评定的。这10种价值观包括:

(1)高收入:指除足够生活的费用之外,还有可以随意支配的钱。

(2)社会声望:指是否受到人们的尊重。

(3)独立性:指可以在职业中有更多的自己做决定的自由。

(4)帮助别人:愿意把助人作为职业的重要部分,帮助他人改善其健康、教育和福利。

(5)稳定性:在一定时间内始终有工作,不会被轻易解雇,收入稳定。

(6)多样性:所从事的职业要参与不同的活动,解决不同的问题,不断变化工作场所,结识不同的朋友。

(7)领导力:在工作中可以控制事情的发展,愿意影响他人,承担责任。

(8)在自己感兴趣的领域中工作:坚持所从事的职业必须是自己感兴趣的领域。

(9)休闲:把休闲看得很重要,不愿意让工作影响休闲。

(10)尽早进入工作领域:涉及一个人是否在意进入工作领域的早晚,是否希望节省时间和不支付高等教育的费用而尽早进入工作领域。

(三)价值观的作用与特征

价值观是一种内心尺度,是我们认识和处理事务的一套价值体系,也就是我们在生活和工作中所看重的原则或标准。它支配着人的行为、态度、观察、信念、理解等,支配着人认识世界、明白事物对自己的意义和自我了解、自我定向、自我预设等。

1.因人而异

由于每个人的先天条件和后天环境不同,人生经历也不尽相同,每个人的价值观的形成会受到不同的影响。因此,每个人都有自己的价值观和价值观体系。在同样的客观条件下,具有不同价值观和价值观体系的人,其动机模式不同,产生的行为也不同。

2.相对稳定

价值观是人们思想认识的深层基础,它形成了人们的世界观和人生观。它是随着人们认知能力的发展,在环境、教育的影响下,逐步培养而成的。价值观一旦形成,便是相对稳定的,具有持久性。

3.随机可变

由于环境的改变、经验的积累、知识的增长,价值观有可能发生变化。

【案例分析】

三位学生的困惑

叶新宇已经大三了,很快面临毕业找工作的问题:是找一份收入一般但稳定且福利好的工作,还是找一份薪水较高但挑战很大且极不稳定的工作?

程一鸣是叶新宇的同学,也在考虑找工作的问题。他看到自己的表哥在一家外企工作,表面上风光无限好,其实很辛苦,加班到深夜两点是常有的事。他很疑惑:是否一定要找一份收入很好但很累的工作来满足自己的虚荣心?

王雨婷是一名会计专业的学生。想到大学毕业后的前途,她觉得很迷茫。一方面,她觉得做一个财务也许挺适合自己;另一方面,她又不满足于只给别人打工,希望能有自己的天地。从小她的心气就比较高,好强的性格促使她想去拼搏一番。不过,她又觉得三年的学习很没底。究竟自己将来能做到什么程度呢?能让自己满意吗?她很困惑。

案例思考:

以上三位同学的价值观有什么不同?说明了什么问题?

(四)价值观的内容

1.马斯洛需要层次理论

美国社会心理学家、人格理论家和比较心理学家亚伯拉罕·马斯洛(Abraham Harold Maslow,1908—1970)在《人类动机的理论》(*A Theory of Human Motivation Psychological Review*,1943)一书中提出了需要层次论。他认为,人类价值体系存在两类不同的需要,一类是沿生物谱系上升方向逐渐变弱的本能或冲动,称为低级需要。一类是随生物进化而逐渐显现的潜能或需要,称为高级需要。马斯洛理论把需求分成生理需求、安全需求、社会需求、尊重需求和自我实现需求五类,依次由较低层次到较高层次(如图 3-2 所示)。

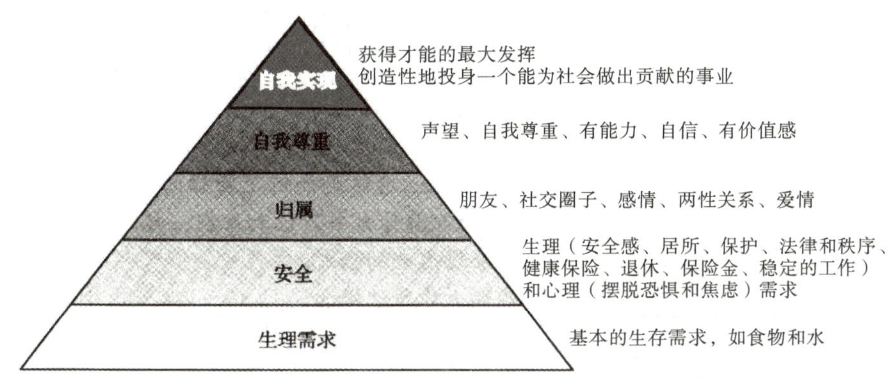

图 3-2 马斯洛的需求层次理论

各层次需求的基本含义如下:

(1)生理需求

这是人类维持自身生存的最基本要求,包括饥、渴、衣、住、行等方面的要求。如果这些需要得不到满足,人类的生存就成了问题。在这个意义上说,生理需要是推动人们行动的最强大的动力。马斯洛认为,只有这些最基本的需求满足到维持生存所必需的程度后,其他的需求才能成为新的激励因素,而到了那时,这些已相对满足的需要也就不再成为激励因素了。

(2)安全需求

这是人类要求保障自身安全,摆脱失业和丧失财产威胁,避免职业病的侵袭,接触严酷的监督等方面的需求。马斯洛认为,整个有机体是一个追求安全的机制,人的感受器官、效应器官、智能和其他能量主要是寻求安全的工具,甚至可以把科学和人生观都看成是满足安全需求的一部分。当然,这种需求一旦相对满足后,也就不再成为激励因素了。

(3)感情需求

这一层次的需求包括两个方面的内容。一是友爱的需求,即人人都需要伙伴、同事之间的关系融洽或保持友谊和忠诚;人人都希望得到爱情,希望爱别人,也渴望接受别人的爱。二是归属的需求,即人都有一种归属于一个群体的感情,希望成为群体中的一员,并相互关心和照顾。感情上的需要比生理上的需要来得细致,它和一个人的生理特性、经历、教育、宗教信仰都有关系。

(4)尊重需求

人人都希望自己有稳定的社会地位,要求个人的能力和成就得到社会的承认。尊重的需要又可分为内部尊重和外部尊重。内部尊重是指一个人希望在各种不同情境中有实力、能胜任、充满信心、能独立自主。外部尊重是指一个人希望有地位、有威信,受到别人的尊重、信赖和高度评价。马斯洛认为,尊重需要得到满足,能使人对自己充满信心,对社会满腔热情,从而体验到自己活着的用处和价值。

(5)自我实现的需要

这是最高层次的需要,它是指实现个人理想、抱负,发挥个人的能力到最大程度,完成与自己的能力相称的一切事情的需要。也就是说,人必须干称职的工作,这样才会使他们感受到最大的快乐。马斯洛提出,为满足自我实现需要而采取的途径是因人而异的。自我实现的需要是在努力实现自己的潜力,使自己越来越成为自己所期望的人物。

2.赫兹伯格的激励理论

著名工业心理学家赫兹伯格提出:员工的工作满意度取决于内外部激励因素之间的平衡。图 3-3 所示为赫兹伯格的激励理论。

外部激励因素包括工资、工作条件、公司政策和晋升机会等满足生理和安全需求的因素。内部激励因素则包括承担责任大小、所完成的工作类型、得到的认可和取得的成就等。

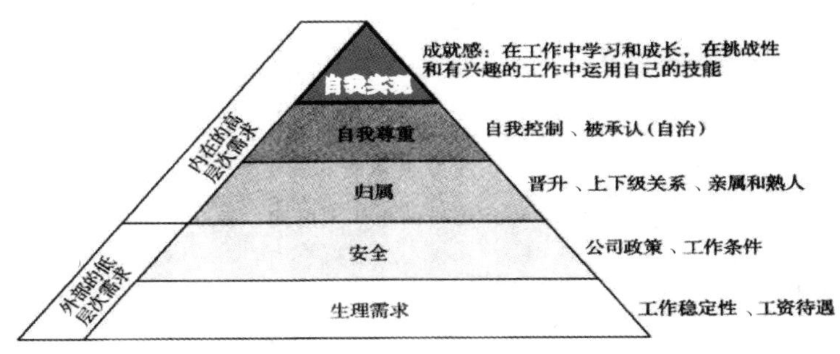

图 3-3　赫兹伯格的激励理论

【案例分析】

渔夫和华尔街商人的故事

一个美国商人在哥斯达黎加乡村的海岸码头上，遇到一位渔夫正划着船靠岸，船上有几条硕大的金枪鱼。

美国商人称赞迪克的鱼很不错，并问他花了多少时间才捕到这些鱼。

渔夫说："不过一会工夫。"美国人就问为什么他不多花些时间去捕更多的鱼，渔夫回答说，这些鱼足够家里日用开支了。

美国人继续问道："那你其他时间都做些什么呢？"

渔夫说："我一般会睡个懒觉，再出海打鱼，同我的小孩玩一会，中午要和老婆睡个午觉，每到晚上就在村庄里散步，泯几口小酒，和朋友们一起弹弹吉他。我们的生活充实而又忙碌，先生。"

美国人嘲笑道："我是华尔街的一名经理人，我想我能帮帮你。你应该多花些时间捕鱼，然后用赚的钱买一条更大的船，到互联网上做宣传，并制订一个可行的计划以确保有足够的资金买更多的船，这样你就会拥有一支捕鱼船队。接着，你不要把这鱼卖给中间商，而是直接卖给加工商。最后，你再开办一个罐头食品加工厂。那么，你就控制了产品、加工和销售整个环节。到那时，你就可以离开这个小渔村，搬到圣何塞去住，然后是洛杉矶，最后是纽约。在那里，你可以把工作外包给第三方，从而使生意能够纵向发展。

渔夫问道："但是，先生，要多久才能做到这样呢？"

美国人回答："一二十年吧！"

渔夫又问："接下来怎么办，先生？"

美国商人得意地笑道："接下来是最为精彩的。当时机成熟，你可以宣布 IPO，把公司股份卖给公众，获得大笔收入，你就能成为百万富翁了。"

渔夫问："百万富翁？然后呢？"

美国人说道:"然后你就可以退休到一个海边小渔村,睡睡懒觉,捕捕鱼,和孩子们玩耍,和老婆睡午觉,晚上到村子里散步,泯几口小酒,和朋友们一起玩吉他。"

案例思考:

你认为渔夫会接受商人的建议吗?为什么?以上案例对你有什么启示?

3.马克思需要理论

马克思认为,人的具体需要决定了人的各种具体活动和日常行为的具体目的,人生的根本需要则决定了人生的根本目的。人生的目标和追求,是人的各种具体目的的集中和升华;而人生价值,又从根本上依赖于人生的目的。从这个意义上说,需要构成了人生价值的最终基础。基于此,马克思提出了自己关于人的需要的"三级阶梯"理论。这一理论从需要的社会体系和历史序列相统一的角度,把人的需要分成三个层次和三个阶段:

(1)人的生存和生理需要

它既包括吃、喝、排泄、睡眠等"原有个体生命的再生产"需要,也包括生育等"新的个体生命的再生产"或种的繁衍的需要。这里既有(个)人的自然生命即肉体的再生产,又有人(群)的自然血缘联系的再生产。从内容上说,这些需要是人自然形成的需要,是人作为自然存在物的需要。从形式或满足需要的方式上说,这些需要也是受一定的社会关系和历史条件制约的。用马克思的话说,是"社会的自然需要",是人作为"社会的自然存在物的需要"。人的生存或生理需要,构成了每一特定历史阶段上"需要的社会体系"的基础,构成了整个人类发展着的"需要的历史序列"的前提,是人的"劳动体系"或"生产体系"形成的最初动因。

(2)人的谋生和占有需要

人要满足自己的自然生存或生理需要,就必须从事劳动和生产(占有活动)。但要从事劳动和生产,又使人必须超出单纯维持自身生存的需要限度,把自己作为生产当事人(劳动者或非劳动者的占有者)来再生产。首先,劳动者的再生产要求人们不仅要生产出维持个体生存和家族繁衍的生存资料,而且要追加生产劳动力的教育训练费用等生活资料;其次,生活资料的生产本身的发展又要求人们不断扩大生产资料的生产;最后,由于生产总是在一定社会关系中进行的,物质资料的生产还必须扩大到把一定历史阶段上生产所必需的各种生产当事人和为社会再生产所必需的各种非生产当事人的生活资料统统生产出来。因此,这里的劳动需要既包括必要劳动的需要,也包括剩余劳动的需要;既包括直接的物质生产活动的需要,也包括再生产过程所必需的各种经济活动的需要。

(3)人的自我实现和全面发展的需要

在人的劳动和生产(谋生或占有)活动发展的基础上,人的高级需要产生和发展起来了。它包括人的科学探究需要、社会交往需要、审美创造需要等。在这里,人的需要已不再是单纯内在的自然需要,也不再是单纯外在的、过渡性的自然历史需要,而是内在与外在相统一的真正的历史需要;人也不再仅仅是自然存在物或生产当事人,而是真正成为社会自由人,成为与社会性直接统一的自由个体;活动本身也不再是出于自然欲望的驱使或外在力量的强制,而是变成人的能力和个性需要的展开。

【案例分析】

青年在选择职业时的考虑——马克思

(1835 年 12 月)

自然本身给动物规定了它应该遵循的活动范围,动物也就安分地在这个范围内活动,不试图越出这个范围,甚至不考虑有其他什么范围的存在。神也给人指定了共同的目标——使人类和他自己趋于高尚,但是,神要人自己去寻找可以达到这个目标的手段;神让人在社会上选择一个最适合他,最能使他和社会都得到提高的地位。

能有这样的选择是人比其他生物远为优越的地方,但是这同时也可能是毁灭人的一生、破坏他的一切计划并使他陷于不幸的行为。因此,认真地考虑这种选择无疑是开始走上生活道路而又不愿拿自己最重要的事业去碰运气的青年的首要责任。

每个人眼前都有一个目标,这个目标至少在他本人看来是伟大的,而且如果最深刻的信念,即内心深处的声音,认为这个目标是伟大的,那他实际上也是伟大的,因为神决不会使世人完全没有引导,神总是轻声而坚定地做启示。

但是,这声音很容易被淹没,我们认为是灵感的东西可能须臾而生,同样可能须臾而逝。也许,我们的幻想油然而生,我们的感情激动起来,我们的眼前浮想联翩,我们狂热地追求我们以为是神本身给我们指出的目标。但是,我们梦寐以求的东西很快就使我们厌恶——于是我们的整个存在也就毁灭了。

因此,我们应当认真考虑:所选择的职业是不是真正使我们受到鼓舞?我们的内心是不是同意?我们受到的鼓舞是不是一种迷误?我们认为是神的召唤的东西是不是一种自欺?但是,不找出鼓舞的来源本身,我们怎么能认清这些呢?

伟大的东西是光辉的,光辉则引起虚荣心,而虚荣心容易给人鼓舞或者是一种我们觉得是鼓舞的东西。但是,被名利弄得鬼迷心窍的人,理智已无法支配他,于是他一头栽进那不可抗拒的欲念驱使他去的地方。他已经不再是自己选择自己在社会上的地位,而是听任偶然机会和幻想去决定它。

我们的使命绝不是求得一个最足以炫耀的职业，因为它不是那种使我们长期从事而始终不会情绪低落的职业。相反，我们很快就会觉得，我们的愿望没有得到满足，我们的理想没有实现，我们就将怨天尤人。

但是，不只是虚荣心能够引起对这种或那种职业突然的热情。也许，我们自己也会用幻想把这种职业美化，把它美化成人生所能提供的至高无上的东西。我们没有仔细分析它，没有衡量它的全部分量，即它让我们承担的重大责任。我们只是从远处观察它，然而从远处观察是靠不住的。

在这里，我们自己的理智不能给我们充当顾问，因为它既不是依靠经验，也不是依靠深入的观察，而是被感情欺骗、受幻想蒙蔽。然而，我们的目光应该投向哪里呢？在我们丧失理智的地方，谁来支持我们呢？

是我们的父母，他们走过了漫长的生活道路，饱尝了人世的辛酸。——我们的心这样提醒我们。

如果我们通过冷静的研究，认清所选择的职业的全部分量，了解它的困难以后，我们仍然对它充满热情，我们仍然爱它。觉得自己适合它，那时我们就应该选择它，那时我们既不会受热情的欺骗，也不会仓促从事。

但是，我们并不总是能够选择我们自认为适合的职业、我们在社会上的关系。因为还在我们有能力对它们起决定性影响以前就已经在某种程度上开始确立了。

我们的体质常常威胁我们，可是任何人也不敢藐视它的权利。

诚然，我们能够超越体质的限制，但这么一来，我们也就垮得更快。在这种情况下，我们就是冒险把大厦筑在松软的废墟上，我们的一生也就变成一场精神原则和肉体原则之间的不幸的斗争。但是，一个不能克服自身相互斗争的因素的人，又怎能抗拒生活的猛烈冲击，怎能安静地从事活动呢？然而只有从安静中才能产生伟大壮丽的事业，安静是唯一生长出成熟果实的土壤。

尽管我们由于体质不适合我们的职业，不能持久地工作，而且工作起来也很少乐趣，但是，为了恪尽职守而牺牲自己幸福的思想激励着我们不顾体弱去努力工作。如果我们选择了不能胜任的职业，那么，我们决不能把它做好，我们很快就会自愧无能，并对自己说，我们是无用的人，是不能完成自己使命的社会成员。由此产生的必然结果就是妄自菲薄。还有比这更痛苦的感情吗？还有比这更难于靠外界的赐予来补偿的感情吗？妄自菲薄是一条毒蛇，它永远啮噬着我们的心灵，吮吸着其中滋润生命的血液，注入厌世和绝望的毒液。

如果我们错误地估计了自己的能力，以为能够胜任经过周密考虑而选定的职业，那么这种错误将使我们受到惩罚。即使不受到外界指责，我们也会感到比外界指责更为可怕的痛苦。

如果我们把这一切都考虑过了，如果我们生活的条件容许我们选择任何一种职业，那么我们就可以选择一种能使我们最有尊严的职业；选择一种建立在我们深信其正确的思想上的职业；选择一种给我们提供广阔场所来为人类进行活动、接近共同目标（对于这个目标来说，一切职业只不过是手段）即完美境地的职业。

尊严就是最能使人高尚起来，使他的活动和他的一切努力具有崇高品质的东西，就是使他无可非议，受到众人钦佩并高于众人之上的东西。

但是，能给人以尊严的只有这样的职业，在从事这种职业时，我们不是作为奴隶般的工具，而是在自己的领域内独立地进行创造。这种职业不需要有不体面的行动（哪怕只是表面上不体面的行动），甚至最优秀的人物也会怀着崇高的自豪感去从事它。最合乎这些要求的职业，并不一定是最高的职业，但总是最可取的职业。

但是，正如有失尊严的职业会贬低我们一样，那种建立在我们后来认为是错误的思想上的职业也一定使我们感到压抑。

这里，我们除了自我欺骗，别无解救办法，而以自我欺骗来解救又是多么糟糕！

那些不是干预生活本身，而是从事抽象真理研究的职业，对于还没有坚定的原则和牢固、不可动摇的信念的青年是最危险的。同时，如果这些职业在我们心里深深地扎下了根，如果我们能够为它们的支配思想牺牲生命、竭尽全力，那么这些职业看来似乎还是最高尚的。

这些职业能够使才能适合的人幸福，但也必定使那些不经考虑、凭一时冲动就仓促从事的人毁灭。

相反，重视作为我们职业的基础的思想，会使我们在社会上占有较高的地位，提高我们本身的尊严，使我们的行为不可动摇。

一个选择了自己所珍视的职业的人，一想到他可能不称职时就会战战兢兢——这种人单是因为他在社会上所居地位是高尚的，他也就会使自己的行为保持高尚。

在选择职业时，我们应该遵循的主要指针是人类的幸福和我们自身的完美。不应认为，这两种利益是敌对的、互相冲突的，一种利益必须消灭另一种利益；人类的天性本身就是这样的：人们只有为同时代人的完美、为他们的幸福而工作，才能使自己也过得完美。

如果一个人只为自己劳动，他也许能够成为著名的学者、大哲人、卓越诗人，然而他永远不能成为夸张伟大的人物。

历史承认那些为共同目标劳动因而自己变得高尚的人是伟大人物；经验赞美那些为大多数人带来幸福的人是最幸福的人；宗教本身也教诲我们，人人敬仰的理想人物，就曾为人类牺牲了自己——有谁敢否定这类教诲呢？

如果我们选择了最能为人类福利而劳动的职业，那么，重担就不能把我们压倒，因为这是为大家而献身；那时我们所感到的就不是可怜的、有限的、自私的乐趣，我们的幸福将属于千百万人,我们的事业将默默地、但是永恒发挥作用地存在下去,面对我们的骨灰,高尚的人们将洒下热泪。

案例思考:

1.青年马克思的职业价值观有什么特点?

2.其价值观对你有什么启发?

二、职业价值观理论及测量

(一)价值观理论

1.施恩的职业锚

施恩(Edger.H.Schein)教授提出了职业锚的概念,他认为职业规划实际上是一个持续不断的探索过程。在这一过程中,每个人都在根据自己的天资、能力、动机、需要、态度和价值观等慢慢地形成较为明晰的与职业有关的自我概念。施恩还说:"随着一个人对自己越来越了解,这个人就会越来越明显地形成一个占主要地位的职业锚。"所谓职业锚就是指当一个人不得不作出选择的时候,无论如何都不会放弃的职业中的那种至关重要的东西或者价值观。正如"职业锚"这一名词中"锚"的含义一样,职业锚实际上是人们选择和发展自己的职业时所围绕的中心。施恩教授通过对麻省理工学院学生的跟踪调研,得出了以下八种职业锚。

(1)技术或功能型职业锚。其特点为爱自己专业的技术、职能工作,注重个人在专业技能领域的进一步发展。具有较强的技术或功能型职业锚的人往往不愿意选择那些带有一般管理性质的职业。相反,他们总是倾向于选择那些能够保证自己在既定的技术或功能领域中不断发展的职业。

(2)管理型职业锚。他们能发展和提高自己的人际沟通、解决问题的能力,并能得到职位的提升。有些人则表现出成为管理人员的强烈动机,他们的职业经历使得他们相信自己具备被提升到那些一般管理性职位上去所需要的各种必要能力以及相关的价值倾向。必须承担较高责任的管理职位是这些人的最终目标。

(3)自主与独立型职业锚。他们希望在自由度高、少受约束的环境中,按自己的想法开展工作。他们一般不是到某一个企业中去追求这种职业导向,而是决定成为一位咨询专家,要么是自己独立工作,要么是作为一个相对较小的企业中的合伙人来工作。具有这种职业锚的其他一些人则成了工商管理方面的教授、自由撰稿人或小型零售公司的所有者等。

(4)创造型职业锚。这些人都有这样一种需要:“建立或创设某种完全属于自己的东西,一件署着他们名字的产品或工艺、一家他们自己的公司或一批反映他们成就的个人财富,等等。”

(5)安全型职业锚。关注公司的稳定、工作的保障和收益的安全。极为重视长期的职业稳定和工作的保障,这些职业应当能够提供有保障的工作、体面的收入以及可靠的未来生活。这种可靠的未来生活通常是由良好的退休计划和较高的退休金来保证的。

(6)服务型职业锚。希望用自己的知识、技巧帮助别人。希望职业能够体现个人价值观,他们关注工作带来的价值而不在意是否能发挥自己的才能或能力。他们的职业决策通常基于能否让世界变得更加美好。对他们来说,比金钱更重要的是认可他们的贡献,给他们更多的权力和自由来体现自己的价值。他们需要来自同事及上司的认可和支持,并与他们共享自己的核心价值。

(7)挑战型职业锚。渴望超越自我,解决别人看来难以解决的问题,战胜强有力的竞争对手,认为他们可以征服任何事情或任何人,并将成功定义为“克服不可能的障碍”、“解决不可能解决的问题”或“战胜非常强硬的对手”。

(8)生活型职业锚。希望工作有足够的弹性,可以同时兼顾个人的、家庭的、职业的需要,职业与生活是整合的,他们喜欢愿意为其提供灵活选择的组织工作,更关注组织文化是否尊重个人和家庭的需要,以及能否与组织之间建立真正的心理契约。

2.舒伯的工作价值观

工作价值观是美国心理学家舒伯于 1970 年编制的,它用来衡量价值观——工作中和工作以外的——激励人们的工作目标。舒伯将工作价值观分为 3 个维度:一是内在价值观,即与职业本身性质相关的因素;二是外在价值观,即与职业性质有关的外部因素;三是外在报酬,共计 15 个因素。

(1)利他助人:工作的价值在于提供机会让个人为社会大众的福利尽一份心力。

(2)美的追求:致力使这个世界更美好,增加艺术的气氛。

(3)创造性:能让个人发明新事物,设计新产品或发展新观念。

(4)智性激发:提供了独立思考、学习与分析事理的机会。

(5)独立性:能允许个人以自己的方式或步调来进行。

(6)成就感:能看到自己工作的具体成果并因此获得精神上的满足。

(7)声望地位:能提高个人身份或名望,但此声望是来自于他人的敬佩,而非来自权力与地位。

(8)管理权力:能赋予个人权力来策划并分配工作给其他人。

(9)经济报酬:获得优厚的报酬使其有能力购置他所梦想的东西。

(10)安全感:能提供安定生活的保障,即使经济不景气时也不受影响。

(11)工作环境:工作能在不冷、不热、不脏的宜人环境下进行。

(12)上司关系:能与主管平等且融洽地相处。

(13)同事关系:能与志同道合的伙伴愉快工作。

(14)变异性:工作之价值在于富于变化,能让人尝试不同内容的事情。

(15)生活方式:工作的目的或价值在于能让人选择自己的生活方式,并实现自己的理想。

实训活动:"价值观市场"

步骤1:参照以下价值观选项,选出其中5种对你来说最重要的价值,分别写在五张纸条上。人际关系/归属感、团队合作,物质保障/高收入,稳定,安全,创造性,多样性和变化性、新鲜感,乐趣,自由独立(时间,工作任务),平等,被认可,受尊重,能帮助他人,能发挥自己的才能,成就感,成功,名誉,地位,有意义,自主独立,有学习/发展/成长的机会,权力(领导/影响他人),有益于社会,挑战性,冒险性,竞争,符合自己的道德观,工作环境、工作地点,工作与生活的平衡,健康,家庭,朋友,亲情,亲密关系,爱,健康,信仰,自由,幸福,为社会服务,和谐,平等……

步骤2:在另外一张白纸上给每一条对你来说很重要的价值观下定义,即:要达到什么样的水平你才能满意?

步骤3:现在,如果你不得不放弃其中一条,你会放弃哪一条?将你准备放弃的这一条与其他人进行交换。

步骤4:现在,如果你不得不继续放弃剩下四条中的一条,你会放弃哪一条?再次与其他人交换。(保留刚才别人给你的一条,放在一边。)

步骤5:一直选择下去,直到最后一条。这是否是你无论如何也不愿放弃的?

步骤6:小组讨论,为什么选择留下这一条。

【思考】

对照价值观职业类型判断自己的类型,了解对自己重要的五样价值观及其定义(按重要程度排序)。通过这个活动,对自己的价值观有什么想法?

(二)价值观测试

我们的价值观,就像经济学家亚当·斯密所说的"看不见的手",它在不知不觉中就决定了我们选择以什么样的方式度过一生。我们内心深处的价值观到底是什么？在这里，我们不妨试试以下这个方法，通过填写表3-10来测试自己的价值观到底是什么。

表3-10　人生价值清单

选　项	重要程度				
	1	2	3	4	5
1.有一个幸福美满的家庭					
2.赚大钱					
3.健康而长寿					
4.持续学习					
5.有一些知心朋友					
6.从事自己感兴趣又可发挥专长的工作					
7.有一栋舒适又漂亮的房子					
8.成为国家公务员					
9.有充裕的金钱与休闲时间					
10.拥有完美的爱情					
11.和喜欢的人长久相伴					
12.拥有自己的公司					
13.到处旅游，体验不同的生活方式					
14.成立慈善机构，服务他人					
15.享受结交新朋友的乐趣					
16.工作富有挑战性和创造性					
17.成为名人					
18.随心所欲地布置自己的环境					
19.无拘无束地生活					
20.具有一定的社会声望					

选择与思考

1.选出这一生对你来说最重要的三个选项，并说出这样选择的原因。

2.假如只能留下一个最重要的选项，那是什么？为什么？

3.当你面临人生的重大决策时，这些你看重的价值观是如何影响你的？

4.在未来,哪些价值观可能会发生变化?原因是什么?

5.这次探索给你带来哪些启发?

实训活动——舒伯职业价值观测试

【活动】请用手机微信关注"泉州师范学院就业网",按"我的事务—微主页—学生登录"路径,输入账号密码,再按"职业测评—舒伯职业价值观测试"进行测试,并用手机截图保存测试结果。

【思考】经过测试,了解你的职业兴趣的前三位是什么?有什么含义?你认为准确吗?

第四节　多元智能探索

【案例分析】

三位同学的困惑

吴雅萍的困惑是她不知道自己究竟擅长什么,能做什么。对于找工作,她没什么信心,因为她压根儿就不清楚该怎么找,也不觉得自己能有什么优势或长处会被用人单位看上。再说,如果有幸能找到一份工作,她也不知道自己能否胜任。

杨超在重点大学读一热门专业。他痛感自己人际交往技能差,又难以改变。和同学比起来,他的动手能力和英语交流能力都很弱。他觉得很自卑,对于自己的前途并不看好。

匡胜对自己在专业方面的能力不是很自信,也不打算以后从事本专业的工作。但对非本专业领域,他又没有足够的信心能做得比专业出身的人更好。况且,如果浪费四年的专业学习,自己也会觉得可惜,甚至很有挫折感。对于前途,他感到很茫然。

案例思考：

以上三位同学存在什么问题？

一、能力的内涵与分类

（一）能力与职业的关系

明尼苏达工作适应论认为，当工作环境能够满足个人的需求时，个人会感到“内在满意”。这主要通过衡量个人价值观与企业文化及奖惩制度之间的适配性来评估。而当个人能够满足工作的要求时，个人能够达到“外在满意”（即令自己的雇主、同事感到满意）。这主要通过衡量个人职业技能与工作的技能要求之间的配合程度来进行评估。当个人能够同时达到内在和外在满意时，个人与环境之间的关系就比较协调，个人的工作满意度会比较高，在该工作领域也能持久发展。

（二）能力的分类

能力按照其获得的方式（先天具有与后天培养），可以分为四大类：

1.能力倾向

能力倾向指上天赋予每个人的特殊才能。

2.技能

技能指人们通过后天学习和练习而获得的能力。

3.自我效能感

自我效能感指个人对自己的能力，以及运用该能力将得到何种结果所持的信心或把握程度，它是预测个人行为的重要指标。

4.多元智力论

加德纳认为，智力是多元的——是由同样重要的多种能力而不是一两种核心能力构成的，而且各种能力不是以整合的形式存在，而是以相对独立的形式表现出来的。加德纳认为人有七种智能：言语—语言智力、逻辑—数理智力、视觉—空间智力、音乐—节奏智力、身体—动觉智力、交往—交流智力、自知—自省智力。

(三)技能的分类

人的技能可以分成三类:动词、名词和形容词。

1.可迁移技能

该类技能是动词。你拥有的一些技能属动词,即你做的事情,例如:治疗、缝纫、建造、开车、交流、劝说、启发、谈判、计算、组织、规划、记忆、研究、综合,等等。这些是可转用技能(功能性技能),亦可称为才能、天赋和“天生的技能”。

这些是你的长处,往往是天生的。例如,有些人天生就知道如何谈判,但是如果你不知道的话,你在长大后往往也能够学会。因此,该类技能中有一些是“学来的”。通常你不会丧失这些能力。

之所以称为“可转用技能”,是因为这些技能可以从一个职业转移至另一个职业。并且,无论你多么频繁地更换工作,它们都可用于新的领域。

2.知识技能

有一些技能是名词,不可迁移,即你所熟悉的主语和宾语。例如:电脑、英语、古董、花、颜色、时尚、微软、音乐、农场设备、数据、图像、日语、股票市场,等等。

这些技能称为“主题技能”或“知识技能”,是你有所了解并喜欢在工作中使用的专题知识,需要通过教育或者培训才能获得的特别的知识或能力,也是个人所学习的科目、所懂得的知识。这些技能常与我们的专业学习或工作内容直接相关。我们经常把它们称为“专长”。

你多年来通过师从他人、在校读书、体验生活、阅读书籍或接受辅导学到这些技能。其中有哪些你最愿意使用?这是你可以奉献给世界的第二套技能。

3.自我管理技能

第三类技能是形容词或副词,例如:准确、可适应的、有创造性、可靠、灵活、有条理、坚持不懈、守时、负责、自立、得体、有礼貌、善良等。

这些技能是你的“个性特征”,是你自我管理和约束的方式。这些特征使你的可转用技能以某种风格呈现。这些特征往往是基于个人经历形成的。

在日常交谈中,当我们谈及个性特征时,给人一种虚无缥渺的印象:“我靠得住;我富有创造性;我很守时。”但实际上,个性特征往往依附于你的可转用技能,就像形容词或副词一样。

例如,如果你的可转用技能是“研究”,那么你的个性特征则描绘或界定你的研究方式，如有条有理、富有创造性或可靠。

这些风格——这些自我约束的方式——是你可以奉献给世界的第三类技能。

实训活动——你有哪些知识技能?

对下面的经历进行分析，尽可能全面地列出你所掌握的知识技能，再从中分别挑选出你感觉比较精通的和在工作中应用或希望应用的知识技能，最后排列出对你来说最重要的5项知识技能：

(1)在学校课程中学到的：如英语、地理等；

(2)在工作(包括兼职和暑期工作)中学到的：如电脑制图等；

(3)从课外培训、辅导班、研讨办学到的：如绘画等；

(4)从专业会议中学到的：如心理学在现代生活中的应用等；

(5)从志愿者工作中学到的：如饲养小动物等；

(6)从爱好、娱乐休闲、社团活动、家庭职责中学到的：如摄影、缝纫等；

(7)通过阅读、看电视、听磁带、请家教等方式学到的：如钢琴演奏、PPT制作等；

(8)请家人和同学帮助你回忆你在校内外都学习过一些什么专业知识(不管程度如何)。

在小组中，每人轮流说出自己具备而别人还没有说过的技能。在盘点了自己现有的知识技能以后，把你的思绪转向未来，想想有哪些技能你目前还不具备但希望自己拥有的，可以通过一些什么样的途径获得这些知识。

我尚不具备但希望拥有的技能：

____

二、多元智能理论的背景与内涵

(一)理论背景

多元智能理论是由美国哈佛大学教育研究院的心理发展学家加德纳(Howard Gardner)在1983年提出的。加德纳从研究脑部受创伤的病人发现他们在学习能力上的差异，从而提出本理论。

在传统上，学校一直只强调学生在逻辑—数学和语文(主要是读和写)两方面的发展，但这并不是人类智能的全部。不同的人会有不同的智能组合，例如：建筑师及雕塑家的空间感(空间智能)比较强,运动员和芭蕾舞演员的体力(肢体运作智能)较强,公关人员的沟通能力(人际智能)较强,作家的自我认知能力(内省智能)较强等。

根据加德纳的理论,学校在发展学生各方面智能的同时,必须留意每一个学生只会在某一两方面的智能特别突出。而当学生未能在其他方面追上进度时,也不要让学生因此而受到责罚。

(二)理论内涵

多元智能理论认为:智能是在某种社会或文化环境的价值标准下,个体用以解决自己遇到的真正难题或生产及创造出有效产品所需要的能力。具体包含如下含义:

1.智能因人而异

根据加德纳的多元智能理论,作为个体,我们每个人都同时拥有相对独立的八种智能,但每个人身上的八种相对独立的智能在现实生活中并不是绝对孤立、毫不相干的,而是以不同方式、不同程度有机地组合在一起。正是这八种智能在每个人身上以不同方式、不同程度组合,使得每一个人的智能各具特点。

2.环境和教育影响智能

在多元智能理论看来,个体智能的发展受到环境包括社会环境、自然环境和教育条件的极大影响与制约,其发展方向和程度因环境和教育条件不同而表现出差异。尽管各种环境和教育条件下的人们身上都存在着八种智能,但不同环境和教育条件下,人们智能的发展方向和程度有着明显的区别。

3.智能的实用性与生产性

在加德纳的多元智能理论看来,智能应强调两个方面的能力,一个方面的能力是解决实际问题的能力,另一个方面的能力是生产及创造出社会需要的有效产品的能力。根据加德纳的分析,传统的智能理论产生于重视言语—语言智能和逻辑—数理智能的现代工业社会,智能被解释为一种以语言能力和数理逻辑能力为核心的整合的能力。

4.各种智能的相对独立性

在加德纳看来,承认智能是由同样重要的多种能力而不是由一两种核心能力构成的,承认各种智能是多维度地、相对独立地表现出来而不是以整合的方式表现出来,应该是多元智能理论的本质之所在。

三、多元智能理论的主要内容

加德纳认为，支撑多元智能理论的是个体身上相对独立存在着的、与特定的认知领域和知识领域相联系的八种智能：语言智能、节奏智能、数理智能、空间智能、动觉智能、自省智能、交流智能和自然观察智能。

（一）言语—语言智能

言语—语言智能指听、说、读和写的能力，表现为个人能够顺利而高效地利用语言描述事件、表达思想并与人交流的能力。包括口头语言运用及文字书写的能力，把句法、音韵学、语义学、语言实用学结合并运用自如。这类人在学习时是用语言及文字来思考，喜欢文字游戏、阅读、讨论和写作。

（二）音乐—节奏智能

音乐—节奏智能指感受、辨别、记忆、改变和表达音乐的能力，表现为个人对音乐包括节奏、音调、音色和旋律的敏感以及通过作曲、演奏和歌唱等表达音乐的能力。音乐智能强的人能察觉、辨别、改变和表达音乐，对节奏、音调、旋律或音色较具敏感性。在学习时是透过节奏旋律来思考的。

（三）逻辑—数理智能

逻辑—数理智能指运算和推理的能力，表现为对事物间各种关系如类比、对比、因果和逻辑等关系的敏感以及通过数理运算和逻辑推理等进行思维的能力。从事与数字有关工作的人特别需要这种有效运用数字和推理的智能。他们学习时靠推理来进行思考，喜欢提出问题并执行实验以寻求答案，寻找事物的规律及逻辑顺序，对科学的新发展有兴趣。即使他人的言谈及行为也成了他们寻找逻辑缺陷的好地方，对可被测量、归类、分析的事物比较容易接受。

（四）视觉—空间智能

视觉—空间智能指感受、辨别、记忆和改变物体的空间关系并借此表达思想和感情的能力，表现为对线条、形状、结构、色彩和空间关系的敏感以及通过平面图形和立体造型将它们表现出来的能力。空间智能强的人对色彩、线条、形状、形式、空间及它们之间关系的敏感性很高，能准确地感觉视觉空间，并把所知觉到的表现出来。这类人在学习时是用意象及图像来思考的。

空间智能可以划分为形象的空间智能和抽象的空间智能两种能力。形象的空间智能为画家的特长。抽象的空间智能为几何学家的特长。建筑学家对形象和抽象的空间智能都擅长。

(五)身体—动觉智能

身体—动觉智能指运用四肢和躯干的能力,表现为能够较好地控制自己的身体,对事件能够做出恰当的身体反应以及善于利用身体语言来表达自己的思想和情感的能力。动觉智能强的人善于运用整个身体来表达想法和感觉,以及运用双手灵巧地生产或改造事物的能力。这类人很难长时间坐着不动,喜欢动手建造东西,喜欢户外活动,与人谈话时常用手势或其他肢体语言。他们学习时是透过身体感觉来思考。

(六)自知—自省智能(内省智能)

自知—自省智能指认识、洞察和反省自身的能力,表现为能够正确地意识和评价自身的情绪、动机、欲望、个性、意志,并在正确的自我意识和自我评价的基础上形成自尊、自律和自制的能力。自省智能强的人能自我了解,意识到自己内在情绪、意向、动机、脾气和欲求,以及自律、自知和自尊的能力。他们会从各种回馈管道中了解自己的优劣,常静思以规划自己的人生目标,爱独处,以深入自我的方式来思考。

内省智能可以划分为两个长层次:事件层次和价值层次。事件层次的内省指向对于事件成败的总结。价值层次的内省将事件的成败和价值观联系起来自审。

(七)交往—交流智能(人际智能)

交往—交流智能指与人相处和交往的能力,表现为觉察、体验他人情绪、情感和意图并据此做出适宜反应的能力。

这类人对人的脸部表情、声音和动作较具敏感性,能察觉并区分他人的情绪、意向、动机及感觉。他们比较喜欢参与团体性质的活动,较愿意找别人帮忙或教人如何做事,在人群中才感到舒服自在。他们通常是团体中的领导者,靠他人的回馈来思考。

(八)其他类型智能

人的智能还可以从其他角度进行分类:

(1)记忆力:对于事物的记忆力,包括短期和长期的记忆力、形象和抽象的记忆力等。

(2)形象力:在记忆的基础上形成形象的能力,也可以说是感性认识能力。

(3)抽象力:在形象的基础上形成抽象概念的能力,也可以说是理性认识能力。

(4)信仰力:在形象和抽象的思维的基础上形成对于人生和世界总的观念的能力。

(5)创造力:形成新的形象、理论、信仰的能力。

图 3-4　加德纳的多元智能理论图

实训活动——多元智能测试

【活动】

多元智能测量表

下面的测试共有八项内容,每项有十道题,每道题如果和自身的特点符合就打"√",不符合就打"×",依次做完八项内容,最后再看给出的解释。

(一)

1. 你喜欢文字游戏、双关语、绕口令、打油诗、诗词、故事。

2. 你喜欢各式阅读,包括书籍、杂志、报纸甚至商品说明。

3. 你擅长口语或文字的表达,而且充满自信,也就是说你擅长说服别人、说故事或写作。

4. 聊天时,你常提及读过或听过的东西。

5. 你喜欢玩填字、排字或猜字游戏。

6. 你的用字遣词相当高深,别人有时候需要问你到底是什么意思。喜欢在文章中运用精准的字眼。

7. 你喜欢语言类、历史类课程及社会学科。

8. 你在说明或辩论时,口才无碍、从容不迫。说明解释非常清楚。

9. 你喜欢"大声思考"、谈论问题、说明解决方法、问问题。

10. 你通过听收音机、录音机和演讲来吸收信息的能力很强。每句话都深印在脑海中。

（二）

1. 你喜欢数字游戏、心算能力强。

2. 你对科学新知很有兴趣，喜欢实验各样事物，观看其功能运作。

3. 你对家庭预算或理财很有一套，以数字规划工作和私人生活。

4. 你喜欢规划假期和商务旅游的行程细节，准备、计算并制作备忘事项。

5. 你喜欢脑力激荡或其他需要逻辑思考的游戏，例如拼图、下棋。

6. 你喜欢分析别人说的、写的内容是否合乎逻辑。

7. 数学和自然科学是你最喜欢的科目。

8. 你擅长举例说明一个总体的概念，对分析情况和争论得心应手。

9. 你解决问题时，很有系统、步骤，喜欢在各种事情或数据之间寻找模式和关系。

10. 须将事物归类分组或数据化才能明白其关联。

（三）

1. 你喜欢观赏艺术品、绘画和雕刻，对色彩很敏感。

2. 你喜欢以照相机或摄像机，将事物记录下来。

3. 你在做笔记或思考时，喜欢随意乱写、乱涂，你描绘的东西是很精确的。

4. 阅读地图和航行图，很有方向感。

5. 你喜欢拼图和走迷宫的游戏。

6. 擅长将物品分解、重组，对看图组件也很在行。

7. 你喜欢学校的美术课，喜欢几何甚于代数。

8. 你喜欢以图片、绘画来说明事物，可以很容易地解读图表。

9. 你可以从不同的角度来想象各种事物，以及想象建筑物的施工图。

10. 你喜欢有许多图片的书籍。

（四）

1. 你参加运动会或经常做健身活动，喜欢走路、游泳、肢体劳动。

2. 你喜欢自己动手做。

3. 你喜欢一边做肢体运动（例如散步、慢跑），一边思考。

4. 在舞会上大展身手，你一点也不觉得害羞。

5. 你喜欢游乐场中最刺激的游戏。

6. 你必须亲手去掌握、触摸、操控某一事物，才能了解它。你喜欢拼图和模型制作。

7. 你喜欢体育和工艺课、雕塑。

8. 你喜欢借手势或其他肢体语言来表达自我。

9. 你喜欢和孩子玩吵闹混战的游戏。

10. 你学习新东西不光靠阅读手册和观看视频，必须亲身动手触摸操控。

（五）

1. 你会玩某种乐器。

2. 你唱歌不会走音。

3. 通常你在听了几次之后，就可以记得某一歌曲。

4. 你常在家中、车里听音乐，偶尔也去听演唱会，工作时喜欢（甚至需要）有背景音乐。

5. 你会跟着音乐打拍子，很有节奏感。

6. 你很容易就能辨别是何种乐器的声音。

7. 你喜欢的节目的主题曲或广告歌曲常会浮现在脑海中。

8. 没有音乐你就很难生活，而且音乐很容易引发你的情绪和想象。

9. 你常常哼歌曲或吹口哨。

10. 你喜欢用节奏或押韵来记事物，比如有节奏地背诵电话号码。

（六）

1. 你喜欢加入小组或委员会，与他人一起工作。

2. 你好为人师。

3. 别人向你讨教，你觉得自己富有同情心。

4. 你喜欢团队运动项目（例子如篮球、垒球、足球等），甚于个人运动项目（如游泳、赛跑）。

5. 你喜欢有别人参与的游戏，例如桥牌、大富翁、比手画脚。

6. 你喜欢社交生活，宁愿参加宴会更甚于单独在家中看电视。

7. 你有不少要好的朋友。

8. 你常和别人来往，擅长调解争端。

9. 你喜欢带头示范。

10. 你喜欢和别人讨论问题，而不愿意单独想办法解决问题。

（七）

1. 你喜欢写日记，记录个人的心思意念。

2. 你常独自沉思一生的重要经历。

3. 你有人生规划，知道自己努力的方向。

4. 你有独立的思想，了解自己的心思，自己可以下决心。

5. 你有自己的嗜好兴趣，不想和人共享。

6. 你喜欢垂钓或独自散步，喜欢独处。

7. 你向往到山上独立的小屋度假，更甚于住在风景名胜区的五星级饭店。

8. 你了解自己的长处和短处。

9. 你曾参加自我进修的课程，或学习如何更好地认识自己。

10. 你喜欢自己当老板，或曾认真考虑过“做自己的事”。

（八）

1. 你自己养宠物或喜爱宠物。

2. 你自己可以说出许多花草树木的名称。

3. 你有兴趣并知道身体各器官的功能及位置，并经常吸收保健的知识。

4. 你对野生动物的行踪、巢穴很内行，而且很会观察气象。

5. 你很羡慕当农夫和渔人。

6. 你是个勤劳的园丁，熟悉季节的更替。

7. 你对环保很热心，很有见识。

8. 你对天文学、宇宙的起源和生物的进化很感兴趣。

9. 你对社会问题、心理学和人的行为动机很感兴趣。

10. 你认为资源保育和永续发展是现代人类最迫切要解决的问题。

测试结果分析：

分别统计以上各项打“√”的题数，每题计1分，最后把各项分数填入表3-11中，看排序在前3～5项的是哪几种智能，每项得分越高智能倾向就越明显。以上八项依次代表了霍华德·加德纳（Howard Gardner）提出的八大智能，见表3-11。

表3-11　八大智能

序号	得分	八大智能	工作技能	代表性职业
（一）		言语语言智能	与人交谈、叙述、通知、教导、写作、用言辞表达、说某种外语、口译、笔译、教学、讲课、讨论、研究、倾听、抄录、校对、编辑、计算机文字处理、归档、报告	图书馆员、档案保管员、博物馆或艺术馆的馆长、编辑、翻译者、语言校正专家、作家、广播员、新闻记者、法律助理、律师、秘书、打字员、校对员、语文教师
（二）		逻辑数理智能	理财、预算、经济研究、推理、估算、会计、数算、计算、统计、审计、推测、分析、组合、归类、顺序	会计员、采购员、保险业者、数学家、科学家、统计学家、保险理赔员、计算机分析师、经济学家、技师、自然科学教师
（三）		视觉空间智能	画图、彩绘、想象、图书制作、设计、创意、发明、图解、着色、绘制、工程图、制表、制图、摄影、装饰、影片制作	工程师、测量员、建筑师、都市设计师、美工设计师、室内设计师、摄影师、美术教师、发明家、绘图员、飞机驾驶员、艺术家、雕刻家

续表

序号	得分	八大智能	工作技能	代表性职业
（四）		身体动觉智能	分类、平衡、抬举、提取、行走、跑步、手工艺制作、修复、清理、运送、制造、修理、组合、安装、操作、整理、打捞抢救、表演、唱歌、模仿滑稽动作、戏剧表演、服装展示、跳舞、运动、筹备户外活动、旅行	复健物理治疗师、康乐活动辅导、舞者、演员、模特儿、农夫、技工、木匠、手工艺品制作者、体育教师、工人、编舞者、职业运动员、森林管理者、珠宝商
（五）		音乐节奏智能	唱歌、弹奏乐器、录音、指挥、即兴创作、作曲、抄谱、编曲、听曲、辨别（音质）、调音、编写管弦乐、音乐赏析、评论（音乐风格）	音乐节目主持人、音乐家、乐器制作者、钢琴调音者、音乐心理治疗师、乐器销售员、作曲家、录音工程师、合唱团长、指挥、歌手、音乐教师、抄谱员
（六）		人际交往智能	服务、接待、沟通、认同、交易、个别辅导、生活教练、心理咨询、顾问、评核他人、说服、激发动机、推销、征才、激励、授权、谈判、仲裁、合作、抗争、洽谈	行政主管、经理、校长、人事行政人员、仲裁者、社会学家、人类学家、心理辅导员、心理学家、护士、公关人员、推销员、旅行业者、社会工作者
（七）		自知自省智能	执行决策、单独工作、自我提升、设定目标、达成目标、自动自发、评定、估算、规划、组织、明察待机、自省、自知	心理学家、教士、心理学教师、心理治疗师、心理辅导人员、方案规划人员、企业家
（八）		自然观察智能	标本制作、种苗培育	生物学家、动植物学家、农业研究人员、天文学家、生态学家、园艺家、工艺家、海洋学家

【思考】经过测试，你对多元智能有什么了解？你认为准确吗？

第五节　内部世界探索汇总

在本章前四节的学习中，同学们已经从性格、兴趣、价值观和多元智能四个维度对自己的内部世界进行了探索，请梳理这些探索结果，填入表3-12，看看它们是否具有很明显的一致性，它们是否指向了某个或某些职业生涯的方向。示例见表3-13。

表3-12　内部世界探索汇总表

序号	内部世界要素	指向结果	汇总结果
1	我的人格特质		
2	我真正的兴趣		
3	我的职业性格		
4	我的多元智能		
5	工作价值观		
6	我的使命梦想		

表3-13　示例

序号	内部世界要素	指向结果	汇总结果
1	我的人格特质	善于沟通、善于表达、有责任心、人际洞察力和观察力敏锐、善解人意	综合所有探索，我发现自己是一个外向的、有责任心、有同理心、善于沟通且语言智能强的人。我希望能够服务他人，让这个世界更加善良美好，教育行业可能比较适合我，教师是我合适的职业之一
2	我真正的兴趣	S岛（社会型）、A岛（艺术型）、R岛（实用型）：图书管理员、小学教师、幼儿园教师、学前儿童教师、中学教师、师范学院的教师、育人教师、智力障碍人的教师、聋哑人的教师、学校护士、牙科助理、飞行指挥员	
3	我的职业性格	ENFJ	
4	我的多元智能	言语—语言智能，逻辑—数理智能	
5	工作价值观	能帮助他人；产生社会价值与责任；有中高等的收入；社会认可度高，体面；工作稳定，变化小	
6	我的使命梦想	服务他人，回报社会	

思考与练习

1.心理学测量方法在了解自我的过程中有何重要作用：

2.内部世界探索分为几个部分？有何逻辑联系？

3.试分析“内部世界探索汇总表”在大学生职业生涯规划书中的重要性。

第四章　认知职业

在选择职业时，我们应该遵循的主要指针是人类的幸福和我们自身的完美。

——马克思

【学习目标】

1.了解劳动力市场的新变化；

2.了解热门职业资格考试；

3.了解职业探索内容；

4.掌握职业环境分析的方法。

【导入案例】

学生的困惑

"老师，你说我们这个专业现在好找工作吗？未来怎么样呢？如果说这个专业不错的话，我不知道今后是应从事这方面的理论研究工作，还是应该从事其他相关的工作？"

"老师，听说我们专业毕业的学生，以前要专科生做的工作现在要本科生来做，以前要本科生做的现在要研究生来做，你说用人单位对学历的要求会越来越高吗？"

"我不知道我应该基于工作世界的要求来进行自我塑造，还是基于我的特征去寻找适合我的工作世界。"

案例思考：

以上三种观点，反映出大学生的哪三类困惑？

第一节　认识工作世界

你想象中的工作世界

你打算大学毕业以后读研、出国读书还是直接参加工作？你为什么做这种选择？

假如你打算工作，你要选择哪个城市？你要选择哪个行业？你要选择哪类岗位？你关心就业工作吗？你尝试过了解工作世界的情况吗？通过什么方式？

一、人才市场

人才市场是企业、事业单位进行招工、招聘，劳动者进行求职、投递填写简历的市场，存在就业难、结构性失业等特点。

（一）就业难

“本科生、研究生、博士生，生生不息；上一届、这一届、下一届，届届失业。[①]”这副对联虽然有些绝对和夸张，但也生动地反映当前就业市场的一些状况。以广东省为例，根据第五次人口普查及广东省 GDP 按照每年 8%的速度增长测算（含入粤外省劳动力资源），广东就业缺口见表 4-1。

表 4-1　广东劳动力供求预测[②]

年份	劳动力总供给（万人）	可供岗位（万人）	失业人数（万人）
2005	6663.8	5003	1660.8
2010	7563.6	5323	2240.6
2015	8187.9	5664	2523.9
2020	8274.6	6026	2248.6

① 唐仓健.一步迈入名企大门[M].广州：广东旅游出版社，2014:2.

② 刘际潞.广东劳动力供求预测研究[D].广州：暨南大学，2013.

(二)结构性失业

近几年,中西部应届毕业生洪流正在以越来越庞大的规模涌向北京和东南沿海大城市。这一涌流与大学扩招直接相关,"宁要北京一张床,不要西部一套房"成了大学生们普遍的就业心态。在这些来找工作的大学生的意识中,京、沪、穗、深这样的大都市,总是意味着机会、高薪和前途。以往他们的师兄师姐们以就业经验和日常信息,影响着他们产生一颗颗"都市心"。这无疑加剧了职业供给的不平衡,最需要大学生的地方少人问津,而都市的大学生求职者则人满为患。

【案例分析】

小王的故事

毕业生小王来自云南罗平,直到毕业前还未落实工作单位。朋友去参加国家医药管理局的供需见面协调会,顺便将他的应聘材料带去帮他落实工作单位。刚好有一家制药厂要他,专业对口,又是家乡,然而他本人的择业意向是:单位地点必须在昆明市,至于昆明的什么单位、具体做什么工作都无关紧要,除此以外,什么单位都不考虑。在这种心态下,结果自然难以如愿。

案例思考:

小王为什么找不到工作?

(三)职业变动

职业变动是指员工进行变换、改变职业的过程。它是职业稳定的反义词,但两者均是个体职业生涯的一种表现形式。国家户籍政策的放宽、产业结构调整、企业破产等因素,使职业变动成为越来越普遍的情况。

【案例分析】

黄先生的工作迁移

黄先生出生在一个贫困山区,小时候个子比较矮,在同龄人中很不起眼,父亲是乡村小学教师,母亲在家务农,家里还有一个患有精神疾病的弟弟,日子过得十分艰难。高中时,由于他的数理化成绩不太好,便选择了在英语班学习,希望因此能够扬长避短,考上大学,跳出农门。经过努力,他终于以全县文科第一名的成绩考上了一所大学的外语系,成为20世纪80年代第一批大学生。

进入大学，他制订的第一个职业生涯目标就是毕业留校。因为按照当时的政策，如果不留校，就意味着毕业后回到家乡工作。为了这个目标，他刻苦学习，苦练英语口语。刚开始他找班上英语最好的同学对话练习口语，一个月以后，那位同学已经跟不上他了，他就自己对着墙练习。经过四年的刻苦学习，黄先生终于以全年级第一名的成绩留校任教，从事大学公共英语课程的教学工作，实现了他的第一个职业目标。

工作了一段时间以后，他又给自己制订了第二个目标，自学一门新专业，考取硕士研究生。他认真分析了国家宏观环境和发展趋势，并进行了自我分析，决定自学法律专业。两年以后，他考取了中国政法大学民商法专业的硕士研究生。

毕业后，他又回到原单位工作。同年，他参加了全省组织的专业组英语竞赛，获得了第一名，并被当地一劳务输出公司看中，聘请为随队翻译并派往非洲。第一次签订合同时，只签了一年，到非洲后，公司发现他不仅懂英语，还懂法律，特别是由于他懂得劳务合同的有关条款，为公司挽回了重大损失，公司又和他续约三年。

在非洲工作期间，他结识了很多酋长的子女，这些人大多都在英美国家接受过法律方面的良好教育，熟悉英美国家的法律理论和制度，黄先生经常与他们讨论有关的法律问题，渐渐地，黄先生发现自己有处理涉外经济方面法律问题的能力，负责办理的几个案子都胜诉了。于是，他又制订了第三个职业目标，从事涉外法律工作，成为一名职业律师。三年后，他做出了大胆决定，从高校辞职，到沿海城市成了一名专职律师。又过了五年，他被一家猎头公司看中，去了一家外资企业做法律顾问，收入颇丰。

随后不久，他又开办了一家自己的企业，在接近40岁时，达到了个人职业的巅峰。他摆脱了贫困，并把父母接来同住，实现了个人和家庭的和谐发展。

案例思考：

1.黄先生如何实现工作迁移？

2.黄先生的故事对你有何启发？

（四）技术优先

科技化与自动化使工作内涵变化，需要从业人员具备技术基础与广博知识。特别值得注意的是，人工智能已经越来越成为现实，未来所有标准化的、没有技术含量的工作都将被机器人取代，这可能意味着人类的大规模失业。你是否想过，假设自己有一天面临失业，还能养活自己么？

青岛大学硕士技校回炉学电焊:找到了未来

李强今年34岁,身材高高瘦瘦,穿一身稍有些掉色的迷彩装走在莱芜技师学院里,没人会注意到他和其他学生有什么不同。虽然年纪大了十几岁,但他和那些20岁左右的小伙子一样,每天过着宿舍、教室两点一线的生活。在技校生之前,李强的上一个身份是青岛大学文学硕士,毕业5年,干过多个行当,如今有妻有儿。在理想与现实中,今年7月,他做了一个外人看来"颠覆性"的选择,一下成为新闻媒体当时追逐的热点人物。

"当时找工作的压力很大。"李强坦言,2008年研究生毕业,他开始想找一份在大学里的工作,但投出的多份简历没有回音;随后的几年里,李强去过北京、上海、大连等城市,也曾萌生过在那里找工作的想法。这几年里,他在连云港当了半年记者,在青岛换过广告策划、房地产文案、秘书等好几个工作。

李强虽然早已毕业,但和读研时的导师——青岛大学文学院徐鹏绪教授联系一直比较密切,经常去老师家里谈心。"徐老师在上学的时候就跟我提到过技术的重要性,当时我没有意识到。"李强告诉记者,后来在工作中,遇到了越来越多的技术问题,慢慢觉得技术还是有用的。

今年初开始,用李强自己的话说,他探索技术了,先是跟原来领导的亲戚学习室内装修,自己利用业余时间学习了维修办公设备,并参加了电工上岗培训,取得了青岛市安监局颁发的高压电工上岗证。

案例思考:

根据以上案例,分析专业技术的不可替代性。

(五)高学历低就业

当代社会对毕业生学历的要求越来越高。社会上曾流行这样几句话:博士生很好很好,硕士生不错不错,本科生可以可以,专科生不要不要,中专生没有考虑到。但是,也出现高学历"低"就业的现象,例如硕士研究生当中学教师,甚至博士做小学教师都已经不是新鲜事。

博士生送快递

34岁的延边大学历史系博士生谭超,送了8年快递,备受质疑。有人说他浪费资源,"抢低学历的饭碗"。"双十一"物流高峰要来了,每到这个时候,很多人又想起了他。

每天5点起床,晚上12点休息。33岁的谭超是山东某大学一个快递代理点的负责人,他还有一个身份是延边大学历史系的博士生。他白天送快递,晚上回到家里就一头扎进文献堆里，在厚厚的史料中探究古代东北亚的历史问题。

8年前，为了考研，谭超当起了快递小哥。

为什么选择了做快递员？谭超是这么回答的："人穷志短、马瘦毛长啊，你没钱不得想尽一切办法去赚钱吗？你还有工夫管你是不是本科毕业吗？刚毕业那会自己身上一分钱都没有，同学结婚自己都没有合适的衣服穿，找工作也只干日结的，如果工资不日结，我第二天就没饭吃了。你们能想到的底层工作我全部都干过，擦玻璃的、房产中介、收报纸收瓶子的、保安……"

决定放弃清华梦的时候，身高1.85米的保安谭超第一次觉得自己很脆弱。那是2011年，他第四次报考清华大学国际关系研究生，落榜了。收到面试成绩那天，他做出两个决定：第一，调剂到母校烟台大学，读完研究生再考博士。第二，读研的同时，承包一小片快递收发点，打零工糊口。

谭超选择当一名快递小哥，一方面是因为做保安时刚好接触到了这份工作，另一方面则是因为平时还要上课，不可能找一份全职的工作，相对而言，送快递时间自由度比较高。

做着做着，谭超发现货量已经涨到了可以养家糊口的地步了，就一直做了下去。

8年间，也有老师指责谭超："这么一个高学历的人抢低学历的活，脑子是不是有病？"

谭超不认同这种说法："这是通过学历把人分成三六九等，而不是努力。我讨厌的是他那种鄙夷的神情，他那种根深蒂固的阶级分化的神情。不管一个人是做学术也好，去送快递也好，去说相声也好，只要他能推动生产力发展就是一个好博士。"

他还说："我是接地气的博士，境界到了就知道，快递和世界史是相通的！"

在这8年的送快递过程中，谭超通过自己的努力和高智商，自创了快递编号法共送出80万件送递。此数量如果只按照年工作11个月算，那么平均一天就得300件的送货量。相当于普通快递员两倍以上。

行业发展比谭超想象得还要快，几乎每年都翻一番。包裹越来越多，送的也越来越好。到2018年底，谭超名片上的四个电话号码经常被打爆，每天收发千余件快递已经成为日常，生活也日渐宽裕了。

博士毕业后，谭超计划去高校求职，他说："我觉得我应该是教书育人，在推动生产力发展方面有一点小的成就。我的学术、我的理论能得到一定的传播，修身齐家治国平天下。"

案例思考：

博士生送快递是励志还是学历浪费？你怎么看？

(六)用工形式多样化

随着基于核心技术能力的产业同心多元化与经营规模的不断发展，近年，企业呈现出与劳动者建立多元用工关系，主要采取外包(员工—其他公司—企业)、员工租赁(员工—租赁公司—企业)、派遣服务(雇员—雇主—客户)、过渡性或后备工作者(短期性)、实习生(员工—其他公司—企业)等多种用工形式，灵活用工的适用行业及岗位范围不断扩大。未来，在“互联网＋”与共享经济的交互作用下，集众多优势的灵活用工服务，将成为满足企业多元化用工需求的首选。

【案例分析】

辅导员岗位劳务派遣人员招聘公告

根据我校学生公寓日常管理工作需要，公开招聘学生公寓辅导员岗位劳务派遣人员3名，现将有关事宜通知如下：

一、招聘岗位与条件

招聘公告见表4-2。

表4-2　招聘公告

用工形式	拟聘岗位	人数	相关专业	招聘条件
劳务派遣	学生公寓辅导员	3	专业不限	1.本科及以上学历，中共党员
				2.热心高校学生管理、后勤服务工作，有奉献服务精神，能够完成工作岗位要求的值班夜巡工作
				3.具有良好的语言表达和组织协调能力，具有一定的文字书写能力
				4.身体健康，35周岁以下
				5.有高校学生工作经历、学生宿舍管理等服务行业工作经验的优先考虑

二、报名时间

2016年3月4—13日。

三、报名方式

请应聘人员根据我校公布的招聘岗位，填写《大学劳务派遣人员报名表》(见附件)，并同其他应聘材料一并发送至邮箱2546969720@qq.com，邮件主题请标注“姓名＋学生公寓辅导员岗”。

四、招考形式

笔试＋面试。

五、聘用形式

劳务派遣。

六、其他事项对初审通过人员，将通过邮件、电话等方式告知，凡不符合本次招聘条件者恕不另行告知。

案例思考：

小刘大学本科毕业，看了以上通告，她在纠结：这份工作值得做吗？

公办高校用工一般大致分为三类：

第一，正式人员。有编制，省属高校的教职工在省人事厅都有记录，工资是由国家财政拨款。有正式编制的人员，可以享受正常的工资、奖金、住房公积金、在职进修、医疗保险等。就目前情况看，高校有编制的人员，在工作稳定性方面和公务员大体相当。

第二，人事代理人员，档案放在人才交流中心，也是属于固定工性质，合同期满单位一般会继续聘用。有的单位还有规定人事代理最长连续聘 8 年，地位略低，但在职称评聘、干部提拔、住房公积金、年终津贴、社会保障等方面，与有编制的人员没有区别。

第三，劳务派遣。这类人员比人事代理更彻底，人不算高校的人，人属于人才派遣机构的人，是人才派遣机构派遣到学校工作的，工资不参照学校正式工，而是按合同打给人才派遣机构，工资由人才派遣机构发。但高校要为他们交纳保险。

所以，小张是否应聘该岗位，应根据自己的兴趣、能力、价值观和处境等因素综合考虑、选择。

二、职业资格考试

国家职业资格证书制度是按照国家职业标准，通过政府认定的考核鉴定机构，对劳动者的技能水平和从业资格进行评价和认证的国家证书制度。2019 年 1 月，人社部发布国家职业资格目录，国家职业资格目录共计 139 项职业资格，专业技术人员职业资格 58 项，准入类 35 项，水平评价类 23 项，技能人员职业资格 81 项，准入类 5 项，水平评价类 76 项。一轮轮的取消并没有令考证热降温，反而在一定程度上加深了考生对于证书的认识。因此，立足自身实际，了解职业资格考试，为自己的择业竞争力加码。

（一）教师资格考试

1.考试简介

中小学教师资格考试是由国家建立考试标准，省级教育行政部门组织的全国统一考试。

通过实施中小学教师资格考试，考查申请人是否具备教师职业道德、基本素养、教育教学能力和教师专业发展潜质。严把教师入口关，择优选拔乐教、适教人员取得教师资格。

试点省份内所有申请幼儿园、小学、初级中学、高级中学、中等职业学校教师资格和中等职业学校实习指导教师资格的人员须参加中小学教师资格考试。

2015 年，教师资格证考试改革正式实施，打破教师终身制且五年一审，改革后将实行国考，考试内容增加、难度加大。在校专科、本科都能报考。改革后将不再区分师范生和非师范生，想要做教师都必须参加国家统一考试，方可申请教师资格证(表 4-3)。

2018 年 9 月，教育部宣布教师资格证书由国务院教育行政部门统一印制，社会各类培训机构颁发的培训证书、证明不能作为教师资格证书使用。

表 4-3　中小学教师资格考试改革前后的变化

改革前	改革变化影响方面	改革后
各省自主命题	考试形式	全国统考，统一命题，统一考试
师范生直接领证	考试范围	师范生纳入考试范围
教育学、心理学	考试科目	幼儿：综合素质、保教知识与能力
		小学：综合素质、教育教学知识与能力
		中学：综合素质、教育知识与能力、学科知识与能力
笔试、面试	考试方式	笔试(笔纸方式)、面试(机试抽题)
指定教材	考试教材	仅有大纲，不指定教材
100 分	卷面分数	150 分，及格线 70 分
单选、填空、简答、论述	考试题型	综合素质：单选、材料分析、写作
		知识与能力：单选、简答、论述、辨析、材料分析、教学设计、活动设计(涉及中小学及幼儿全部题型)
不指定	成绩年限	笔试成绩(2 年内有效)；考试合格证明有效期(3 年)；注册(5 年一注)
易	考试难度	难
70%	笔试通过率	教师资格证过关率 22.5%

2.报考条件

(1)幼儿教师资格证

学历要求:

①师范类专业:

②专科学历及以上(所学专业需是学前教育)

(2)小学教师资格证

学历要求:大专学历及以上。

(3)中学教师资格证及中等职业学校文化课教师资格证

学历要求:本科学历及以上。

(4)中职实习指导教师

学历要求:本科学历及以上(个别技能类专业专科及以上)。

专科在校生大二、本科在校生大三(均可用学籍证明报考),也有特殊的,例如北京、江西、辽宁等省的三年制大专大三时可报考,两年制大专时可大二报考。

(5)普通话证书

获得普通话证书指通过国家语委会的普通话测试(二级乙等及以上,语文教师二级甲等及以上)。

未获得普通话证书不影响报考教师岗位,笔试面试通过之后,教师资格证认定之前需考到普通话等级证书。

(6)体检合格

报考地区:户籍所在地、人事关系所在地、在校生在学校所在地三选一选择考试地点。

(7)社会生户籍要求

各省份的细则也有不同:户籍或人事关系在报考地的,须与用人单位签订一年以上聘用合同并缴纳社保;户籍或人事关系在报考地的,由人事关系管理部门出具的人事关系证明。例如,广东省相关规定中“人事(劳动)关系在广东”是指考生的人事档案挂靠在省内人才机构,或在广东工作且与聘用单位签订聘期在一年及以上的聘用合同并能同时提供社保管理部门出具的最近 6 个月及以上由聘用单位为其缴纳的社会保险证明。

3.报考时间

上半年 1 月和下半年 9 月报名。考生需要在“中国教育考试网”网站(http://www.neea.edu.cn/)进行注册,填写个人信息、报考信息。

4.就业前景

教师资格证是教育行业从业教师的许可证。对于师范类毕业生来说,没有教师资格证将无法应聘教师;对于非师范生来说,可以报考没有专业限制或符合专业要求的教师岗位。而且,随着《中共中央国务院关于全面深化新时代教师队伍建设改革的意见》的深入实施,中小学教师的待遇有望明显提高。

(二)全国翻译专业资格证

1.考试简介

全国翻译专业资格考试(China Accreditation Test for Translators and Interpreters, CATTI)是受国家人力资源和社会保障部委托,由中国外文出版发行事业局负责实施与管理的一项国家级职业资格考试,已纳入国家职业资格证书制度,是一项在中国实行的、统一的、面向全社会的翻译专业资格(水平)认证,是对参试人员口译或笔译方面双语互译能力和水平的评价与认定。

2.报名条件

凡遵守中华人民共和国宪法和法律,恪守职业道德,具有一定外语水平的人员,均可报名参加相应语种、级别的考试。

3.报考时间

报名时间各省不一,例如福建省 2019 年口译的报名时间为 9 月 10—17 日。

自 2005 年起,二级、三级英语翻译专业资格(水平)考试暂定每年举行 2 次,考试日期原则定为 5 月最后一周的周六、周日和 11 月的第二周的周六、周日,其他语种各级别考试每年举行 1 次,为 5 月最后一周的周六、周日。

4.就业前景

取得各级别证书并符合翻译专业职务任职条件的人员,用人单位可根据需要聘任相应职务。获得考试证书者将可以个人会员身份加入中国翻译协会。

(三)建造师执业资格证书

1.考试简介

建造师执业资格证书是符合条件的人员经过专业考试取得的证书。它是以专业技术为依托、以施工管理为主、以工程项目管理为主业的执业注册人员的证明文件。

建造师分为一级建造师和二级建造师。取得建造师执业资格证书且符合注册条件的人员,经过注册登记后,即获得一级或二级建造师注册证书。注册后的建造师方可受聘执业,一级注册建造师资格证书全国通用,二级注册建造师资格证书在省内有效。

2.报名条件

(1)一级建造师执业资格考试

取得工程类或工程经济类大学专科学历,工作满 6 年,其中从事建设工程项目施工管理工作满 4 年。

取得工程类或工程经济类大学本科学历,工作满 4 年,其中从事建设工程项目施工管理工作满 3 年。

取得工程类或工程经济类双学士学位或研究生班毕业,工作满 3 年,其中从事建设工程项目施工管理工作满 2 年。

取得工程类或工程经济类硕士学位,工作满 2 年,其中从事建设工程项目施工管理工作满 1 年。

取得工程类或工程经济类博士学位,从事建设工程项目施工管理工作满 1 年。

(2)一级建造师执业资格考试

凡遵纪守法,具备工程类或工程经济类中等专科以上学历并从事建设工程项目施工管理工作满 2 年的人员,可报名参加二级建造师执业资格考试。

3.报考时间

一般在每年的 1—2 月报名,考试时间是在 5—6 月,具体时间以当地人事考试院通知。

4.就业前景

由于基础设施建设保障民生的建设正得到大力推进,建造师的就业前景一片光明。涉及的行业有:铁路、机场航空、公路、电力、船舶制造、核电以及环保工程等。

可以建造师的名义担任建设工程项目施工的项目经理,从事其他施工活动的管理,从事法律、行政法规或国务院建设行政主管部门规定的其他业务。在行使项目经理职责时，一级注册建造师可以担任《建筑业企业资质等级标准》中规定的特级、一级建筑业企业资质的建设工程项目施工的项目经理。大中型工程项目的项目经理必须逐步由取得建造师执业资格的人员担任，但取得建造师执业资格的人员能否担任大中型工程项目的项目经理，应由建筑业企业自主决定。

（四）执业医师资格证

1.考试简介

执业医师资格证是通过全国统一的执业医师资格考试和执业助理医师资格考试后，由国家卫生计生委统一发放的，是我国从业医师必须拥有的证书，属于医疗技术方面认可的，证明持证人具有独立从事医疗活动的技术和能力，证书永久有效（红色封面的证书）。

2.报考条件

(1)具有高等学校医学专业本科以上学历，在执业医师指导下，在医疗、预防、保健机构中试用期满一年的；

(2)取得执业助理医师执业证书后，具有高等学校医学专科学历，在医疗、预防、保健机构中工作满二年；具有中等专业学校医学专业学历，在医疗、预防、保健机构中工作满五年的。

3.报考时间

网上报名时间：每年 2—3 月。具体时间届时由国家考试中心公布。

现场报名时间：每年 3—4 月，具体时间由当地卫生局公布。

医师资格考试分实践技能考试和医学综合笔试两部分。医师实践技能考试时间一般在 6—7 月，医师资格医学综合笔试考试时间一般在 9—10 月。

执业医师资格证，是通过全国统一的执业医师资格考试和执业助理医师资格考试后，由国家卫生计生委统一发放的。

4.就业前景

执业医师可以到政府的卫生部门，从事卫生事业管理、卫生经济政策的制定等；到各级卫生保健机构从事医疗服务，到科研机构进行预防疾病方案的设计、实施等。具体如下：

①各级各类综合性医院，包括：综合医院、专科医院、社区医院等；

②医学科研机构；
③医学院校；
④预防保健机构，包括疾病控制中心、卫生监督所、卫生防疫站等；
⑤在具备执业医师资格及相应条件后独立开业。

（五）消防工程师证书

1.考试简介

注册消防工程师，是指经考试取得相应级别注册消防工程师资格证书，并依法注册后，从事消防技术咨询、消防安全评估、消防安全管理、消防安全技术培训、消防设施检测、火灾事故技术分析、消防设施维护、消防安全监测、消防安全检查等消防安全技术工作的专业技术人员。

2.报考条件

专科以上学历，针对不同专业所要求的工作经验不同。

3.报考时间

每年 11 月上旬，考试科目：注册消防工程师是由人力资源和社会保障部、公安部消防局（目前已划归应急管理部）共同组织实施的职业资格考试。

在人力资源和社会保障部的指导下，消防局依据《注册消防工程师资格考试大纲》，按照最新消防技术标准规范和现行消防法律法规，组织消防领域相关专家编写。

教材一共三本，包括《消防安全技术实务》、《消防安全案例分析》、《消防安全技术综合能力》。

4.就业前景

国家注重消防队伍规范性建设，加上注册消防工程师资格准入制度的实施，因此消防注册证是行业必备条件。根据相关数据调查，近 3～5 年时间，我国需要 50 万注册消防工程师，但就 2017 年，拿到注册证书的人数才 1.3 万。同时企业资质和国家重点防火单位对证书都有硬性要求，加上现在持有证书人数较少，面对庞大的需求市场，消防注册证书完全是供不应求。

(六)注册会计师资格证

1.考试简介

注册会计师(Certified Public Accountanit, CPA),是指通过注册会计师执业资格考试并取得注册会计师证书在会计师事务所执业的人员。

2.报考条件

具有高等专科以上学校毕业学历,具有会计或者相关专业中级以上技术职称。

3.报考时间

报名的具体时间在各年度财政部考委会发布的《注册会计师全国统一考试报名简章》中规定,地方考委会应当据此确定本地区具体报名日期,并向社会公告,报名人员应当于指定时间登录中国注册会计师协会网站进行网上预报名。

4.就业前景

会计被认为是财会领域的第一黄金职业,薪酬待遇非常可观,主要就业方向:

一是考试通过后进入会计师事务所,注册会计师执业资格考试合格,并在中国境内从事审计业务工作 2 年以上者,可以通过所在的会计师事务所向事务所所在地的省级注册会计师协会申请注册为执业会员(即签字注册会计师)。还可能一不小心,就做了会计师事务所的合伙人。

二是不进入事务所,你可以有以下选择:

①投资银行。投资银行的主要业务是并购、私募股权、投资等。投行需要的专业技能是财务和法律,如果你既考过 CPA,又考过司考,那你就是投行最喜欢的人。

②商业银行。商业银行的业务雇员全是会计。他们的主要技能是会计。一般银行行长递给你的名片上,除了行长职务外,还会印有 CPA 或高级会计师头衔。

③咨询公司。麦肯锡、贝恩两人都是财务出身,各自创立了以自己名字命名的咨询公司,声名卓著。

④其他智力服务机构。譬如标准普尔、穆迪等评估公司,评级公司,甚至律师事务所,他们更喜欢一个有法学背景的 CPA 学生加入,因为法律和财务是永远纠缠在一起的。

⑤"世界 500 强"等跨国公司。财务部、审计部就不多说了。据称,近 30 年以来,500 强公司的 CEO 中有 2/3 是财务出身。洛克菲勒、皮尔卡丹、巴菲特这些人都是财务会计出身。

⑥国有大中型企业(央企)。中国的国有大中型企业是高级财务人员的中坚需求者,对 CPA 持证人非常重视,拥有 CPA 证书的员工在企业内部的晋升非常迅速,企业甚至会安排部分资金奖励在职学习和获得 CPA 证书的员工。

⑦政府机关。中国人民银行、审计署、证监会、保监会、银监会等诸多主管经济工作的政府机关目前招考的岗位要求中多要求候选人拥有 CPA 证书。

(七)特许金融分析师

1.考试简介

特许金融分析师(Chartered Financial Analyst,CFA)是由美国投资管理与研究协会(AIMR)于 1963 年开始设立的特许金融分析师资格证书考试。考试每年举办两次,是世界上规模最大的职业考试之一,是当今世界证券投资与管理界普遍认可的一种职业称号。CFA 的课程以投资行业的实务为基础。要成为一名 CFA 持证人,必须经过美国投资管理与研究协会命题、组织的全球统一考试。分初、中、高三个等级。每年每人只能报考一个等级。只有通过全部三个级别的考试,且有 4 年金融从业经历者才能最终获得资格证书。

2.报名条件

(1)金融分析师(一级)

大学本科以上学历,一年以上财务或者金融领域工作经验;或者专科以上学历,三年以上财务或者金融领域工作经验;能够在学习期间,确保 250 个小时的自学时间。

(2)金融分析师(二级)

硕士研究生以上学历,金融或者财务领域一年以上工作经验;或者大学本科以上学历,金融或者财务领域三年以上工作经验;或者专科以上学历,金融或者财务领域五年以上工作经验;能够在学习期间,确保 250 个小时的自学时间。

3.就业前景

作为紧缺人才,全球拥有 CFA 认证的约 10 万人,中国内地地区仅约 2000 人,因此 CFA 有着令人羡慕的高收入。CFA 年收入统计(单位:美元):美国 19 万;英国 20 万;新加坡 11.3 万;香港 13.6 万;加拿大 10.8 万;全球平均 17.8 万。CFA 与 MBA 年收入比较(单位:美元):哈佛 MBA 在美平均年薪 12.8 万,CFA 在美平均年薪 17.8 万。

(八)法律职业资格证书

1.考试简介

法律职业资格证是证书持有人通过考试并依法取得的证书。取得该证书的人可以依法担任执业律师、法官、检察官和公证员,证书由中华人民共和国司法部统一制作、颁发。

2.报名条件

以 2018 年为例,2018 年 4 月 29 日前取得本科及以上(不管是否全日制)学籍(考籍)或者相应的学历的人,不限专业,均可报名。2018 年 4 月 29 日后取得本科及以上学历,需要以下条件:具备全日制普通高等学校法学类本科学历并获得学士及以上学位,全日制普通高等学校非法学类本科及以上学历并获得法律硕士、法学硕士及以上学位,全日制普通高等学校非法学类本科及以上学历并获得相应学位且从事法律工作满三年。

3.报名时间

登录国家司法考试官网(http://www.cnsikao.com/),每年 6 月网上报名,9—10 月考试。

4.就业前景

司法从业者必备证件,初任法官、初任检察官和取得律师资格等 9 类人员必须通过法考。此外一些政府机构的行政仲裁、行政复议等职位也必须取得该证书。所以,总体来看,该证书以后的含金量会越来越高。

(九)中国精算师

1.考试简介

精算师,指保险公司雇用的数学专业人员,主要从事保险费、赔付准备金、分红、保险额、退休金、年金等的计算。

中国精算师考试从 1999 年开始实施。2000 年 12 月,中国保险监督管理委员会首次面向社会举办了中国精算师资格考试中的六门课程考试,共 474 人报名参加。中国精算师考试在北京、天津、上海、武汉、广州、成都等城市设有考点。

2.报名条件

凡具备大学本科以上学历或同等学力的人都可报名参加。

3.报名时间

报名时间一年两次:每年 2 月和 8 月,一般为每年 2 月。考试时间为每年的 4 月和 12 月。

4.就业前景

中国本土的精算师年薪在 30 万～40 万元之间,海归或是洋精算师的身价一般都在百万元之上甚至更高。国际上比较著名的有英国精算学会(The Faculty of Actuaries)、北美精算学会(寿险)和美国非寿险精算学会的精算师资格考试。精算师考试可能是国际上最难的考试之一。自然,对于那些精算师来说,他们的收入、社会地位也非常高。最近几年美国最佳职业调查发现,精算师始终处于排名的前 3 名之内。转型机会:凭借精算师的知识和专业素养,未来的领域不仅仅局限在保险行业,投资、金融监管、社会保障、人口分析、经济预测、福利彩票等领域,都有精算师的用武之地。

(十)注册电气工程师

1.考试简介

注册电气工程师是指取得《中华人民共和国注册电气工程师执业资格证书》和《中华人民共和国注册电气工程师执业资格注册证书》,从事电气专业工程设计及相关业务的专业技术人员。

国家对从事电气专业工程设计活动的专业技术人员实行执业资格注册管理制度。

主考单位:人事部、建设部等国务院有关部门和省、自治区、直辖市人民政府建设行政部门、人事行政部门依照《注册电气工程师执业资格制度暂行规定》对注册电气工程师执业资格的考试、注册和执业进行指导、监督和检查。考务工作委托人事部人事考试中心负责。

2.报考条件

(1)基础考试报名条件:

①取得本专业(指电气工程、电气工程及其自动化专业)或相近专业(指自动化、电子信息工程、通信工程、计算机科学与技术专业)大学本科及以上学历或学位。

②取得本专业或相近专业大学专科学历，累计从事电气专业工程设计工作满1年。

③取得其他工科专业大学本科及以上学历或学位，累计从事电气专业工程设计工作满1年。

(2)基础考试合格，并具备以下条件之一者，可申请参加专业考试：

①取得本专业博士学位后，累计从事电气专业工程设计工作满2年；或取得相近专业博士学位后，累计从事电气专业工程设计工作满3年。

②取得本专业硕士学位后，累计从事电气专业工程设计工作满3年；或取得相近专业硕士学位后，累计从事电气专业工程设计工作满4年。

③取得含本专业在内的双学士学位或本专业研究生班毕业后，累计从事电气专业工程设计工作满4年；或取得相近专业双学士学位或研究生班毕业后，累计从事电气专业工程设计工作满5年。

④取得通过本专业教育评估的大学本科学历或学位后，累计从事电气专业工程设计工作满4年；或取得未通过本专业教育评估的大学本科学历或学位后，累计从事电气专业工程设计工作满5年；或取得相近专业大学本科学历或学位后，累计从事电气专业工程设计工作满6年。

⑤取得本专业大学专科学历后，累计从事电气专业工程设计工作满6年；或取得相近专业大学专科学历后，累计从事电气专业工程设计工作满7年。

⑥取得其他工科专业大学本科及以上学历或学位后，累计从事电气专业工程设计工作满8年。

3.报考时间

一般每年5月报名，9—10月进行考试。

4.就业前景

注册电气工程师多就业于国家电网、区域电网公司、南方电网公司、五大发电集团公司(华能、国电、大唐、华电、中电投)、电力设计院、大城市供电公司、发电能源公司等，不难看出，大多都是国有企业。

【案例分析】

零基础，九个月付出，401分通过司法考试

我来自上海，是2个孩子的妈妈，从2014年12月中旬开始学习，零基础，通过9个月的努力，边上班边学习，以401分(卷一103分，卷二77分，卷三109分，卷四112分)的成

绩通过考试。也许有人羡慕,但我相信大家看完我的分享后一定不再只是羡慕的心情,希望能对大家有所帮助。

一、了解自己

缺点:

1.年纪有43岁,比大部分老师的年纪还大,记忆力自从生孩子后就可以用一塌糊涂来形容。

2.要照顾2个孩子,还要上班,时间有限。

3.没有法律基础。

优点:

1.逻辑思维非常好。

2.短期记忆还不错。

二、制订目标、做好计划

1.因为要上班,所以报了网络班,当时目标最多两年通过,所以报了2年可以重学的学习班。

2.了解往年的分数情况后,给自己定下的目标是第一年:400分;如果第一年不能通过,则第二年目标:480分。

3.学习计划:

(1)3月基础强化课上线之前,将2014年的基础强化和应试串讲听一遍,行政法除外,因为听说有修改。根据时间要求分配每天的任务,当天必须完成。

(2)基础课不听,只听基础强化及以后上线的课程,因为时间有限。

(3)4月起,边听基础强化课,边同步完成真题。

(4)6月完成所有的模拟题。

(5)7月每周各门课过一遍。

(6)8月中旬起,重点背《法理学》《国际公法》《国际私法》《国际经济法》《行政诉讼法》《民诉》《刑诉》。

4.学习时间分配:

(1)早上孩子7:30分上学后,到9点钟,看1.5小时书,之后上班。

(2)中午半小时学习。

(3)将课程的MP3下载复制到U盘中,边开车边听课,每天上下班路上有2.5小时是开车时间。

(4)公司下班后,从6点到7点,学1个小时。

(5)8点到家,9点整开始学习,11点结束。

(6)节假日全天用来学习(这期间只有过节、回老家参加婚礼花去几天时间)。

(7)考前休10天年假,全天学习。

三、计划执行情况

(1)前期的计划基本都按时完成,到7月时感觉时间紧张,为了节约时间,我将各科的知识篇自己浓缩后开始整理笔记,8月起基本都看笔记。

(2)为了能够最快速度查找罪名,我将刑法的罪名全部写下来,并标注在书的第几页。

(3)刑诉完全记忆有困难,调整为只记笔记中简化的部分。

(4)行政法因为听得比较晚,则基本最后一个月在上下班的路上完成了基础强化的课程。刑诉和行政法这两门是我最差的2门,但无法做短期大量的记忆,所以只能侧重去记。

(5)真题做了1套,复习了4遍;模拟题做了1套,复习了2遍。

(6)做完真题时看一下在哪一方面错误最多,则重点再看一下知识篇。

(7)7月和8月面临时间上的紧张,课程在冲刺阶段放弃了刑法、其他课程模拟题全部放弃。

(8)卷四的论述题如果想拿好的分数,一定要练一下,在考前几天,我用2天,每天要求自己在20分钟内完成各科的卷四题,同时写了8篇理论学的论述题。

(9)8月中旬开始每天要将所有科目都过一遍,所以我就一天过知识篇,一天过真题,一天过模拟题,确保每天各门课过一遍。

四、其他

这期间我放弃了孩子在学习上的跟进与辅导,基本由老公完成,取消购物,一年省了不少钱。取消聚会,同学见面也不多。

我运气很好,通过了考试,但我确实付出了比别人多的努力,我愿意花时间写下我的经验,只是希望能够帮助理会其中道理的人。最后,祝愿所有的考生顺利通过司法考试!

案例思考:

1.以上案例,主人公成功的关键是什么?

2.案例主人公如何执行计划?

第二节　职业探索

一、职业探索概念

(一)职业探索的含义

职业探索的狭义概念仅仅是对具体的一个职业进行探索;而广义上则是指对专业、职业、行业、企业和职位等职业世界进行的探索,包括理论分析和实际调研的过程,目的是对职业世界有一定的了解,明确自身和职业目标的差距,并制订发展策略,从而有效地规划大学生活。

(二)职业探索内容

首先可以针对自己的人生榜样进行探索;其次要针对自己所学的专业(或者喜欢的其他专业)进行探索;第三是对行业进行探索;第四是对具体的一个职业或一类职位进行探索;最后是对企业进行探索。

具体探索内容包括:职业描述、核心工作内容、发展前景、对社会影响、待遇、潜在收入空间、岗位设置、行业间差别、入门岗位、职业发展路径、职业标杆人物、职业的典型一天、通用素质、入门能力、对个人的内在要求。

【案例分析】

秦博士的面试经验

2002 年 7 月,著名的汉高集团在中国招聘若干高级管理人员,34 岁的秦博士被正式录用。

镜头回放:"请谈谈关于我们汉高的事情?"

秦博士说道:汉高集团是全球著名的化学品业务集团,总部设在德国的杜赛尔多夫,公司在 75 个国家经营消费品业务,并在表面技术处理和社会公共卫生领域处于市场领导地位。在欧洲,汉高的洗涤用品、家居用品、化妆品和清洁用品均占市场领导地位。

2001 年是全世界志愿者年，也是汉高成立 125 周年，集团提出了“关注未来”项目，在全球范围向 125 个国际性儿童项目提供支持，在此项目中的中国资助项目，就是希望工程，可以说为中国的教育事业做出了贡献。

2002 年推出全新的企业形象“a brand like a friend”（一个如同好友的品牌）体现了汉高产品亲切舒适的特性，追求品质与技术、贴近自然和生活的优势。

案例思考：

秦博士的面试经验对你有何启发？

（三）职业探索的方法

1.资料搜集

就业信息是指通过各种媒介传递的有关就业的消息和情况，如就业政策、用人信息等，它是择业的基础，也是顺利就业的桥梁，只有掌握大量的就业信息，才能有宽广的就业视野。

2.生涯人物访谈

对职场人士的岗位工作状况、任职资格、职业发展经历等方面进行访谈。简单地说就是设法找一个职场人士（通常是你感兴趣职业的从业者）进行采访。

3.提前参加招聘会“试”找工作

各类现场招聘会有效的招聘时间一般在上午，所以进入就业市场不宜太晚。毕业生就业市场的时间安排一般非常紧凑，及早进入，可以有充足的时间搜集信息、了解行情、掌握到会单位的情况。在招聘会中，要有观、听、问、递、记的过程。

(1)观。走马观花先浏览一遍，然后按照自己的求职意向，锁定几个目标，并确定主次；充分利用大会的会刊，从上面查找自己的专业和感兴趣的公司，然后直接去其所在场馆，这样能够提高应聘效率。

(2)听。在锁定目标的展位前，作为旁观者，听用人单位的介绍，听前来应聘者对用人单位的询问，了解用人单位的口碑。

(3)问。善咨询、问明白。选择你最感兴趣的单位，最先和他们谈，要主动提问题。咨询用人单位的所有制性质，用工形式、企业发展情况、应聘岗位的人员结构、应聘岗位任务责任、培训情况以及其他相关信息。至于薪水、福利等问题，面试以后，要到公司对你有明确定位时方可提出。

(4)递。决定应聘时,双手递交自己的求职简历,表示诚意应聘这个岗位。

(5)记。记录自己投递求职简历的公司名称、应聘岗位、地址、联系方式、联系人,怎么得到面试通知(时间、地点)等。避免事后遗忘,连自己投递了几份简历、投给了谁都回忆不上来。

二、职业探索的实践

(一)生涯人物访谈流程

1.找到人

"找到人"被大学生称为是很困难的一件事,但仔细想想这并不难,如自己所在院系老师的推荐,同学及学长的推荐,父母亲戚及他们的朋友,各种职业 QQ 群,各种专业论坛、博客和网站等。只要你多问问,就可以很轻松地找到你所需要的人,只不过让受访对象答应接受你的访谈,可能会有点困难。

2.确定人

其实确定人远远比找到人困难,因为你找到的很多都是陌生人,而对方又没有接受你访谈的义务,所以如何运用手段让受访对象答应你才是你能力的体现。一般来说,人都是友善的,很多人都愿意帮助大学生。

3.准备访谈

采访前,你要做充分的准备,如准备好提纲、录音笔(必须经过被访者同意)、记录的纸笔等。

4.正式访谈

正式访谈时,准时是第一要求,包括准时开始与准时结束。在访谈中如果受访对象明确表示不愿意或不耐烦,那么你一定要及时结束。在正式访谈前的预演很重要,如果可能,最好找一个伙伴一起练习。

5.汇报与感谢

无论你是以什么样的心情和状态结束访问,事后你都要将访问的记录和个人心得提交给受访对象。这一方面是对别人价值的肯定,另一方面也是让受访者给你具体的建议与评价，同时也是自己有礼貌的表现。

注意：采访的方法，可以电话采访，可以当面采访，也可以用邮件或书信采访，效果最好的是在被访对象所在单位面对面采访，这样你可以有一个实地的了解，但尽量不要用聊天软件交谈，那样太浪费受访人的时间，况且也说不清楚。

访谈的目的，除了了解专业和职业外，还有一个目的就是与被访者建立良好的人际关系，增加自己得到实习和工作岗位的机会。但不要直接在访谈时提出介绍工作或实习的要求。

（二）生涯人物访谈的内容

(1)请介绍一下您是如何找到这份工作的？
(2)在这个工作岗位上，您的主要职责是什么？
(3)这份工作需要什么样的知识、技能及经验？
(4)对这份工作来讲，什么样的个人品质或能力是重要的？
(5)参加什么培训、取得什么证书对这份工作是必要的？
(6)工作单位对刚进入该领域的新员工提供哪些培训？
(7)该职位的晋升路线是什么？
(8)这份工作的初级、中级和高级职称薪水大约是多少？
(9)您如何看待这项工作的发展前景？
(10)您认为我在大学期间应该做些什么才能进入这个工作领域？
(11)请您再对所有大学生提一些建议。

（三）与被访问者交流的方法

(1)给自己一个身份——学生调查员；
(2)要感谢受访对象，开始时要感谢受访人花时间配合你的访谈；
(3)要赞美受访对象；
(4)要表现得热情、积极、向上，大家都喜欢这样的人；
(5)要表示访谈结果会给他看，因为这本身就是你结识人脉的好方式。
下面提供一个具体的案例供同学们参考，访谈时可将具体信息填入表 4-4 中。

【案例分析】

生涯人物访谈

一、背景介绍

曲×，某邮政局报刊发行投递公司零售部主任。×年×月×日，我有幸给曲先生做了一个生涯人物的访谈，虽然我们聊天的时间很短，却让我觉得收获颇深，这使我对自己的职业生涯规划有了一个很明确的方向，也懂得自己在大学里该怎么去充实自己，更加看清了现代高等教育给予我们的机遇。

表 4-4　生涯人物访谈报告

<table>
<tr><td>文章标题</td><td colspan="5">生涯人物访谈报告</td></tr>
<tr><td colspan="6">撰稿人信息</td></tr>
<tr><td>姓名</td><td></td><td>性别</td><td></td><td>学校</td><td></td></tr>
<tr><td>院系</td><td colspan="2"></td><td>专业</td><td colspan="2"></td></tr>
<tr><td>电子邮箱</td><td colspan="2"></td><td>手机</td><td colspan="2"></td></tr>
<tr><td>职业目标</td><td colspan="5"></td></tr>
<tr><td colspan="6">指导教师信息</td></tr>
<tr><td>姓名</td><td></td><td>性别</td><td></td><td>联系方式</td><td></td></tr>
<tr><td colspan="6">采访人信息</td></tr>
<tr><td>姓名</td><td></td><td>性别</td><td></td><td>籍贯</td><td></td></tr>
<tr><td>毕业院校</td><td></td><td>专业</td><td></td><td>毕业时间</td><td></td></tr>
<tr><td>学历层次</td><td></td><td>工作单位</td><td colspan="3"></td></tr>
<tr><td>行业编号及名称</td><td colspan="5"></td></tr>
<tr><td>现岗位名称</td><td colspan="5"></td></tr>
<tr><td rowspan="2">工作经历
（从毕业开始）</td><td>工作时间</td><td colspan="2">工作单位</td><td colspan="2">岗位名称</td></tr>
<tr><td></td><td colspan="2"></td><td colspan="2"></td></tr>
</table>

二、访谈记录

1.今天你在忙哪些工作，平时每天都是这样工作的吗？工作的具体任务有哪些？

答：市场研究，主要是调查一个地方是否适合我们的报刊销售，适合开多大的网点，我也会经常聘请一些在校的大学生做兼职调查，进行“街访”，也就是到街头去以问卷的形式进行一些调查，收集数据，分析数据，然后利用这些数据作为参考做出决策。由于需要市场调查，所以今天的工作目标主要集中在了这里，如果是平时还会有一些其他的工作，比如监察其他网点建设、进货发货，等等。

2.现在的工作中哪些是常规工作，哪些是你的主要工作？

答：常规工作是需要日常注意的一些事项，如沟通好业务员和销售网点之间的关系，确保每日发货及时准确。我的主要工作也基本是这些，当然还有很多需要上岗之后慢慢了解，这不是一两句可以说清楚的。

3.你是怎样尽量做好工作的？完成这些工作任务需要哪些能力？

答：我这个工作需要的是一个系统性的思维并懂得分析，我们需要从宏观去分析和判断这个行业未来的发展趋势、市场的走向，去了解消费者，要有一个对事情的全面认识。除此之外，还要跳出这个思维，从外部去分析认识，就是全方位的认知，懂得借助一些工具和掌握一些技巧，比如熟练制作表格、文档等。懂得去总结，我会在结束一个阶段的工作后去总结、反思。通过总结获得经验，反思不足，然后提升，就在总结、反思、提升不断循环的过程中获得更多的经验。最后，在这些基础上，我会去注意与人沟通的技巧还有礼仪，学会在跟对方的交谈中捕捉一些信息，进而掌握与对方沟通的技巧，从而达到一个与人很好地交流的目的。只要做到以上这些，大体上就能够做好我这个工作了。我想，我所说的这些，并不只是在这一个行业里，在各个行业都需要。每个行业都有不同，但是也会有交叉的地方。

4.你觉得这些职业能力可以通过哪些途径获得？

答：首先，当然是日常工作中的积累，其次，还需要参加专业培训。刚入职的员工就如同一张白纸，我们要做的就是在这张纸上写东西，需要进行企业文化的培训，让员工了解我们的企业，并且融入企业。还有就是专业技能的培训。企业有不同的部门，每个部门的工作不同，只有进行专业技能的培训才能适应这份工作。我还会对员工进行阶段性的培训，提升员工在各方面的能力。

5.在经历了哪些事之后，你觉得你的工作能力提升了很多？哪些东西对你的工作影响较大？

答：主要是人员变动之后的破格提拔。一开始的时候，由于我们整个部门的建制比较完善，工作起来也非常得心应手，在经理、老主任的带领下，我们取得了优异的成绩。然而在今年年初，由于老主任的调离，破格让我接任之后，我顿时感到身上的担子重了很多，很多事情不再有了依靠，需要靠我自己来解决。

6.你觉得工作以来，自己在能力、心态等方面发生了哪些变化？

答：刚开始的时候感觉很新鲜，而且由于有领导和老同志的关心照顾，所以感觉工作比较轻松。但现在不同了，因为自己已经成为一个部门的负责人，所以感觉需要承担的也就多了起来。

7.你工作环境的组织氛围是怎样的？

答：大家配合默契、关系融洽，在这里工作很开心。

8.你工作组织的管理方式是怎样的？

答：我的工作是一个服务帮助的角色，要在经理和业务员之间做好沟通。将经理的指令及时传达，同时保证下属各网点的反馈信息有及时传送回来，以便我们时刻观察市场的动态。

9.简要介绍一下你单位的组织文化。

答:快速、准确、服务、团结。

10.你的工作及你工作的组织环境对你有哪些要求?你是如何适应这些要求与需要的?

答:要求主要是丰富的专业知识和合理的管理制度。至于如何适应,我想需要时间的积累和日常的留心,多多注意细节吧!

11.你认为你的职业发展趋势如何?目前该职业发展处于哪个阶段?

答:目前属于上升阶段,发展的趋势很好。

12.学校的专业学习与现在的工作相关度大吗?学校的学习与生活对你现在工作最大的影响是什么?

答:不是很大,甚至没有什么很直接的关系。不过对我影响最大的不是专业知识上的,应该是人际关系处理上的。

13.你感觉在学校形成的知识、能力与工作需要的知识、能力有什么不同?

答:学校的知识,大部分来自于书本,有很多知识需要我们在实际的工作和生活中来慢慢检验。书本上的东西往往过于程序化,所以我们需要知道世界是在不断发展变化的。

14.现在在你看来,在学校学习中所形成的哪些能力对以后的工作比较重要?

答:当然是沟通能力和社交活动能力,还有就是要注重提升自己的综合素质。

15.学生阶段应该抓住哪些锻炼自我的机会,为未来职业做好准备?

答:学校的社团活动或者各类的比赛可以让你在更多人面前展示自己。

16.如果可以重来一次,你会如何安排你的大学学习?

答:虽然不大可能,但是我想我会把更多的精力放在学习上,以及多去参与一些比赛或者像你这样多去做一些采访。

17.毕业以来先后做过哪些工作?

答:做过短工,写过小说,在前台做过营业员。

18.每一份工作都对你的职业生涯有哪些影响?你的每一份工作的收获是什么?

答:对我的综合素质是一种很好的提升,也让我得到了锻炼。

19.在你的职业生涯中你有明晰的生涯规划吗?你是如何规划你的职业生涯的?

答:主要就是有长期和短期的两个目标,比如十年目标是我要争取做到部门经理,十五年或许是企业的老总也说不定。当然近一两年需要先在基层打好基础。

20.你是怎样找到第一份工作的?你寻找第一份工作的出发点是什么?

答:完全是爱好,而且我需要更好地锻炼自己。

21.找第一份工作时,你被拒绝过吗?如果被拒绝,你当时是怎么想的?又是怎样调整心情的?后来又是如何成功的?

答：当然被拒绝过。没想太多，又换了下一家。至于心情嘛，不要想太多，也不要抱有太大希望，毕竟希望越大失望也越大，有一定心理准备就好了。

三、总结

此次的大学生生涯人物访谈活动是我们对未来拟定职业生涯的一次探索性活动，更是学生对自我设计、自我规划、自我成就的探索性活动。以下我就对采访他之后的一些感受和收获进行一下总结：

1.要重视和精通自己的专业知识

通过采访，我了解到，曲主任曾经在公司工作期间得到了充分的锻炼，所以在回到市局工作期间能多次表现自己，最后终于获得了比较满意的岗位。通过这些，我明白了一个道理：如果想要获得成功，除了机遇之外，需要时刻准备好迎接一切的挑战，毕竟机会只留给有准备的人，所以必须要有丰富的专业知识来武装自己。

2.要学会和他人交流合作

我从对曲主任的采访中感受到，他时刻都不忘说和同事之间的合作，这让我更加明白了团队的重要性。学会做人是我们大学生必修的一门课程。所以，我们应该从现在起就更加重视培养自己的为人处世能力及经营并维护好自己的人脉资源。

3.要摆正心态，对工作要严谨、认真、负责，乐观面对未来所从事行业的发展前景

通过这次采访，我还从曲主任的语言中深切地体会到：心态决定成败，细节铸就辉煌。在人才市场竞争如此激烈的当今社会，任何一个公司都不会接受一个心高气傲、做事磨蹭、对工作不认真负责的员工。当然，我们更不要因为一次的失败而对自己失去信心，要及时调整好自己的心态，不要害怕被拒绝，要敢于展示自己。

4.要积极投身实践，去经历、去感受、去领会

获取知识和提高技能有两条途径：一是从前人的经验中去获取；二是从自己的实践中去获取。而最重要、最可靠、最有价值的还是自己在实践中所获得的知识和技能等。实践出真知，这是千古以来不变的真理。而且实践特别锻炼人，磨炼我们的技能，考验我们的专业知识，锻炼我们的勇气等。不论结果成功与否，所获得的体会和阅历是我们一生受用不尽的财富。

5.要积极培养自己的独立意识、独立决策和执行的能力

我们这一代，从小有得吃、有得穿，没吃过什么苦，没经历过什么挫折，凡事都依赖父母、独立意识弱、独立办事能力差等是常有的事。曲主任认为，他在担任主任之后，越发感受到身上的担子要比以前重了很多，而且很多事情需要花心思去想、去琢磨，需要由他来决策和分析。经过这样有意识的培养，不仅独立决策、执行能力大有提高，而且自信心、自尊心也大大增强，从而走向一个更加成熟的自我，也能更加坦然地面对和处理人生中的起起落落。

通过此次访谈活动，我了解了如何更好地与他人沟通，如何根据行业的发展状况和发展前景来规划职业方向。我还了解了从事行业人员需要的品质、性格和能力，以及大学毕业生所面临的就业形势和职场信息、应聘工作岗位时需要注意的一些事项及很多为人处世的道理和方法等。作为一名医学生，我们应摆正心态，不仅要加强专业知识的学习，还要锻炼自己的综合素质，使自己最终成为一名优秀的毕业生，找到一份满意的工作。

案例思考：

《生涯人物访谈报告》有几大要点？

三、职业环境分析

（一）职业环境分析理论

相对于探索自我，环境探索实质上就是一个“知彼”的过程，即了解和分析与生涯发展密切相关的周围有关环境，包括社会环境、行业环境、组织（企业）环境、具体职业、专业及家庭因素等几个方面。

1.社会环境分析

所谓社会环境分析，就是对我们所处的社会政治环境、经济环境、法制环境、文化环境、区域环境等宏观因素进行的分析。通过对社会大环境的分析，可以了解所在国家或地区的政治、经济发展趋势，所选定的职业在社会环境中的地位，社会发展趋势对此职业的影响，社会对此类人才的需求过程等，以便更好地寻求各种发展机会。

2.行业环境分析

行业环境分析是指对目前所在或将来想从事的目标行业的环境进行的分析。其内容应包括行业的发展现状，国际、国内重大事件对该行业的影响，行业目前的优势与问题，行业发展趋势等。企业的行业环境将直接影响企业的发展，进而影响个人职业生涯的发展。

在分析行业环境时，还要注意了解社会大环境的发展趋势和国家政策的影响。择业时要尽量选择那些有前景、发展空间较大并得到国家政策支持的行业。

3.组织（企业）环境分析

通过对组织（企业）环境的分析，可以了解组织（企业）在本行业中的地位和发展前景，这也是“知彼”的核心，因为这个组织（企业）将与个人的生涯发展息息相关。企业环境分析主要包括企业实力、企业领导人、管理制度和企业文化三个方面的内容。

4.具体职业分析

职业分析，首先要了解目标职业的概况，其次要了解职位的具体要求。

(1)职业评估

职业评估包括了对教育和职业资料的探索和评价。虽然大多数人从小就有着朦胧的职业概念，如“医生是拿听诊器的”“警察是抓坏人的”等，但这只是个别职业的外在特征，其实远远不足以体现完整的职业信息。医生和警察这两个职业各自的关键点在哪里，大多数人可能并不知道。关于职业的信息和内容还有很多，应该通过各种途径去打听清楚，最好能建立并保持与相关从业人员的联系，除了了解客观信息外，还要了解在职者的主观的、个人的感受。

(2)工作分析

工作分析又称职位分析、岗位分析或职能分析，指通过系统性的方法，对工作(岗位)本身以及任职者所需的知识、技能、条件进行分析。这是进行“人职匹配”的前提。

工作分析所要收集的职业信息可归纳为“6W1H”，即做什么(What)、为什么(Why)、用谁(Who)、何时(When)、在哪里(Where)、为谁(for Whom)、如何做(How)。通过对收集来的信息进行整理和分析，得到的结果就是各个岗位的岗位说明书。岗位说明书基本上可以包括两大部分：工作描述和工作规范。

5.专业及家庭因素分析

除了社会环境、行业环境、组织(企业)环境、具体职业等外部因素外，影响个人职业发展的其他环境因素还包括学习的专业和家庭等因素。

(1)专业因素的影响

专业是社会分工、学科知识和教育结构三位一体的组织形态。其中，社会分工是专业存在的基础；学科知识是专业的内核；教育结构是专业的表现形式，三者缺一不可。

不同的专业有不同的知识结构和专业技能要求，同样，不同的专业对应的相关职业也是不一样的。一个专业可以对应一个职业群，甚至是几个相关的职业群。因此大学生应了解自己所学的专业，了解哪些职业与自己的专业相关，这些职业中有没有自己想从事的职业等。从所学专业出发，分析本专业对应职业群的相关信息，目的是了解并把握本专业与未来职业的关系。

(2)家庭因素的影响

随着我国工业化的不断深入，家庭与个人工作间的联系日益紧密，两者相互融合、相互渗透。现在大学生进行职业生涯规划时大多都忽视了与生涯规划有关的婚姻、家庭信息，对职业的元认知中，没有包括配偶、伴侣及家庭关系。家庭对每个人职业发展有着不同的影响，这种影响既有积极的一面，也有消极的一面，需要正确地对待。

（二）职业环境分析的方法

探索职业环境的关键在于收集、分析职业信息和职业体验。一般来说，收集和分析职业信息的方法有很多种，包括媒介信息查询、父母角色示范、与家人或朋友讨论、生涯人物访谈、社会实践（包括实地参观、专业实习、就业见习、业余兼职）等。下面重点介绍媒介信息查询、生涯人物访谈、社会实践三种方法。

1.媒介信息查询

大学生探索职业环境的渠道主要有电视、网络、书籍、期刊及音像资料等，其中互联网已经成为大学生获取职业信息的主要途径，相关网站有中国劳动力市场网、中国国家人才网、中国高校毕业生就业服务信息网、智联招聘网、前程无忧网、中华英才网、搜狐网招聘频道、新浪网求职频道、中青在线人才频道，以及各行业网站及高校职业指导网站等。

媒介信息查阅具有方便、快捷、信息量大、成本低的优点，通过查询可以初步形成自己预期的职业信息库，然后再根据自己的情况从中选择 5～10 个职业进行调查，以此使自己对做好职业工作所需要的知识、技能、生理条件及个性特征有初步的认识，对该职业的生存环境、发展前途及个人循此发展可能取得的职业成就等形成初步印象。

不过，互联网上的信息有一定的局限性。因为网上的职业信息多是通过岗位招聘广告的形式呈现，而这种呈现往往会淡化职业的许多信息，这样会使大学生对职业环境的了解依然停留在片面化的状态。

2.生涯人物访谈

所谓生涯人物访谈，是指学生对从事目标职业中的人物进行采访以获取职业环境信息的一种方法。接受访谈者就是我们所指的“生涯人物”，最好是从事这个职业已经超过三年的人。由于访谈对象的不同，结果可能差异很大，有的人对职业比较积极，赞誉较多；有的人对职业比较消极，可能评价较低。为防止访谈中的片面性，应至少访谈两人以上，既与成绩斐然者谈，也可与默默无闻者谈，这样得到的结果更趋近客观事实。通过生涯人物访谈，不但可以检验和印证以前通过其他渠道获得的信息，而且可以了解到生涯人物的内心感受，了解到此工作领域的入职标准、核心素质要求、晋升路径等一些深层信息。

那么如何寻找生涯人物呢？即使有这样的人，他们愿意接受采访吗？一方面，你可以通过老师、家人、校友等推荐找到这些被采访者，或者按照自己的志愿去确定和主动联系他们；另一方面，大多数有多年工作经验的人都非常愿意帮助学生认识各种工作的特点，所以尽量大胆开口,毕竟这关系到你未来的发展。注意,在访谈前一定要准备好自我介绍和访谈问题,拟定访谈提纲。访谈后,还可以请其推荐其他相关的生涯人物,以此拓展自己的人脉资源。访谈结束当天要发一份电子邮件或手机短信表示谢意。

3.社会实践

“纸上得来终觉浅,绝知此事要躬行。”对职业的间接了解可以帮助学生获得表象甚至立体感知,但由于缺乏实战体验,仍会“学生气”较重。对此,大学生还应通过直接渠道接触社会职业,最好是围绕将来可能要从事的职业展开,以取得及时、真实的职业信息,这是了解职业信息的最有效途径。社会实践的方式包括课余兼职、实地观察、专业实习、就业见习等。

实训活动:人物生涯访谈

帮助大家认真做好本次访谈工作,明确访谈的目的和意义,规范访谈的基本程序。通过职业体验与访谈活动让大家进行职业探索。

制订如下访谈提纲和访谈注意事项,请大家在访谈工作开展过程中严格遵守。

(一)访谈提纲

1.访谈目的

本次访谈是学生在校期间职业生涯规划的一个环节,目的在于使学生了解和认识社会需求、职业需求、职业环境和基本状况,

2.访问对象

(1)所访谈企业的人力资源部门负责人或相关工作人员(访谈人数1或2人)。

(2)所访谈企业目前从事该职业或在岗的员工(访谈人数2～4人)。

(3)所访谈企业目前从事该职业的往届大学毕业生(访谈人数1或2人)。

3.访谈问题

(1)访谈人力资源部门负责人或相关工作人员。

①您认为在您的企业中从事这一职业/岗位需要具备哪些基本职业素质?例如,性格特点、一般能力、个人兴趣爱好、职业道德素养等。

②您认为在您的企业中从事这一职业/岗位需要具备哪些专业/职业技能?

③您的企业对应聘这一职业/岗位的应届大学毕业生有哪些具体的要求?

④请您结合企业的具体情况,评价一下应届大学毕业生从事这一职业/岗位后的基本工作状况。

(2)访谈企业目前从事该职业或在岗的员工。

①您认为您所从事的这一职业/岗位需要具备哪些基本职业素质？如性格特点、一般能力、个人兴趣爱好、职业道德素养等。

②您认为您所从事的这一职业/岗位需要具备哪些专业/职业技能？

③您能谈谈在从业过程中，遇到了哪些具体的问题和困难吗？如专业技能、人际关系、工作环境、工作待遇、个人性格等。

访谈企业目前从事该职业的往届大学毕业生，即一年前毕业者。

您能谈谈，在您刚刚步入工作岗位时，遇到了哪些具体的问题和困难吗？如专业技能、人际关系、工作环境、工作待遇、个人性格等。

除以上规定的必问问题外，各位同学可根据访谈过程中的具体情况，酌情增加一些问题，使访谈工作更为切实、深入。这部分内容可填写在“认识职业世界”中的其他项。

（二）访谈注意事项

(1)注意着装和仪表，态度要友善、大方。

(2)访问前应简要说明访谈目的，表明自己的身份。

(3)访问前应确认受访者是否是你要访问的对象。

(4)访问中要有礼貌，措辞得体，严格遵循问题提纲来发问。

(5)访问中受访者提出对访问问题的疑问时，应遵照访问目的和访问问题给出耐心的解释。

(6)访问中应制造良好的气氛，记录受访者对问题的解答，避免漏问要访问的问题。

(7)访问完毕后应注意检查是否有遗漏的访问项。

(8)访问完毕后应礼貌致谢受访者。

访问结束后撰写“职业体验与访谈报告”并到课堂交流。

【案例分析】

某大学生的职业生涯社会环境评估

1.就业形势分析

陕西科技大学印刷工程专业大一学生小李要做一份职业生涯社会环境评估，他来自杭州，毕业后想回长江三角洲地区就业。下面从就业形势、就业城市、行业环境、学校环境、家庭环境五个方面展开分析。

近年来，随着高校扩招，大学生人数急剧增加，就业市场趋势于饱和，越来越多大学生感受到就业难。同时，高校毕业生还面临结构性就业难题，就业压力越来越大。多数新增毕业生的就业岗位层次趋于下降，薪酬、福利减少。非正规就业岗位比重增加，适合高校毕业生就业的高端服务业岗位不足。东部城市开始讨论人口控制政策，有可能造成东部就业空间的紧缩。以就业和社会需求为导向的高等职业教育改革仍需进一步深化。目前的高等教育同质性太强，高校的专业设置基本雷同，教育的改革跟不上市场化的进程，加上扩招速度过快，导致人才浪费。

我国高等教育还处在世界发展水平的初级阶段，还不能够完全满足我国经济社会快速发展的需求，有着强大的发展空间。大学生就业的市场化与人才市场尚不完善。大学生就业的市场化与教育改革也相对滞后。

2.就业城市分析

据统计，长江三角洲地区15座城市人均GDP已达到4000美元，占全国GDP总量的1/4左右。中国经济实力最强的35个城市中，有10个在长三角；世界500强中，已有400多家在此落户。长三角地区正以凌厉的发展势头前进。

地区经济的发展，带动了造纸业的发展。2003年长江三角洲地区纸及纸板总产量近1000万吨，占全国的23.3%，消耗量逐步提高。近年来国内外对中国造纸工业的发展加以广泛关注，特别是对长江三角洲地区的投资，在未来几年内将会有一个较大的突破性发展，将会给浙江造纸工业一个极大的推动力。

图4-1　城市分析

浙江是一个老造纸工业基地，国内外相关行业聚集浙江，又依托长三角经济物流支柱，技术力量雄厚，经济发达，管理能力强，完全有能力、有条件积极发展造纸工业，满足市场需求。按照与国民经济同步增长的速度预测，2010—2015年，长三角纸张需求将达到200万～300万吨/年左右。国民经济的快速发展，为浙江造纸工业提供了一个庞大的发展空间(图4-1)。

而作为拥有杭州背景的小李，在杭州乃至整个长三角开始他的职业生涯，相对于其他毕业生优势是比较明显的。

3.行业环境分析

近十年来，我国纸及纸板生产和消费均以每年10%以上的速度增长，纸及纸板产能占世界10%，消费占世界14%，位居世界第二。(图4-2)

图4-2　行业分析

从上20世纪90年代起，国际纸业巨头如亚洲浆纸业(APP)、芬欧汇川、国际纸业、金鹰集团等，纷纷以合资或直接投资的方式进入中国市场。

展望未来的中国纸业，将在走向世界的进程中进一步巩固纸业大国的地位并更加接近于纸业强国的条件：行业平均经济效益指标高于世界平均水平;能源消耗和环境污染低于世界平均水平。走向世界,既是中国纸业面向未来的发展战略,也将是中国纸业发奋图强的必然结果。

可以预见,随着国民经济的持续快速地发展,造纸行业必将持续良性地发展下去。同时,中国有着潜在的巨大市场,届时也将会有更多的外资著名纸浆造纸企业涌入国内,这些企业必将在今后的很长一段时间内大力拓展在华业务。因此,无论是对于本土的相关技术人员、业务人员以及管理人员等各种人才有极大的需求。

4.学校环境分析

(1)学校整体环境分析

陕西科技大学(原西北轻工业学院)是一所由中央与地方共建、以轻工为特色的多学科性大学。(图 4-3)

图 4-3　学校环境分析

近五十年的风雨岁月,陕西科技大学历经了“三次创业、二次搬迁、一次划转”的奋斗与辉煌。一代代陕科大人自强不息、开拓创新、艰苦奋斗,形成了“扎根西部、自强不息、艰苦奋斗,精神动力转化为优质育人资源”、“立足轻工,服务社会,注重实践,不断创新高素质人才培养模式”的办学特色,初步形成了以工学为主、轻工特色鲜明、多学科协调发展的多科性大学格局,为我国轻工业的发展和社会经济进步做出了突出贡献。

建校以来,学校为国家培养各类人才。毕业生中不仅有为国家科学技术做出重要贡献的国家科技进步一等奖获得者,也有德才兼备的省部级领导,既有在市场经济大潮中搏击风浪的厂长、经理,也有勤勤恳恳、精通业务的技术骨干,他们在各个行业,特别是在轻工领域为国家建设做出了卓越贡献,为学校赢得了荣誉。

学校的地理优势:学校地处陕西省西安市未央区,交通便利。

(2)造纸工程学院环境分析

造纸工程学院(原轻化工系)成立于 1958 年,同年,制浆造纸专业首批招收了四年制本科和二年制专科学生。1981 年,制浆造纸专业首先获得硕士学位授予权。1996 年开始筹办精细化工专业,同年,精细化工专业招收四年制本科生,1997 年精细化工专业并入学院的化学工程系。1999 年,在工业企业设备管理专业的基础上成立过程装备与控制工程专业,并于同年开始招收四年制本科生。2001 年轻化工系更名为造纸工程学院,同年成立印刷工程专业并招收四年制本科生。(图 4-4)

目前，造纸工程学院面向全国招收博士研究生、硕士研究生、工程硕士生、硕士研究生班、本科生等各层次的学生。造纸工程学院创建至今，已形成多层次的办学机制，现在每年为社会输送造纸相关类高级专业技术人才约 200 余人。

图 4-4　专业学习环境分析

十年来，特别是近十年来，学院多次承担国家科技攻关项目，取得了多项重大科技成果，学术水平高，成果经济效益好，在教学上注重能力的培训，毕业生具有思想作风朴实，基础理论厚实，工程训练扎实的特点，分布于国民经济各重要部门，从事行政管理、科学研究、工程设计、技术开发与专业生产等各项技术工作，深受社会欢迎和好评。毕业生中攻读博士、博士后的校友遍及美国、加拿大、瑞典、芬兰、德国、英国、日本等国家。教师队伍结构合理，素质高，已形成创新、务实的学术梯队。近年来，在师资培训、人才交流、国际合作和实验室建设等方面有规划、有组织地做了大量工作，取得了很大成就，在国内外有较高的知名度和影响力。

(3)往届毕业生就业分析

①2006—2008 届毕业生就业率见表 4-5。

表 4-5　2006—2008 届毕业生就业率分析

	2006 届			2007 届			2008 届		
专业名称	各专业人数	最终签约人数	就业率	各专业人数	最终签约人数	就业率	各专业人数	最终签约人数	就业率
轻化工程	110	110	100.00%	122	121	99.18%	105	105	100.00%
过程装备与控制过程	44	42	95.45%	51	49	96.08%	48	48	100.00%

续表

专业名称	2006 届			2007 届			2008 届		
	各专业人数	最终签约人数	就业率	各专业人数	最终签约人数	就业率	各专业人数	最终签约人数	就业率
印刷工程	50	48	98.25%	57	56	96.08%	48	48	100.00%
合计	204	200	98.04%	230	226	98.26%	201	201	100.00%

②2008 届毕业生就业地域分析见图 4-5。

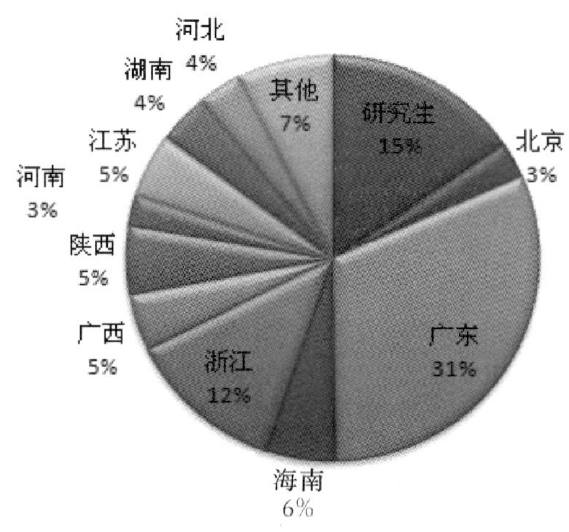

图 4-5　就业地域情况

③用人单位比较：

对于 2007 届和 2008 届毕业生，基本上在 2006 年和 2007 年都落实了工作岗位，而且就业单位大多为广东、东南沿海、长江珠三角等发达地区的外资企业，比如玖龙纸业、金光气团、上海泰盛、广东理文等，这些单位所在地经济发达，待遇较高，管理模式先进，因此吸纳了较多毕业生。

5.家庭环境分析

家庭环境分析见表 4-6。

表 4-6　家庭环境分析

家庭环境	对我的影响
父亲是房地产公司的建筑工程师，母亲是一家合资企业部门副经理。姨妈独自经营一家旅行社，姨父是一家外资企业部门经理。家庭状况良好，家庭背景商业氛围浓厚 父母开明、民主、宽容，对我进行引导性个性教育，尊重我的个人想法	父母注重培养我自立自强的个性，放手让我朝自己喜欢的方向发展，希望我能找到一份自己喜欢的事业，充分尊重我的选择 家庭状况良好，这就允许我可以按照自身的意愿选择喜欢的职业

进行了以上五个方面的分析，再用 SWOT 分析法评估职业生涯机会(表 4-7)。

表 4-7　SWOT 分析法评估职业生涯机会

	内环境因素	外环境因素
S(优势)	①具备相关行业的基本素质(如沟通、执行、学习、独立) ②参与社会实践与干部工作的经验丰富 ③自我提升的计划符合行业要求	①行业发展迅速，对高级人才需求大 ②家乡是长三角经济圈中心城市，机会多 ③世界发展的趋势
W(劣势)	①知识结构不够完整和全面，欠缺相关学科的专业知识 ②交际能力有待加强	①当前世界金融业陷入低谷 ②国内管理科学发展晚，中国企业管理不完善 ③区域竞争大(长三角)
O(机会点)	①从事金融企业管理的强烈欲望 ②参加社会实践，进入公司实习 ③取得知名学校的 MBA	①中国经济发展迅速，外企大量涌入，有很大发展空间 ②就业灵活，注重经验
T(制约点)	①专业学习与课余实践的冲突 ②考研有一定风险	本科专业与所从事专业不对口

案例反思：

看了以上案例，你会分析职业环境了吗？

思考与练习

1.通过了解劳动力市场的变化,谈谈你对工作世界的认识。

2.如何进行企业环境分析?根据你所学专业,选择你感兴趣的一个工作单位,制作一份组织环境分析报告。

第五章　确定目标

伟大的精力只是为了伟大的目的而产生的。

——斯大林

【学习目标】

1.了解如何确立大学阶段目标；

2.了解实现目标的自我激励方法；

3.掌握确定职业目标的作用；

4.掌握职业目标的分解与组合。

【导入案例】

比赛尔是西撒哈拉沙漠中的一颗明珠，每年有数以万计的旅游者来到这儿。可是在肯·莱文发现它之前，这里还是一个封闭而落后的地方。这儿的人没有一个走出过大漠，据说不是他们不愿离开这块贫瘠的土地，而是尝试过很多次都没有走出去。

肯·莱文当然不相信这种说法。他用手语向这儿的人问原因，结果每个人的回答都一样：从这儿无论向哪个方向走，最后都还是转回出发的地方。为了证实这种说法，他做了一次试验，从比塞尔村向北走，结果三天半就走了出来。

比塞尔人为什么走不出来呢？肯·莱文非常纳闷，最后他只得雇一个比塞尔人，让他带路，看看到底是为什么？他们带了半个月的水，牵了两峰骆驼，肯·莱文收起指南针等现代设备，只拄一根木棍跟在后面。

十天过去了，他们走了大约八百英里的路程，第十一天的早晨，他们果然又回到了比塞尔。这一次肯·莱文终于明白了，比塞尔人之所以走不出大漠，是因为他们根本就不认识北斗星。在一望无际的沙漠里，一个人如果凭着感觉往前走，他会走出许多大小不一的圆圈，最后的足迹十有八九是一把卷尺的形状。比塞尔村处在浩瀚的沙漠中间，没有一点参照物，若不认识北斗星又没有指南针，想走出沙漠，确实是不可能的。

肯·莱文在离开比塞尔时，带了一位叫阿古特尔的青年，就是上次和他合作的人。他告诉这位小伙子，只要你白天休息，夜晚朝着北面那颗星走，就能走出沙漠。阿古特尔照着去做，三天之后果然来到了大漠的边缘。阿古特尔因此成为比塞尔的开拓者，他的铜像被竖在小城的中央。铜像的底座上刻着一行字：新生活是从选定方向开始的。

案例思考：

1.听完这个故事，你有何感想？

2.为什么选对方向比努力更重要。

3.为什么说机会永远都是留给有准备的人，机会之门不会随便为每个人敞开。

第一节　确定职业目标

一、职业目标概述

（一）目标的定义与作用

目标是在一定的期限内希望达到的某种具体状态，即想要完成的事。它可能很庞大，也可能很渺小；也许是在未来，也可能就在今天。

目标给人的行为设定明确的方向，使人充分了解自己每一个行为所产生的效果；目标使人知道什么是最重要的事情，有助于合理安排时间；目标能清晰地评估每一个行为的进展，正面检讨每一个行为的效率；目标能预先看到结果，稳定心情，从而产生持续的信心、热情与动力。

（二）职业目标的定义

职业目标是指人们对未来职业表现出来的一种强烈的追求和向往，是人们对未来职业生活的构想和规划，它是追求成功的驱动力。职业目标是人们在职业上的追求、期望，如“人力资源总监”就是一个职业目标，而“人力资源方面的工作”就不是职业目标，只是一个职业发展方向。

职业目标包括人一生的目标，有长期目标、中期目标和短期目标。从职业生涯的角度分析，人一旦开始了工作，就要为自己定一个发展的路线，沿着这个路线坚持不懈地去努力，只有围绕着自己制订的目标去努力，才不至于在繁复的生活过程中偏离自己的人生目标。正如做任何事情一样，都要有个目标，有了目标，才有努力的方向。

对大学生来说，定好自己的人生目标和人生追求很重要。在确定了目标之后，我们或许经过一生的奋斗也未能实现，但这并不意味着就失去了制订目标的价值。人正因为有了目标，才能向前进而不是向后退。保持积极的思想，而不是消极的态度，才能使人走向充实，而不是走向虚无，制定目标的价值正体现于此。

[猜一猜]请同学们闭上眼睛，猜猜身边有没有人穿红色的衣服，有多少人穿了红色衣服？

生命力就像一种流体，虽然看不见摸不着，但是我们可以感受到它的存在。这种生命力在心理学中被称为“心理能量”。有了明确的目标，才能集中“心理能量”和分散“兵力”，打好职场竞争，实现人生理想。而“心理能量”往往选择我们的兴趣点(目标)，即“选择性注意”，例如上面猜红衣人的数量就是如此。

(三)职业目标的作用

1.指明努力的方向

职业发展目标是人生的指路明灯，当那一盏灯会发亮时，人生路上才不易迷失方向，遇到挫折也不轻言放弃，千方百计排除一切干扰职业发展目标实现的种种因素，坚持不懈地为实现自己的生涯目标而努力，成为最终的人生赢家。在这个过程中，我们需要紧紧围绕着自己的职业发展目标持续地努力，不断地进步。养成生活、工作中的良好习惯，注入科学的作息安排、恰当的身体锻炼、职业的言谈举止等，这些习惯不仅可以保持身心健康，提升自己的职业形象，还可以帮助自己在职业发展道路上乘风破浪，顺利抵达成功的彼岸。

【案例分析】

一壶“水”的诱惑

一支在撒哈拉大沙漠探险的英国探险队遇到了最可怕的事情：不但迷了路，而且连水都没有了。大家都很恐惧，因为大家明白在沙漠中没有水意味着什么。

这时，队长拿出一只水壶说，这里还有一壶水，但在没有穿越沙漠之前，谁都不许喝。于是，水壶在队员们的手中传递着，那沉甸甸的感觉使大家绝望的脸上又露出了坚定的神色。一壶水,成了大家穿越沙漠的信念的源泉,成了求生的寄托。

终于,探险队顽强地走出了沙漠。在挣脱了死亡的恐惧之后,大家喜极而泣,用颤抖的手拧开了那壶支撑他们精神和信念的水——缓缓流出的,却是满满一壶沙子!

2.激发内在动力

拥有目标的人生是主动的人生,它意味着知道如何去享受和应对人生的各种挑战,并且为应对人生中的一切做好准备。当你确立了自己的职业发展目标,并为实现这个目标而绝不退缩时,你的心中往往会形成一股不可阻挡的力量——内在动力。这一动力会使外部施加的动因成为支持内心目标的因素,从而不断推动自己走向成功的职业生涯。

下面举个真实的例子,说明一个人如果迷失了目标,会出现什么样的结果。

【案例分析】

目标的作用

1952 年 7 月 4 日清晨,加利福尼亚海岸笼罩在浓雾中。海岸以西的卡塔琳娜岛上,一个 34 岁的女人涉水下到太平洋中,游向加州的海岸。如果成功了,她就是第一个游过这个海峡的女性。这是一位名叫弗罗伦丝·查德威克的妇女。

那天早晨,海水冻得她身体发麻,雾很大,连护送她的船都几乎看不见。时间一个钟头一个钟头地过去,千千万万人在电视上看着。有几次,鲨鱼靠近了她,被人开枪吓跑,她仍然在游。威胁她渡海的最大问题不是疲劳,而是刺骨的海水。

15 个小时之后,她又累又冻得发麻。她知道自己不能再游了,就叫人拉她上船。她的母亲和教练在另一条船上,告诉她海岸很近了,叫她不要放弃。但她朝加州海岸望去,除了浓雾以外,什么也看不到。

几十分钟之后——从她出发算起是 15 小时 55 分钟之后——人们把她拉上了船。过了几个小时,她渐渐觉得暖和多了,缓过神来才开始感到失败的打击。她不假思索地对记者说:"说实在的,我不是为自己找借口。如果当时我能看见陆地,也许就能坚持下来。"

拉她上船的地点,离加州海岸只有半英里!她后来说,令她半途而废的不是疲劳,也不是寒冷,而是因为她在浓雾中看不到目标。查德威克女士一生中就只有这一次没有坚持到底。两个月之后,她成功地游过同一个海峡。她不但是第一位游过卡塔林纳海峡的女性,而且比男子的纪录还快了大约两个小时。

查德威克是个游泳好手,但也需要看见目标,才能鼓足干劲完成她有能力完成的任务。因此,千万不要小看目标在激发内在动力方面的重要作用。

3.提高工作学习效率

设定正确的职业生涯发展目标有助于大学生集中精力，调动自身刻苦学习、努力工作的主观能动性，达到学习、工作效率的最大化。当人们知道自己努力的方向，知道自己为职业生涯发展目标花费的时间和精力到底能取得什么效果后，往往专注度、创造性都会得到提升，学习、工作效率也随之提高。

在日常工作中，相信不少人都会有这样的体会：每天一到单位就开始忙碌，但到了下班时间还是有很多事情没有做完。好像每天都在拼尽全力工作，但取得的成绩微乎其微。其实这就是工作之前缺乏明确目标导致的。在工作前没有明确的目标，在工作中就容易被各种琐事困扰，浪费了时间，造成效率低下。

目标有助于避免这些情况的发生。如果你制订了自己的职业发展目标，又定期检查了工作进度，你自然就会把重点从工作本身转移到工作效率、工作成果上，单单用工作来填满每一天，已经不能满足你了。要做出足够的成果来实现目标，这才是衡量成绩大小的正确方法。随着一个又一个目标的实现，你会逐渐明白实现目标要花多大的力气。你往往还能悟出如何用较少时间来创造较多的价值，这反过来会引导你制订更高的目标，实现更伟大的理想。随着工作效率的提高，你对自己、对别人也会有更准确的看法。

【案例分析】

越野赛

部队组织越野比赛，三支队伍都是精兵强将，比赛实际内容也一样，唯一的区别是目标设置不同。

(1)野驴队：尽快达到集结地点；

(2)火牛队：沿着山路一直跑，尽快到达5公里外一个绿色屋顶的小木屋等待指示；

(3)角马队：沿着山路一直跑，每跑500米，都可以在路边看到一个里程碑，一小时内到达10公里外的一个绿色屋顶的小木屋，木屋中有人质，到达后等待指示。

案例思考：

哪一支队伍会最先到达目标？为什么？

二、职业目标确定的SMART原则

目标的确定是否科学、合理，对目标是否能顺利实现具有非常重要的意义。在确定生涯发展目标时，可以运用SMART目标管理方法，对该目标的可行性进行分析、判断和评估。

（一）明确性（specific）

制订的目标必须是具体的，不能是抽象模糊的。职业生涯发展目标必须明确、清晰、具体，这样才具有可行性。例如，当谈论目标的时候，不要只是单一地说“我要找份好工作”“我要成功地晋升”之类的话，这只是愿景，不是具体的规划，因此没有办法去具体落实。“我的目标是成为××学校的优秀英语教师”“我要在两年内把月薪提升到6000”，这才能称为目标。当我们开始做职业规划时，应该更加注重细节的具体化，只有细节问题处理好了，才不会只有大方向，却没有脚踏实地的前进步伐。再如，我们制订一个学习计划，并且向老师保证要好好学习。但是，什么是好好学习呢？很模糊，很难界定。要具体点，如保证除了紧急情况之外，每天学习时间至少5小时。那么，什么算是紧急情况？又要具体定义：如朋友来访、老师召集有事等。如果不规定清楚这些，那么到时候就会无所适从。

（二）量化性（measurable）

量化性指的是可衡量、可测量的、有一定的评定标准，尤其针对结果而言。具体的目标可能还含有感性的成分，而量化却要求理性的数据和数字，拒绝“大概”“差不多”“快了”之类的模糊修辞语。面对职业规划，我们不需要任何自我欺骗和任何借口，因为数据、数字、事实会说明一切。因此，制订的目标最好是以明确的数据单位来描述，如“每天早上听英语40分钟”“每周去图书馆6次，一次至少2小时”等。制订一个可测量的目标，能让一个人真切感受到他在逐渐进步，积累成功经验并树立信心。此外，制订长远的目标最好将之分成几个渐进达成的步骤，并且随时检视是否需要修正进度或方向。

（三）可达性（attainable）

可达到就是指目标必须是可以达成、实现的。职业规划设定的目标要高，有挑战性，但是一定要是可达成的。也就是说，制订目标要在我们能力所及的范围内，定出我们可以逐步达成且有成就感的目标。制订的目标应是靠自己的能力和努力可以达到的，而非浮夸或好高骛远的梦想。

（四）相关性（relevant）

相关性指的是所制订的目标必须和其他目标具有相关联性。在职业生涯规划中，所制订的目标要与岗位的工作职责相互关联，不能彼此孤立起来。简言之，你想在大学毕业后做前台接待员，学点英语以便接电话时用得上，这样就很好，而去学习化学，就比较离谱了。再如,你想做的是大学英语教师,学习一些西方文化方面的知识是有必要的,这和本职工作是有关联的;但是你花时间去考注册会计师,这就又与未来的职业生涯规划发生冲突了。

(五)时限性(time-based)

时限性指的是制订目标需要有预定达到的进度和完成的时间表,这样才能确认要投入多少时间以及在什么时候完成。职业生涯目标的制订应从一生的发展写起,然后分别设定 10 年计划、5 年计划,以及一月、一周、一天的计划。计划定好后,再从一日、一周、一月的目标实施下去,直到实现 1 年目标、3 年目标、5 年目标、10 年目标。因此,一个合理的时间表不仅能帮助一个人建立信心,而且还可以敦促其学会做好时间管理。

表 5-1 举例说明了 SMART 方法的应用。

表 5-1　SMART 方法运用举例

原则	错误	正确
S 明确性	我的目标是更好地利用时间	我每周要花两个小时上网查找有关服装设计师这一职业的资料
M 量化性	加强社会实践	这个月内,参加一个学生社团,并访谈两位摄影师
A 可达性	(还未过四级)本学期我一定要过六级	本学期过四级
R 相关性	要在一个月内看完《甄嬛传》	在一个月内完成对两位工程师的访谈
T 时限性	(大一新生)我要在大学毕业前完成	第一学期:1 月计划、2 月计划……

第二节 确定职业目标的途径

一、职业目标的分解

职业生涯可以用一系列的阶段来表示，同理，职业生涯发展目标也不是一个简简单单的“巅峰”或“终点线”。请阅读下面这个例子：

【案例分析】

山田本一的故事

1984 年，在东京国际马拉松邀请赛中，名不见经传的日本选手山田本一出人意料地获得了冠军。当记者问他凭借什么取得如此惊人的成绩时，他说了这么一句话：“凭智慧战胜对手。”当时许多人都认为这个偶然跑到前面的矮个子选手是在故弄玄虚。马拉松赛是体力和耐力的运动，只要身体素质好又有耐性，就有望夺冠，爆发力和速度都还在其次，说用智慧取胜确实有点勉强。两年后，意大利国际马拉松邀请赛在意大利北部城市米兰举行，山田本一代表日本参加比赛。这一次，他再次获得了世界冠军。记者又请他谈经验。山田本一性情木讷，不善言谈，回答的仍是上次那句话：用智慧战胜对手。这回记者在报纸上没再挖苦他，但对他所谓的智慧迷惑不解。

10 年后，这个谜终于被解开了，他在他的自传中是这么说的：“每次比赛之前，我都要乘车把比赛的线路仔细地看一遍，并把沿途比较醒目的标志画下来，如第一个标志是银行；第二个标志是一棵大树；第三个标志是一座红房子……这样一直画到赛程的终点。比赛开始后，我就以百米的速度奋力地向第一个目标冲去，等到达第一个目标后，我又以同样的速度向第二个目标冲去。40 多千米的赛程，就被我分解成这么几个小目标轻松地跑完了。起初，我并不懂这样的道理，我把我的目标定在 40 多千米外终点线的那面旗帜上，结果我跑到十几千米时就疲惫不堪了，我被前面那段遥远的路程给吓倒了。”

马拉松全程就好比一个很大的目标，很不容易实现，可是山田本一把这个大的目标分解成几个小的目标之后，先实现一个一个小的目标，最终实现了自己的大目标。

职业生涯目标也是这样,大学生需要把职业生涯的远大目标分解为长、中、短期分目标,直至将目标分解为某确定日期可以采取的具体步骤。

目标分解是将目标清晰化、具体化的过程,是将目标量化成可操作的实施方案的有效手段。

目标的分解方法,最常用的是按时间与内容性质分解。

(一)按时间进行分解

个人职业生涯目标按时间划分,可以分解为人生目标、长期目标、中期目标和短期目标。

1.人生目标

人生目标是指整个人生的发展目标,时间长至40年左右。一般来说,短期目标服从于中期目标,中期目标服从于长期目标,长期目标又服从于人生目标。具体目标的实施,通常是从具体的、短期的目标开始的。

2.长期目标

长期目标是指时间为5～10年的目标。要基于自身的能力、发展潜力和社会经济发展的趋势,勾画出自己的职业生涯高峰,这就是职业生涯发展的长期目标。它具有未来预期、宏观综合、人生理想、发展方向、引导短期和自身可变的性质。

3.中期目标

中期目标一般指时间为3～5年的目标,是为长期目标服务的。它相对长期目标要具体一些,如取得学士学位、攻读硕士学位、参加一些旨在提高技术水平的培训并获得证书等。

4.短期目标

短期目标通常指时间在1～2年内的目标,是中期目标和长期目标的具体化、现实化和可操作化,是最清楚的目标。短期目标作为达到长期目标的初始步骤,通过攻克一个个短期目标,逐步逼近中期目标,最终达到长期目标。大学生在整个大学生涯的任务目标就属于中期目标。

(二)按性质进行分解

个人职业生涯目标按性质可以分为外职业生涯目标和内职业生涯目标。

1.外职业生涯目标

外职业生涯目标侧重于职业过程的外在标记。主要包括:工作内容目标、工作环境目标、经济收入目标、工作地点目标和职务目标等。下面以职务目标和经济收入目标为例简要说明。

(1)职务目标。许多人在确定职务目标时,定位很模糊。例如:“我要在两年之内成为公司的培训主管”是可以的;但“在两年之内成为公司的经理”,就比较模糊,应该先明确是哪一类专业的职务。因此职务目标是“专业”加“职务”,如“人力资源经理”“财务经理”“负责销售的地区经理”等。

(2)经济收入目标。如要在 30 岁之前赚取 20 万,40 岁之前赚取 200 万,要敢于制订这些目标。经济目标往往可以很直接地促进其他外职业生涯目标的实现。

2.内职业生涯目标

内职业生涯目标侧重于在职业生涯过程中的知识和经验的积累、观念和能力的提高以及关注内心感受。内职业生涯目标主要包括以下几个方面:

(1)工作能力目标。如具备能够和上级领导无障碍沟通的能力,组织大型公共关系活动的能力,组织架构设计的能力等。

(2)心理素质目标。主要指能经受住挫折,承受得了成功,临危不惧,宠辱不惊。心理素质可以通过情绪智力的培训加以提高。

(3)观念目标。观念主要是指对人对事的态度和价值取向。观念目标指自己在工作学习中逐步形成的观念或态度。

(4)工作成果目标。指发现和应用新的管理方法、创造新的业绩等。工作成果本身属于外职业生涯目标,但在取得工作成果的过程中取得的知识、经验等都属于内职业生涯目标,强调取得工作成果的内心收获和成就感。

有的人一生都在追求外职业生涯的目标:追求在哪个单位上班,每天的工作是什么,职务是什么,工资是多少,上班的地点在哪儿,工作环境如何,几点上班、几点下班。其着眼点是追求外职业生涯的发展,忽略了内职业生涯的发展。

通常,外职业生涯的这些因素是别人给予的。尤其是在职业生涯初期,别人给你的这些外在因素是很容易被拿回去、被夺走的。如果我们只是去追求那些外职业生涯的因素,自己就会经常陷于痛苦之中,总是怀疑上级对自己不公,甚至担心下岗名单里有自己。

内职业生涯的因素,即知识、经验、能力、观念、心理素质、身体健康、内心感受等。这些因素都不是靠别人赐予的,而是一个人通过努力获得、掌握的,而且一旦获得,别人无法从他身上拿走,这是他的无价之宝。

因此，一个人在分解和组合自己的职业生涯目标时，外职业生涯目标与内职业生涯目标是同时进行的，而且内职业生涯目标是应该重点考虑的内容。

【案例分析】

案例分析："蚯蚓"的故事

蚯蚓是我从小到大的朋友，"蚯蚓"不是原名，由于他长得黑矮瘦弱而得名。18岁分开后，我在外为生活四处漂泊奔波；蚯蚓却上了大学，什么事都挺顺当。在这分开的十年里，我们几乎每隔两三年见一次面。每一次我都喜欢问他同一个问题：你将来的目标是什么？得到的答案总是不相同。下面记录的是蚯蚓每次谈及目标的原话：

18岁，高中毕业典礼上：我发誓要当"李嘉诚第二"！我要当中国首富(好大的口气)！

20岁，春节老同学聚会上：我想创立自己的公司，30岁时拥有资产2000万。

23岁，在某工厂当技术员，第二职业是炒股：我正在为离开这家工厂而努力，因为在这里工作太没前途了。我将全力炒股，三年内用5万本金炒到300万元(似乎有点实现的可能)。

25岁，炒股失意而情场得意，开始准备结婚：我希望一年后能有10万元，让我风风光光地结婚(挺现实的想法)。

26岁，不太风光的结婚典礼上：我想生一个胖小子，不久的将来当个车间主任就行，别的不想了。

28岁，所在的工厂效益下滑，偏偏正是妻子怀胎十月的时候：我希望这次下岗名单里千万不要有我的名字。

案例思考：

(1)蚯引的心态是怎么变化的？

(2)蚯引的问题出在哪里？

(3)你从中得到什么启示？

解析：

蚯引心态的变化：雄心壮志—怀才不遇—满腹牢骚—撞钟混日—担心下岗—走投无路。

蚯引的问题：(1)分不清美好愿望与目标的区别，不会将大目标分解成小目标；(2)不懂得内职业生涯是外职业生涯发展的前提；(3)不懂得职业生涯发展是从做好本职工作开始的；(4)没有处理好自己与企业的关系，总是抱怨。

案例启示：成功离我们往往较远，所以我们要学会将目标分解。

(三)职业目标分解的实操:剥洋葱法

目标的分解与剥洋葱法类似:像剥洋葱一样,将大目标分解成若干个小目标,再将每个小目标分解成若干更小的目标,一直分解下去,直到知道现在该去干些什么。

实现目标的过程是由现在到将来,由低级到高级,由小目标到大目标,一步步前进的;但是设定目标最高效的方法则是与实现目标的过程正好相反,运用"剥洋葱法",由将来到现在,由大目标到小目标,由高级到低级层层分解。

比如,在做个人生涯规划上,可以这样应用"剥洋葱法"。

(1)第一步,要找到自己的梦想,然后将梦想明确化,变成人生的终极目标,再把终极目标演化成人生的总体目标。人生的总体目标不要太多,最好是一个,不要超过两个。

(2)第二步,把总目标分解成几个 5 至 10 年的长期的目标,再继续分解,把每一个长期目标分解成若干个 2～3 年的中期目标,然后把每个中期目标分解成若干个 6 个月到 1 年的短期目标。

(3)第三步,将每一个短期目标分解成月目标,月目标分解成若干个周目标,周目标变成若干个日目标,最后,依次分解到现在该去干些什么。所有的目标不管它有多大,一定要分解到你现在该去做点什么。因为你现在做的每一件事情都应跟你的梦想相关联,否则现在就已经可以判定这个梦想不太可能实现了。

拆解目标来实现,才让人看到希望。我们来看一个假设:若你月薪只有 3000 元,突然有一天却发誓要赚 100 万元,于是 100 万元成为你的终极目标。3000 元×12 个月＝36000 元,10 年赚 36 万元,20 年赚 72 万元,30 年赚 108 万元,也就是说,不吃不喝 30 年,你才能实现自己的终极目标。

显然,这样的目标让人看不到任何希望,也毫无办法去执行。但如果把这个大目标拆解开来,这项不可能完成的任务就会显得相对轻松一些。

如何拆解目标呢?

你可以将 30 年的长远目标划分为若干小目标,比如以 5 年或 10 年为一个档期,想要缩短时间,必须努力,每隔 5 年,薪水都要争取上一个台阶,这样才有动力去实现。

5 年,做到优秀员工,平均年薪 6 万元,5 年 30 万元;

10 年,争取做到主管,平均年薪 10 万元,5 年 50 万元,累积 80 万元;

15 年,做到公司高管,平均年薪 15 万元,5 年 75 万元,累积 155 万元。

上面的目标拆解一目了然,这时你会发现,100 万元的人生终极目标可能有些好笑,只需要 12 年时间,它足足比之前的规划缩短了 18 年。

其实,这还只是保守假设,因为大多数优秀的人升职加薪一般并不需要 5 年那么长,也就是说,很可能时间更短,赚得更多。

【案例分析】

职业生涯目标分解案例 1

某大学四年级企业管理专业学生林瑞面临毕业，通过学习职业生涯规划知识，在了解了职业自身和进行环境分析的基础上，制订了自己的5年职业生涯目标，并且将其分解成了各个阶段的子目标。

5年职业生涯目标：某外资企业战略发展部经理。

1.2008—2009年：

(1)职务目标：企业战略发展部秘书；

(2)经济目标：年薪3万元；

(3)能力目标：具备从事具体法律事务性工作的理论基础，积累企业策划经验，接触了解涉外商务活动，英语应用能力具备权威资格认证；

(4)成果目标：协助部门经理编制年度企业发展计划，取得律师从业资格证。

2.2010年—2011年：

(1)职务目标：企业战略发展部主管；

(2)经济目标：年薪6万；

(3)能力目标：熟练处理本职务工作，工作业绩在同级同事中居于突出地位，熟悉外资企业运作机制及企业文化，能与公司上层进行无阻碍的沟通；

(4)成果目标：继续攻读MBA，取得MBA文凭，负责公司部分发展战略的制订。

3.2011年—2012年：

(1)职务目标：企业战略发展部经理；

(2)经济目标：年薪10万；

(3)能力目标：形成自己的管理理念，有很高的演讲水平，具备组织、领导一个团队的能力；与公司决策层有直接流畅的沟通；具备应付突发事件的心理素质和能力；有广泛的社交范围，在业界有一定的知名度。

(4)成果目标：领导一个团队制订公司企业发展的长期规划和年度规划。

以一位2008年读大二的学生为例，假如他想在2035年当上总理，那么他应该如何分解目标呢？下面是他制订的目标分解：

职业生涯目标分解案例 2

2035年：总理；

2030年：知名的部长或省长；

2025 年：司长或局长；

2020 年：处长及人大代表；

2014 年：进入政府机构；

2011 年：考取政治学或哲学研究生；

2009 年：入党；

下学期：选修演讲课程；

下个月以前：要和 10 个人讨论政治问题；

每周五晚上：看时事节目；

今天：阅读报纸的社论和时事评论，并坚持每天读书。

案例思考：

以上目标分解对你有何启示？

无论从哪种职业生涯发展阶段理论来看，在校大学生这个群体都是处于职业探索和准备阶段，对未来的职业生涯充满想象，需要系统地学习专业知识，了解职业的特性，为未来的职业生涯做好准备。在这个阶段，大学生需要形成自己的职业目标，并把总的职业目标按照一定的方法进行分解，从而形成适合自己的职业发展阶段以及各个阶段的子目标，一步一步前进。

实训活动——写一写我的目标

职业生涯规划

如果描述我的个性或特质，我是__________

我所具备的能力或专长是__________

我最重视的价值观或最看重的是__________

我最理想的工作是__________

我最理想的生活形态是__________

我最理想的工作与最理想的生活形态结合成什么工作__________

我的长期目标是__________

我的中期目标是__________

我的短期目标是__________

这些目标在我的处境中，机会如何__________

我目前暂时的决定是__________

在表 5-2 中填入这些目标。

表 5-2　计划表

类别	长期目标	近期目标	行动方案
学习生活			
社会实践			
人际交往			
自我成长			
身心健康			
休闲生活			

二、职业目标的组合

职业目标组合是处理不同目标相互关系的有效措施。如果只看到目标之间的排斥性，就只能在不同目标之间做出排他性选择；而如果能看到目标之间的因果关系与互补性，就能够积极地进行不同目标的组合。目标组合有 3 种方法：时间组合、功能组合和全方位组合。

（一）时间组合

职业生涯目标在时间上的组合可以分为并进和连续两种情况。

1.并进

职业生涯目标的并进，是指同时着手实现两个平行的工作目标，或者建立和实现与目前工作内容不相关的职业生涯目标。有时候，外部环境给予我们的机会很多，这让我们面临着多个选择，只要处理得好，又有足够的精力和能力来应对，在一定的范围内，是可以做到鱼与熊掌兼得的。这里所说的“同时着手实现两个平行的工作目标”，指的是在同一时期内进行的不同性质的工作。如上级管理层兼任技术业务项目责任人或中、高级管理层“双肩挑”的情况，就可以称作目标的并进。类似的情况在很多组织（企业）中也屡见不鲜。

而“建立和实现与目前工作内容不相关的职业生涯目标”多发生在中、青年人身上，意在居安思危、未雨绸缪。例如，人们为了获得更大的发展空间，在做好本职工作的同时，进修自己感兴趣的其他课程等，有利于开发我们的潜能，在相同的时间内迎接更大的挑战，发挥更大的价值。

2.连续

连续是用时间坐标为节点,将多个目标前后连接起来,实现一个目标再进行下一个。一般来说,较短期目标是实现较长期目标的支持条件。目标的期限性也是相对的:随着时间的推移,长期目标成为中期目标,中期目标成为短期目标,短期目标成为近期目标。只有完成好每一个近期目标和短期目标,最终目标才有可能实现。

(二)功能组合

很多职业生涯目标在功能上存在因果关系或互补关系。

1.因果关系

有些目标之间存在着明显的因果关系,如前面提到的工作能力目标、职务目标和收入目标,前者是因,后者为果。表现为:工作—能力提高—职务提升—收入增加。

通常情况下,内职业生涯目标是原因,外职业生涯目标是结果。一般因果排序为:观念更新目标—掌握新知识目标—提高工作能力目标—职务晋升目标—经济收入提高目标。

2.互补关系

职业生涯目标的互补关系是显而易见的,一般高校教师往往同时肩负教学和科研两项任务。教学为进行科研提供了理论基础和方法指导,科研实践又促进了教学内容的丰富更新和质量的提高。

(三)全方位组合

全方位组合不仅是指职业的范畴,还涵盖了人生的全部活动。全方位组合指职业生涯、家庭和个人事务的均衡发展、相互促进。事业不是生活的全部,任何个人都不能离开家庭和休闲娱乐,完美的职业生涯规划不应把生活中的其他内容排除在外。全方位组合可以超越狭隘的职业生涯范畴,将全部人生活动联系协调起来。全方位组合主要有专一、合身、伟大三类。

1."专一"组合

21 世纪是充满机遇和挑战的时代,也是竞争更加激烈的时代。求职择业是每个人面临的人生重大课题之一,也是每个大学毕业生最关注的问题。调查显示:目前大学毕业生中仅有 12%的人了解自己的个性、兴趣和能力;18%的人清楚自己职业发展面临的优势和劣势；清楚地知道自己喜欢和不喜欢的职业是什么的人只占16%。[①] 很多大学生有崇高的职业理想和目标，却没有行之有效的具体措施来实现这些目标。有的时候他们会在目标周围摇摆不定，有的时候甚至会忘记他们的本来目标。

【案例分析】

三个儿子

一位父亲带着他的三个儿子去草原打猎。四个人来到草原上，这时父亲向三个儿子提出了一个问题："你们都看到什么了？"老大回答道："我看到了我们手中的猎枪，在草原上奔跑的兔子，还有一望无际的草原。"老父亲摇摇头说："不对。"老二回答道："我看到了阿爸、哥哥、弟弟、猎枪、兔子还有一望无际的草原。"老父亲摇摇头说："不对。"老三回答道："我只看见了野兔。"这时，老父亲才说："你答对了。"

我们有时之所以不成功，是因为看得太多了，想得太多了，失去了自己的目标和方向。一个人只有专注于你真正想要的东西，才会得到它。有了明确的目标，才有很好的过程；有了很好的过程，才会有成功的希望。所以，不管做什么，首先要有一个明确的目标。

2."合身"组合

实训活动：三种职业生涯发展路线

【选一选】

1.专业技术型发展道路

2.行政管理型发展道路

3.自我创业

【想一想】

在发展路线抉择过程中，可以针对下面三个问题询问自己：

A.我想往哪一路线发展？

B.我适合往哪一路线发展？

C.我可以往哪一路线发展？

我们总是不由自主地羡慕别人所拥有的东西，羡慕别人的工作，羡慕朋友买的新房，

① 赵沛.大学生职业生涯规划与就业指导[M].北京：中国铁道出版社，2010：173.

羡慕别人的车子，等等，唯独忽视了一点，我们自己也是别人所羡慕的对象。

羡慕别人是因为我们期待完美，期望可以活得更好。可是我们忽视了一点，每个人的处境都不同，别人永远无法模仿。不过我们可以通过观察别人的长处来修正自己的短处，与其仰望别人的幸福，不如注意别人经营幸福的方法；与其羡慕别人的好运气，不如借鉴别人努力的过程。

【案例分析】

动物选课

有一天，一群动物聚在一起，彼此羡慕对方的优点，抱怨自己的缺点，于是决定成立一所学校，希望通过训练，使自己成为一个通才。他们设计了一套课程，包括奔跑、游泳、飞翔和攀登。所有动物都注册了，选修了所有的科目。

结果是：小兔子在奔跑方面，名列前茅，但一到游泳课就浑身发抖；小鸭子在游泳方面成绩优异，飞翔也还差强人意，但是奔跑与攀登的成绩惨不忍睹；小麻雀在飞翔方面轻松愉快，但就不能正经奔跑，碰到水就几乎精神崩溃；至于小松鼠，固然爬树的本领高人一等，奔跑的成绩也还不错，却在飞翔课中学会了溜课。

大家愈学愈迷惑，愈学愈痛苦，终于决定：停止盲目学习别人，好好发挥自己的长处。他们不再抱怨自己、羡慕别人，又恢复了往日的快乐。

很多时候，我们期望得到的东西并不真正适合我们，可是往往因为别人的看法而委屈了自己。人的一生有很多令人向往的生活状态，正如世间有太多好看的鞋子一样，我们所选择的只是适合自己的一种。一件东西、一项职业或一生的选择，并不在于它是否美丽奢华、被人羡慕，关键在于是否真的适合自己。

择己所爱，择己所长，择世所需，择己所利，这是合身原则的内涵。有了这个原则，在目标选择的时间上不宜拖得过长，在考虑社会需要与个人价值观、兴趣、个性、能力及年龄大小因素、人际关系因素、经济状况因素、本职工作因素的基础上要注意扬长避短。

3."伟大"组合

人生的真正欢乐是致力于一个自己认为是伟大的目标，这是伟人们之所以伟大的原因。譬如北宋大儒张载认为，个人发展的理想是"为天地立心，为生民立命，为往圣继绝学，为万世开太平"，即著名的"横渠四句"。伟大的目标鼓舞了无数知识分子奋勇直前，为国家与民族的利益牺牲一切。

再如，没有一位思想家能像马克思那样，时刻关注和思考人类的命运特别是大多数人的命运。早在中学毕业前夕，马克思就写了一篇题为《青年在选择职业时的考虑》的文章，表达了为人类服务的崇高理想，指出那些为大多数人带来幸福的人是最幸福的人。他说："如果我们选择了最能为人类福利而劳动的职业……我们的幸福将属于千百万人。"19 世纪的欧洲，马克思所面对的现实是以残酷刻薄显称于世因而屡被后人诟病的"曼彻斯特资本主义"。马克思愤怒资产阶级学术为私有财产（资本）提供一切，他发誓自己要穷毕生精力为劳动者提供一切。作为无产阶级战士的马克思，其写作的根本目的就是为了给无产阶级及其政党提供科学的理论武器，因而马克思的著作通篇充溢着一种对人类命运的强烈关怀。马克思的经历，对我们如何确立目标有着深刻的启示。

【案例分析】

哲学家与建筑工人

一位哲学家到一个建筑工地分别问三个正在砌筑的工人："你在干什么？"

第一个工人头也不抬地说："我在砌砖。"

第二个工人抬了抬头说："我在砌一堵墙。"

第三个工人热情洋溢、满怀憧憬地说："我在建一座教堂！"

听完回答，哲学家马上就判断了这三人的未来：第一个工人眼中只有砖，他一辈子能把砖砌好就很不错了；第二个工人眼中有墙，心中有墙，好好干或许当一位工长、技术员；唯有第三个工人必有大出息，因为他有远见，他的心中有一座殿堂。这再次证明了确立目标的原则：人伟大，是因为目标伟大。

（四）职业目标组合的实操：多杈树法

以上目标的组合与多杈树法相似：树干代表大目标，每一根树枝代表小目标，叶子代表即时的目标，即现在要去做的每一件事。

在"多杈树"中，大目标与小目标的逻辑关系是：

(1)小目标是大目标的条件；

(2)大目标是小目标的结果；

(3)小目标的实现之和一定是大目标的实现。

将一个目标作多杈树分解的技巧是：写下一个大目标，然后问：要实现该目标的条件是什么。列出所有的必要条件及充分条件。完成这些条件，其实就是达成该大目标之前必须首先达成的小目标。画出每一个小目标，它们就是大目标的第一层"树杈"。接下来，再问要实现这个小目标的条件是什么。列出达成每一个小目标的所有必要条件与充分条件，变成各个小目标的第二层"树杈"……如此类推。直到画出所有的"树叶"——即时目标为止，才算完成对该目标的多树杈分解。每一个目标最后都可以被描绘成一棵"枝繁叶茂”的大树。

检查多杈树分解是否充分、完全时，只需反过去，从叶子到树枝再到树干，不断提问：“如果这些小目标均达成，那么大目标一定会达成吗？”若“是”，表示分解已完全；若“不一定”，则表明所列的条件(小目标)还不够充分，继续补充被忽略的树枝(小目标)。

第三节　大学阶段目标的确立与自我激励

一、大学阶段目标的确立

(一)大学生成才目标的确立

对不少大学生而言，人生的目标和意义就是成才。人的一生无论做什么工作，从事什么职业，都有成才的可能和机会。因此，我们要学会根据自身的条件和社会需要来确定自己的人生目标，这才是成才的必由之路。所谓“成才目标”，是指在对主客观因素进行分析的基础上，希望自己将来能在哪个领域、哪个方面、哪个层次成才和成为何种类型的人才。

(二)成才目标设立的原则和要求

第一，要顺应时代潮流，以社会需要为出发点。人的成长不可能脱离社会生活和社会实践，只能在社会所提供的客观环境中设定自身的目标，因此，现实社会的客观需要是大学生确立成才目标的基础。

第二，确立成才目标时，要以充分发挥自身的优势为着眼点。没有目标不行，目标太高也不行。人的能力有差异，优势劣势各不相同，选择目标必须考虑自身条件，对自己要有一个客观的评价和科学的定位，全面分析自己的长处和短处，这样才能充分发挥出自己的能力，否则就会事倍功半，甚至难以实现目标。

第三，确立成才目标要注意把握客观环境，以现实有利条件为立足点。选择个人成才目标不能离开所处的具体环境和条件，比如所在的学校、所学的专业、所生活的地区、实现目标必须具备的条件等。

第四，长远目标与近期目标相结合。长远目标是在无数个近期目标实现的积累中得以实现的。长远目标可使目标明确，近期目标则能使动力强度提高、效果直接。因此，选择个人奋斗目标应注意目标设置与实现的层次性，要循序渐进。

(三)大学生成才的条件

第一,成才的前提条件——自我设计要同社会发展同步。社会是不断发展的,大学生成才要同社会同步,不能一味地追求个人名利。现代社会需要具有全面素质的通才、复合型人才,大学生的成才设计要与时代的要求一致,任何脱离社会时代要求的设计自我都是毫无意义的,也是不能成功的。同时,大学生要正确认识个人与社会、个人与集体、个人与他人的关系,善于汲取集体的智慧,学习他人的长处,善于与他人合作,形成自己开放的思维方式和生活方式,增强自己对知识的吸纳能力,使社会接纳自己,为自己成才创造良好的外部条件。

第二,成才的基础——学习和继承人类历史上优秀的文化成果。人类历史上发现和创造的科学文化知识,是人类的共同财富和资源。人类总是在不断地研究、学习、借鉴前人历史经验和传统精神中向前发展的。每个人只有站在“历史巨人”的肩膀上,才能站得高、看得远。

第三,成才的先导——开发智能,激发创造力。智能是智慧和能力的有机组合,人的智能往往有高低之分,高智能必须在人的潜意识中开发。经常思考,是开发高智能的一个好方法,也是成才的先导。创造力是人在社会创造中表现出来的创造性思维和创造性技能。成才之路可以说是创造之路。

第四,成才的途径——积极参加社会实践,缩短社会化进程。知识、能力、职能都是成才的重要因素,但这些因素只有在实践中才能发挥作用。社会实践是培养和造就人才的根本途径。毕业应聘时,有社会实践阅历的人才受到用人单位的欢迎;那种死读书、读死书的人是很难找到好单位的。社会化进程是人才的必经之路。社会化进程实现是从家庭再到学校的,大学生要尽快摆脱对家庭和学校的依赖心理,独立自主、勇敢果断,尽快地融入社会,缩短社会化进程,早日成才。

第五,成才的关键——培养良好的思想道德品质、心理素质和自觉成才意识。良好的思想道德品质决定着人们的政治方向和服务方向,也是成才过程中最强大、最持久的内驱力。心理素质是成才过程中表现出来的意志、情感、气质等心理特征。很多人在智力上都相差无几,而能够成功的往往是那些心理素质较好的人,比如勇敢坚强、百折不挠,具有顽强的意志力,敢于冒险、敢于打破常规,具有独立思考、独立钻研、独立探索的精神,并且有恒心、有毅力、热爱生活、乐观豁达、富于事业心等。自觉成才意识是指成才的自我意识。它是大学生成才的不可缺少的重要心理品质和巨大的内部推动力。这种意识除了要具有强烈的竞争意识、效益意识外,还要具有良好的自我激励机制和较强的自我调控力。

第六,成才的保证——强烈的兴趣爱好和勤奋的工作态度。兴趣是人们对某种事情所持有的热爱的态度和心情。兴趣—爱好—专长—成才,在某种情况下是一种连锁反应。

想搞科学研究,如果没有对之产生浓厚的兴趣爱好,是很难成功的。勤奋是成才的最根本诀窍,任何人的成就,都是在勤学、勤思、勤问中得来的。缺乏勤奋精神,缺乏孜孜不倦、锲而不舍的拼搏精神和踏实的学习态度,什么事情都不能成功。爱迪生认为:“天才,就是1%的灵感加上99%的汗水。”爱因斯坦总结了一个著名的公式:$W=X+Y+Z$,W 代表成功,X 代表艰苦的劳动,Y 代表正确的方法,Z 代表少说空话。许多杰出的成功人士都有类似的至理名言。所以,同学们要记住,任何成功的果实,都是汗水浇灌出来的。

(四)实现成才目标的计划

大学生成才目标的实现,是不断深化对社会和自我两方面的认识过程,也是自身在教育环境中通过刻苦学习不断提高自身素质的过程。要使这一过程进展顺利,关键要对自己的思想和行为进行严格的约束。具体可以采取以下的计划:

1.全面规划,确定目标

这一步骤的任务是确立自己的成才目标和奋斗方向。要正确地确定自己的目标,一方面,要正确认识我国社会发展、当代科学技术发展对人才素质的要求以及本专业的培养方向,使自己的主观认识与社会发展规律相一致;另一方面,要充分认识自己的长处和短处、优势和劣势,以便扬长避短,发挥优势。在制订目标之前需要考虑以下几个问题:自己到底对什么感兴趣?自己究竟适合做什么?目标实现的可能性有多大?对这些问题的思考常常会带来更多的启发。这样一来,制订目标的过程,实际上成了我们思考人生一些重大问题的过程,也是人生观、价值观的形成过程。

为了使自己的成才目标便于操作实施,可以把成才目标划分为长期目标、中期目标和短期目标。

长期目标主要反映自己成才的长远方向和规划。如自己是想成为本专业的理论人才、技术人才,还是管理人才、信息人才等。战略目标的确立要高瞻远瞩、纵观全局,这就需要一个人的远见卓识和深刻的洞察力。战略目标需要在充分了解本专业的发展现状、发展趋势、社会需求状况以及自身特点的基础上确定。

中期目标是对战略目标的分解和深化。要全面了解实现战略目标所应具备的各个方面的素质要求,以及通过什么样的途径才能培养这样的素质要求,如思想品德、理论基础、智能水平、知识结构等。

短期目标是实现战略目标的方法和步骤。短期目标制订得越详细越具体越好,包括学习的课程、课外的训练以及每学期、每月乃至每天每时的进度。

【案例分析】

一个财经专业学生的大学学习计划

一个财经专业的大学新生，为了使自己少走弯路，早日达到自己的目标，给自己的大学四年做了一个详细的计划。

首先，进行自我评估。根据大家的评价和各种测试，他发现自己是一个较为外向开朗的人，对社会经济问题感兴趣，擅长分析，对数字很敏感，语言表达能力强。弱点：气势压人，团队协作能力不够；考虑问题深度不够，文字表达能力欠佳。

其次，确定短期和长远目标。长远目标：毕业后进入国际知名顾问公司。短期目标：加强文字表达和沟通能力，英语的口语表达要更加流畅，专业学习上要较优秀。

根据这些目标，他制订出四年的行动计划。

一年级目标：初步了解职业，提高人际沟通能力。

(1)和老师、师哥师姐们进行交流，询问专业、就业情况；

(2)积极参加学校的各种课外活动，加强人际交流技巧；

(3)学习计算机知识，了解、提高计算机的操作能力。

二年级目标：提高基本素质。

(1)通过参加学生会或社团等组织，锻炼自己的各种能力，同时检验自己的知识技能；

(2)主动尝试兼职、社会实践活动，并坚持到底；

(3)提高自己的责任感、主动性和受挫能力；

(4)增强英语口语能力，增强计算机应用能力。

三年级目标：提高求职能力，搜集公司信息。

(1)撰写专业学术文章，提出自己的见解；

(2)参加和专业有关的暑期社会实践，和同学交流求职的体会；

(3)学习写简历、求职信；

(4)了解搜集工作信息的渠道，并积极尝试。

四年级目标：求职申请，成功就业。

(1)对前三年的准备做一个总结；

(2)积极参加各种招聘活动，在应聘中检验自己大学前几年的准备；

(3)积极利用学校提供的条件，了解就业指导中心提供的用人单位资料信息，强化求职技巧，进行模拟面试等训练。

在拟定好计划以后，还需要提醒自己，在行动中具体实施目标时也会碰到困难。如发生很难预料的或难以控制的事情，像社会经济衰退、生病、环境突然发生变化等，在这种情况下，则需要等待，或寻求其他方法，或改变自己的设想来适应社会需求。

解析:

尽快、尽早为自己订立一个学习、生活目标并且在执行过程中不断地完善和修正,一方面是使自己养成良好习惯的方法,另一方面也是使自己的生活变得有条理的有效途径。在大学阶段,除了学习以外,还要通过参加各种课外活动、社会实践,提高自己的综合素质,锻炼各种能力。要想在就业市场的竞争中取胜,多一份能力和技能就多一次就业的机会。而机会往往垂青于有准备的人。及早对自己进行人生规划,是能够顺利成才的一个重要方法。

2.严格要求,分段实施

确定了目标,就要下决心严格要求自己,分段实现,逐步提高自身的素质。实现各个层次的目标是一个艰苦的过程,需要以坚强的毅力排除来自内外的干扰,进行严格的自我监督、自我控制、自我激励,在实现目标中获得欢乐,在战胜困难中磨炼意志。

3.及时反馈,缩小差距

成才目标的实现应是一个动态反馈过程。由于社会在发展,随时会出现新情况、新要求,这就需要及时调整各个层次的目标,使之更加符合社会的需要。有时由于自身努力不够使目标未完全达到,也会使实际结果与预想目标有一定差距,这时就需要找出原因,调整计划,努力缩小二者的差距。

比如,个人的能力在刚工作的前几年,一般都还尚未完全实现,因而,个人在前期制订的人生计划未必可行,需要根据具体环境变化作调整。

从长期目标到中期目标,再到短期目标,这样就构成了一个大学生的成才目标体系。通过逐个实现短期目标而达到中期目标,通过中期目标的实现最终达到长期目标,这样就把大学的求学生活变成完全自觉地、有计划地实现成才目标的过程。正像李大钊勉励青年人说的那样:“你们临开始活动以前应该定定方向。比如航海远行的人,必先定个目的地。中途的指针,总是指着这个方向走,才能达到那个目的地。若是方向不定,随风飘转,恐怕永无到达的日子。”

二、实现成才目标的方法——自我激励

实训活动:蒙眼作画

1.闭紧眼睛,面朝讲台;

2.根据老师语言描述某一样东西,自己闭着眼睛将其画下来。

【思考】

1.为什么蒙上眼睛后所完成的画并不是你们所期望的那样？

2.怎样使这一工作更容易一些？

3.在学习或工作场所中，如何解决这一问题？

在日常学习与工作中，我们睁着眼，但总有些东西我们看不到。当发生这些问题时，我们有没有想可以借助他人的眼睛？试着闭上眼睛，也许我们的心敞开了。当我们集中所有注意力去解决一个问题的时候，可以取得更好的效果。

(一)自我激励的作用

自我激励是一种内部的燃料，是每个人为了达到自己所设定的目标而努力向前的内在力量，它不需要额外的外部激励因素来促使一个人付诸行动，是最重要的一种动力。自我激励具以下作用：

1.调节情绪

自我激励可以调整情绪落差，通过自我约束以克制冲动和延迟满足，有效地对抗挫折。

2.战胜苦难

自我激励可以熬过艰苦的磨难，并将磨难变成财富。懂得自我激励的人，在成功的路上是不会被艰难困苦吓倒的。

3.取得成功

自我激励是情商的一种能力，是获得成功的一种法宝，激励自我可以跨过自暴自弃的死亡心理峡谷，做命运的主人。通过自我鞭策保持对学习和工作的高度热忱，这是一切成就的动力。

【案例分析】

罗杰·史密斯的故事

1949 年，一位 24 岁的年轻人充满自信地走进了美国通用汽车公司，应聘会计工作。这位年轻人来通用应聘只是因为父亲告诉他，通用汽车公司是一家经营良好的公司，父亲建议他可以去看看。于是，这位年轻人就来了。

在面试的时候，这位年轻人的自信给面试他的助理会计检察官留下了深刻的印象。当时，通用公司只有一个会计的招聘名额，面试官告诉这个年轻人，竞争这个职位的人非常多，而且对于一个新手来说，可能很难立即胜任这个职位的工作。但是，这个年轻人根本没有认为这是一个困难，相反，他认为自己完全可以胜任这个职位，更重要的是，他认为自己是一个善于自我激励、自我规划的人。

正是由于年轻人具有自我激励和自我规划的能力，他被录用了！录用这位年轻人的面试官这样对秘书说："我刚刚雇用了一个想成为通用汽车公司董事长的人！"这位年轻人就是罗杰·史密斯，从1981年以来，他一直担任通用汽车公司的董事长。

罗杰在通用汽车公司的一位同事阿特·韦斯特这样评价他："在与罗杰合作的一个月当中，他不止一次地告诉我，他将来要成为通用的总裁。"

坎贝尔的故事

1991年，一名叫坎贝尔的女子徒步穿越非洲，战胜了森林和沙漠。当有人问她是什么能使你完成这令人难以想象的壮举时，她回答道："因为我说过我能。"问她对谁说过，她回答道："对自己说过。"

哈佛大学的威廉·詹姆斯调查发现：一个没有受过激励的人，仅能发挥其能力的20%～30%，而当他受到激励时，其能力可发挥至80%～90%。也就是说，一个人在通过充分的激励后，所发挥的作用可以是激励前的3～4倍。

分析：人的一切行为都是受激励产生的，通过不断的自我激励，就会使你有一股内在的动力，朝所期望的目标前进，这种状态不仅使我们充满激情地面对工作、迎接挑战，而且可以使我们在平凡的工作中做出不平凡的业绩来，最终达到成功的顶峰——自我激励是一个人迈向成功的引擎。因此，成功是属于那些不懈努力和不断进行自我激励的人。德国人力资源开发专家斯普林格在《激励的神话》中也写道："强烈的自我激励是成功的先决条件。"

（二）自我激励的方法与实操

1.期待激励

爱德华·锐堪巴克机长是美国最成功、最受尊敬的人物之一，人们亲切地称呼他为"爱地"。有一次，爱地的飞机坠落太平洋，到了21天后才获救。在这21天中，爱地和他的机组人员困在三个木筏上，除去大海和天空，什么也看不见。那么，这痛苦的21天他们是怎样熬过来的呢？让我们听听机长爱地是怎么说的："真的，我在任何时候都坚信我们会被拯救。我力图把我的这种期待与我的伙伴分享，希望能激励他们坚持下去。”

乐观、投入、热情、目标、信心、希望，这些都是自我期许的同义词。要常对自己说“我要尽力做好，我会做得更好”，善于化难题为机会，多往好处想——给自己灌输健康的思想。对别人，包括父母、老师和同学也同样抱着最高的期许。

2.语言激励

自我激励的语言见表5-3。

表5-3　自我激励的语言

序号	积极语言	序号	积极语言
1	只要我努力，就一定能成功！	8	没有汗水，就没有成功的泪水
2	坚持就是胜利！	9	如果我尽力而为，失败并不可耻
3	我能行，我一定行！	10	成功者永不放弃，放弃者永不成功！
4	除了我自己，没有人能打败我	11	相信我做得到，我一定会做到！
5	困难是对我才能的考验，挫折是对我意志的磨炼	12	不因一时的挫折停止尝试的人，永远不会失败
6	我没有地位，没有财富，没有经验，但我有信心，有青春，有健康，有时间，有激情，有意向，能吃苦，爱学习，只要我不断努力，我就会拥有一切！	13	靠山山会倒，靠水水会流，靠自己永远靠得牢！
7	和我的美好目标相比，眼前一时的得失和伤痛都算不了什么	14	梦自己想梦的，做自己想做的。因为生命只有一次，机会不会再来！

【案例分析】

一位女大学生的自我激励

有一位大学女生，她的学习成绩不是太理想，她很希望改变这种状况，于是就求助于自我激励。她写了一篇自我激励暗示语，每天上学前，对着镜子，一边轻松地梳着头，一边自信而又认真地念：“你是这么聪明、能干，你是这么漂亮的小姑娘，你还是班干部，你的身体也很好，你有能力把学习搞得更好。你有很强的记忆力，你喜欢思考问题，你善于运用好的学习方法提高学习效率。你能改掉粗心大意、没有恒心的毛病。从今天起，集中精力听讲，认真做作业，复习好功课，抽时间看些课外书，扩大知识面。努力吧，行动起来，你一定能获得成功！”经过一段时间的训练，她的状态和以前大不一样了，精力充沛、情绪稳定，学习效率有了很大提高，成绩也有了提升。然后她又调整了自我激励暗示语，对自己提出了更高的目标。

实训活动：辨别自我激励语言

请把表5-4中的语言按要求分为“消极的语言”和“积极的语言”两类。

表5-4 语言分类

序号	语言	序号	语言
1	我恐怕不行	8	为什么总让我遇到这种倒霉事！
2	如果我……就好了	9	我行！
3	这是我应得的赞赏	10	以后我会更好
4	我打算……	11	我尽力去做
5	我能做……	12	这很有趣
6	真麻烦！	13	这是一次机会
7	以后再……	14	别人都不喜欢我

消极的语言：

____

积极的语言：

____

在生活中，尤其是考试前、表演前、比赛前，甚至课上回答老师问题前，学生经常会出现紧张、胆怯的情况，但是只要养成运用积极语言进行自我暗示的习惯，就能应对自如（表5-5）。

表5-5 暗示语转化

消极暗示语	积极暗示语
别紧张！	沉着、冷静、放松！
千万别失误！	全力以赴，一定能做好！
别去想输赢和结果。	尽力做最好的自己！

肯定地表达自己的感受。如:“沉着、放松,我对数学(或绘画、弹琴、英语等)特别有把握”“状态不错,一定能发挥好”“我喜欢表演(或辩论、演讲、球赛)”等,将它们大声说三遍,注意每遍的自我感受。

3.“成功”激励

成功能创造成功。如果你刚刚取得了成绩,很容易就会觉得对任何事情都有积极性。情绪不会局限在一个特定的点上,因此一次小小的成功,无论是来自同学的一句鼓励,还是完成了一道难解的题目,都会让你产生巨大的激励。你可以有很多种方法把原先的小成功积累起来激发新的动力。把你要做的事列个清单,先安排简单的,比如每天的晨练,或者自己宣个誓,这都是办法。

实训活动:自我激励温度计

下面的问题采用“七级量表法”,用数字“1～7”来表示,越靠近数字“1”表示越不符合你的实际情况,越靠近数字“7”表示越符合你的实际情况,“4”表示中间状态,请你务必根据自己的实际情况客观地回答。共12道题。

非常不符合 1→2→3→4→5→6→7 非常符合

(1)我有我的长处,我觉得自己不会比别人差。

(2)当我看到很糟糕的成绩时,我仍然能面带微笑和同学讨论这次的得失。

(3)在我的心中很少有“我不能”这类的词语。

(4)我不安于学习现状,总想学习更多的知识。

(5)我总是能进行积极的自我暗示,说“我一定做到”“我一定胜利”,而不说“试试看”“希望胜利”。

(6)我不觉得课上回答错了问题会很难为情。

(7)认真学习时,与学习无关的一切我都抛到脑后——即使是自己感兴趣的事。

(8)我最讨厌听人说:“凡事不必太争强好胜,因为人总是各有所长。”

(9)我觉得,做出成绩是人生中最重要、最幸福的事,即使受苦也值得。

(10)在预习新课时,我总会提出许多问题。

(11)我认为,好的学业成绩是非常重要的事情。

(12)当学业遇到困难时,我习惯于马上给自己做积极暗示。

解析:

所选数字就是得分,如选5即得5分。把分相加,60分以上的表明自我激励程度很高,48～60分表明能做到自我激励,48分以下表明自我激励程度有待提高,需要及时调整。

同学们可以尝试列举出五个自己的主要学习优势,并拓展、延伸这些优势。

比如,你列举的五个优势是:(1)我有些学科成绩还是可以的;(2)我的记忆力比较强;(3)我能够注意思考和分析问题;(4)我注意运用学习方法和技巧;(5)我有上进心。

你可以这样拓展、延伸自己的优势:(1)我的学习潜力很大,我能学好所有学科;(2)我的记忆力强,能够记住课程内容;(3)我的思考能力强,能理解课程内容;(4)我会运用学习方法,提高学习效率,将各门功课学好;(5)我的上进心能帮助我实现目标。

你可以将上面拓展、延伸的自己的优势进一步拓展、延伸:

(1)我完全能学好所有学科,我有这个能力;(2)我的记忆力强,完全能够记住所学的内容;(3)我善于思考,对所学内容能够深入理解和掌握;(4)我喜欢灵活运用不同的学习方法,并能够取得好的学习效果;(5)我的上进心一定能帮助我实现很多目标。

4.心理训练

(1)回忆故去美好的时光。以往经过痛苦挣扎获得的成功,会让你产生自豪感,激发斗志。

(2)畅想未来辉煌的成就。这样就会给人以奋斗的激励,以期通过外部环境的激励给人以战胜困难的动力,称为奋斗的精神支柱。

(3)假想落魄的景象。假想落魄给人的反面激励,给人的暂时安乐敲警钟,给人施加一定的压力,从而产生动力。

(4)阅读相关的书籍。书籍是人类进步的阶梯。书籍既能给人知识,又能推动人战胜自身的局限性,创造奇迹。

(5)抓住空档,磨炼你的热情。即使一天只有 15 分钟,每天花一点时间在自己最喜欢的事情上,比如利用上班前和另一半吃顿早餐,晚饭后整理阳台的花花草草,上网玩 15 分钟的围棋。如此会让你更容易找回对学习、工作的热情。

(6)让你感到骄傲的努力。准备一张小卡,每天至少写下 3 件让你感到骄傲的事情。这里指的不是你今天又接到一笔多大的案子,而是当你已经付出百分之百的努力准备简报,即使最后提案并没有通过,也应该写下来鼓励自己。如果你真的想不出来自己到底做了哪些努力,或许可以找个值得信任的朋友帮助你。

实训活动:未来生涯幻游

在舒缓的背景音乐下,请大家以舒服的姿势坐好,深呼吸,放松。然后,由老师或一位同伴以缓慢轻柔的语言念出下面的指导语:

想象现在是五年后的某一天,一个平常的工作日。早晨,你从一夜的安睡中醒来,想到即将开始的一天，心中充满了兴奋和期待。你起身，从衣橱中挑出你今天上班要穿的衣服。现在你正在镜子前装扮自己，你穿着什么样的衣服呢？（停顿）现在你开始吃早饭。有人跟你一起吃早饭吗？（停顿）接下来，你准备去上班。你是在家里办公吗？如果不是，你工作的地方在哪里？离你家有多远？你要乘坐什么交通工具去那里？（停顿）

你现在正赶往你工作的地方。它位于什么地方？看起来怎么样？（停顿）你做些什么工作？你主要是操作器械、工具，还是跟人打交道？你的办公场所是什么样的？是在室内还是在室外？（停顿）你跟别人一起工作吗？你跟他们会有一些什么样的交往？

到吃午饭的时候了，你准备去哪里吃饭？跟谁一起去？你们会谈论些什么问题？（停顿）现在回到工作中来，完成这一天的任务。下午的工作与上午的工作有什么不同吗？（停顿）你什么时候结束工作？下班前完成的最后一项任务是什么？（停顿）一天的工作结束了，你会怎样度过夜晚的时间？（停顿）夜里，当你躺在床上回想这一天，有哪些事情让你感到愉快和满足？为什么？（停顿）

当你准备好时，请睁开你的眼睛，并静静地坐一会儿。

请将你在“生涯幻游”中所感受到的细节记录在下面：

____

____

____

____

思考与练习

1.简述职业目标设定的重要性。

2.请结合职业目标确立的原则，对你的大学四年学习生活进行规划。

3.请对自我激励方法进行简要论述。

第六章　生涯决策与行动

哲学家们只是用不同的方式解释世界，而问题在于改变世界。

——马克思

【学习目标】

1.了解生涯决策概念；

2.掌握决策风格类型分析；

3.掌握生涯决策理论；

4.灵活运用生涯规划工具；

5.制订有效时间行动管理方案。

有人说，人生充满选择，但关键只有几步。正如下棋，一步之差，可能全盘皆输。生活就是由一系列的选择组成的，在做出选择之前有一个很重要的心理过程——决策。一个人遇到的麻烦和不如意，往往是由于他做出了不合适的决策或未做出决策而产生的。你经常用什么样的方法做决定？

职业生涯决策是一个复杂的过程，常常会令人左右为难，很难用简单的方程式来概括。人不可能完全理性，但学会把一些理性的方法引入生涯决策中，培养理性决策的能力将使你受益终生。当面临选择的时候，我们是果断的还是犹豫的？是理智的还是逃避的？我们在决策的时候要考虑哪些要素？我们应该学会的决策方式是什么？本章将带领你一起学习生涯决策的系统理论，了解决策过程，熟悉决策方法，从而帮助为自己的未来做一个英明的决策。

【导入案例】

“沙漠幸存者”生存游戏

【情景介绍】一架飞机迫降于酷日炎炎的沙漠中，机组成员全部遇难。作为幸存者，“我们”迫降在离预定着陆定点100公里左右的沙漠之中。

现在气温为108华氏度，大约42摄氏度，地面温度为130华氏度，大约54.4摄氏度。

飞机迫降前，飞行员已经把飞行计划交给了空中交通控制中心，并告诉我们距离迫降地点115公里之外有一个村庄。幸存的我们并不懂驾驶飞机，目前为T恤等简单着装，身上带了500元，从飞机里抢救出了15件物品。

【机上物品清单】

(1)手电筒(4节电池大小)；

(2)迫降区的地图；

(3)每人一升水；

(4)降落伞(红白相间)；

(5)每人一副太阳镜；

(6)指南针；

(7)手枪和6发子弹；

(8)书——《沙漠中可食的动物》；

(9)塑料雨衣；

(10)每人一件外套；

(11)1升伏特加酒；

(12)急救箱；

(13)匕首；

(14)一瓶盐片(1000片)；

(15)化妆镜。

【任务要求】个人单独排序，然后小组排序，最后参考解析中的专家排序统计得分(表6-1)。

【规则】小组排序要求所有成员都必须发表意见，并达成共识。在小组达成共识的过程中，不允许投票，不允许抛硬币。

表 6-1　排名

物品编号	重要性排名		
	个人排序	小组排序	专家排序
1			
2			
3			
4			
5			
6			
7			
8			
9			
10			
11			
12			
13			
14			
15			

【计分方法】将你选好物品次序和正确次序加减起来，不计正负，再把 15 样物品加起来为总分。例如：手电筒正确次序为 4，而我选的次序为 10，所以我的得分为 6 分。

【算一算生存概率】0～25 分，100％；26～32 分，75％；33～45 分，60％；46～55 分，50％；56～70 分，30％；70 分＞以上，0％。

分析：

1.专家解说

(1)化妆镜。在各项物品中，镜子是获救的关键。在白天用来表示你的位置，是最快和最有效的工具。镜子在太阳光下，可产生相当于 5～7 万支蜡烛的烛光。如反射太阳光线，在地平线另一端也可看到。如没有其他物品，只有一面镜子，你也有 80％获救的机会。

(2)每人一件外套。如失事的位置被获悉，在拯救队未到前，便要设法减少体内水分的散发。人体内有 40％是水分，流汗和呼吸会使水分消失，保持镇定可减低脱水的速度。穿上大衣能减少皮肤表面的水分散发，假如没有大衣，维持生命的时间便会减少。

(3)每人 1 升水。如有上述(1)、(2)两项物品，可生存三日。水有助降低体内脱水的速度，口渴时，最好赶快喝水，使头脑清醒。尤其是在第一天，要制造遮蔽的地方。当身体已经开始脱水时，喝水则没有多大效用。

(4)手电筒(4节电池大小)。在晚上,手电筒是最快和最可靠的发讯号工具。有化妆镜和手电筒,24小时都可以发出信号。手电筒也有其他用途:日间可用电筒的反光镜和玻璃做信号及点火引燃之用;装电池的部分可用来挖掘或盛水。(参考塑料雨衣部分之蒸馏作用)。

(5)降落伞(红白相间)。可用来遮阴和发信号。

(6)匕首。匕首可切断坚韧的仙人掌,也有其他用途。刀可排列在较前的位置。

(7)塑料雨衣。可做“集水器”。在地上挖一洞,用雨衣盖在上面,然后在雨衣中央放一小石块,使之成漏斗形。日夜温差可使空气的水分附在雨衣上,将雨衣上的水滴在电筒盖中存储,每天大约可收集半公升的水。

(8)手枪和6发子弹。第二天之后,你们说话和行动已很困难,身体已经产生6%~8%的脱水,这时,手枪成为很有用的工具,弹药有时要做起火之用。枪声还能作为求救信号。在无数事件中,因为求生者不能发出求救声音,所以没有被人发现。另外,枪柄可当作锤子来使用。

(9)每人1副太阳镜。在猛烈的太阳光下,会患光盲症。用降落伞遮阴可避免眼睛受损,也可用黑烟将眼镜熏黑,用手绢或纱布蒙眼,也可避免眼睛被太阳光灼伤。相比而言,用太阳镜则更舒适。

(10)急救箱。救护箱没有排名靠前,因为沙漠湿度低,身体的脱水会使血液凝结,减少血液流失。急救箱没有那么必要。

有事件记录:有一男子体内失去水分,而身上的衣服已被撕破,倒在尖锐的仙人掌和石块上,满身伤口,但没有流血。后来被救,饮水后伤口才流血。纱布可当绳子或包扎脚部、足踝、头部或面部做保护之用。

(11)磁石指南针。除用其反射面发信号之外,指南针并无其他用处。反而有引诱人们离开失事地点的危险。

(12)迫降区的地图。可用来起火或当厕纸。也可用来遮盖头部或眼睛。它也会引诱人们走出失事地点。

(13)书——《沙漠中可食的动物》。目前最大的问题是脱水,并不是饥饿。打猎所得相等于失去的水分,沙漠中动物也甚少可见。吃食物也需要大量的水来帮助消化

(14)1升伏尔加酒。剧烈的酒精会吸收人体内的水分,更可致命。

(15)一瓶盐片(1000片)。人们过分高估盐的作用。如血液内的盐分增加,同时也需要大量的水以降低体内的含盐量。

2.战略思维和选择

(1)等待救援。因为科技日新月异,飞机失事后可能很快就有救援,茫茫沙漠,如果错过了可能就失去了获救机会。

(2)维持生命。也有可能要等待一段较长的时间才能获得救援,所以在等待期间要尽可能地延长生命,保护好自己。

(3)自行逃生。沙漠中面对酷热、沙暴,自行逃生基本是不可能的,即使是酷热后的傍晚或夜间(白天的酷热煎熬,脱水已有些严重,昼夜温差又大),所以放在最后。

第一节　生涯决策概论

一、生涯决策的含义与内容

(一)生涯决策的含义

"决策"一词的意思是决策者为达到一定目的,对若干可行性方案经过各种考虑和比较之后,对应当做什么和应当怎么做下的决定。决策不等于选择。生涯决策是指对生涯事件的选择和决定的过程而不单单是一种结果。做决定是人成长过程中的重要环节,一些重要决定甚至可能成为一生的里程碑。随着年龄的增长,我们不得不自行决定一些重大的事情,例如考试、升学、交友、就业、婚姻等,甚至日常生活中的琐事也都充满着抉择。大学生在职业生涯发展过程中会面临许多抉择的情境,需要在多个选择之间进行衡量,以实现价值最大化。

(二)生涯决策的内容

职业生涯决策的内容包括:选择何种行业;选择行业中的哪一种工作;选择所适用的策略,以获得某一特定的工作;从数个工作机会中选择其一;选择工作地点;选择生涯目标或升迁目标。

在以上这些内容中,最重要的是"三定":

1.定方向

定方向是为了达成目标而选择的一种路径。一旦方向出错,就会距离目标越来越远。因此,大学生在进行职业定向的时候需要有冷静的头脑和十足的勇气,应根据自己的兴趣、理想、专业去选择自己未来的职业定向。

2.定地点

即确定职业发展的地点。就中国来说，各地经济发展现状和前景都有所不同，甚至差异很大，比如中心城市和边远地区，沿海一带和西部地区。因此，大学生定职业地点时，应该根据自身的实际情况综合多方面因素慎重考虑。

3.对自己进行准确定位

择业前要对自己的水平、能力、薪资期望、心理承受能等进行全面分析，做出较合理的定位。不可悲观，把自己定位过低；更不要高估自己，导致期望值过高。确立从基层做起、从基础做起，逐步积累经验，循序渐进，谋求发展的求职理念。

实训活动——人生的三个重大决定

【想一想】请回想迄今为止，你在人生中所做的三个重大决定，按以下四个部分进行描述并写在纸上：

【写一写】

(1)当时的目标或情境是什么？

(2)你所拥有的选择是什么？

(3)你做出了什么样的选择？你做出该选择的依据是什么？

(4)现在你对当时的选择有什么评价？

当完成对三个重大决定的描述之后，再综合分析一下，上述三个事件中的决策有什么共同之处，从中可以看出你在做决策时有什么特点，以及个人决策风格如何改进。

二、生涯决策的影响因素

美国斯坦福教授克朗伯兹(Krumboltz)认为四类因素会影响一个人的生涯决策，那就是：遗传天赋和特殊能力、环境状况和事件、学习经验、任务取向的技能。

1.遗传天赋和特殊能力

个人得自于遗传的一些特质，在某种程度上限制了个人对职业或学校教育选择的自由。这些因素包括：种族、性别、外在的仪表和特征等。某个人的特殊能力也会影响其在环境中的学习经验,伴随这些学习经验而来的兴趣与技能与个人未来的职业选择有相当密切的关系。个人的特殊能力包括:智力、音乐能力、美术能力、动作协调能力等。

2.环境状况与事件

克朗伯兹认为,影响教育和职业的选择因素中,有许多来自外部环境,而非个人所能控制的。这些环境状况和事件来源于人类活动(如社会、文化、政治或经济的活动),也能由自然力量引起(如自然资源的分布或天然灾害)。很显然,家庭的社会经济地位(偏远农村还是沿海城市,是否贫困家庭)、家庭对于个人的期望(如是否重视教育)、所在地区的教育水平等,都会一定程度地影响个人的求学背景和发展机会,而像"改革开放"这样重大的社会政治经济变革,也极大地改变了社会中千万人的人生轨迹。

3.学习经验

这里所说的"学习"是广义的学习,即每个人在日常生活中不断积累的经验和认识。个体的学习经验是独特的,而这对于个体的职业生涯选择又具有重要的影响。一个人是自信还是自卑,敢于冒险还是畏惧变化,怎样看待其他人,对于教师、医生、警察等各种职业有些什么样的印象,他更看重工作带来的成就感以及与家人相处的时间,等等,无不与个人的学习经验有关。

例如,一个孩子在与小伙伴玩耍的过程中,发现如果自己愿意与伙伴们分享玩具,别人就会更乐意跟自己玩。那么,这个孩子可能由此学到了"分享""合作"。而如果父母总是为自己的孩子包办一切,不允许他有自己独立的想法或喜好,那这个孩子就学到了"不负责任"。这样的孩子长大到该独立进行职业决策的时候,就很难承担决策的责任,也没有自己的主见。又比如某小学生恰好遇上了一位特别和蔼可亲、循循善诱的数学老师,于是对数学产生了浓厚的兴趣,对教师这一职业也怀有美好的向往。在成年后,他最终选择数学教师作为自己的终身职业。由此可见,每个人在其成长过程中都积累了无数的学习经验。

4.任务取向的技能

受到上述种种因素的作用,个人在执行一项任务时,会表现出特定的工作习惯、解决问题的能力、心理状态、情绪反应和认知的历程,这些称之为"任务取向的技能"。

例如,面对找工作这件事情,所有的同学都没有经验,都感到犯怵。但其中有的人可能会积极地面对困难,会想到利用学校就业指导中心所提供的各种信息和资源(如选修职业生涯规划课程、听讲座、参加学校组织的各种实践活动等),向自己的亲友、老师和高年级的同学请教,之后再开始探索和思考自己的兴趣、能力,并着手寻找实习的机会。这样,他们到了大四的时候，已经对自己和劳动力市场都有了一定的认识，也积累了不少的信息和资源。另外一些人则一味地拖延，不去面对困难，直到大三或大四时才开始着急，或寄希望于自己的父母和亲戚能够帮忙找一份工作，或埋怨学校不帮助毕业生联系就业单位，最后只能草草找到一个工作了事。在这个过程中，不同的人所表现出来的心态、习惯和能力就反映了他们不同的任务取向的技能。

在以上这四类影响职业决策的因素中，前两类（遗传和环境）通常都在个人的控制之外，而后两类（学习经验和任务取向技能）则是个人在成长过程中可以不断积累和更新的。克朗伯兹认为：上述四种因素交互作用的结果，形成了个人对自我和世界的推论或信念。

实训活动——了解影响你生涯决策的要素

图 6-1 列出了很多可能会影响你未来做生涯决策的因素，请你仔细思考过后在纸上用 1～5 来表示它在你做决定时考虑的重要程度：(1)表示非常不重要；(2)表示比较不重要；(3)表示一般重要；(4)表示比较重要；(5)表示非常重要。

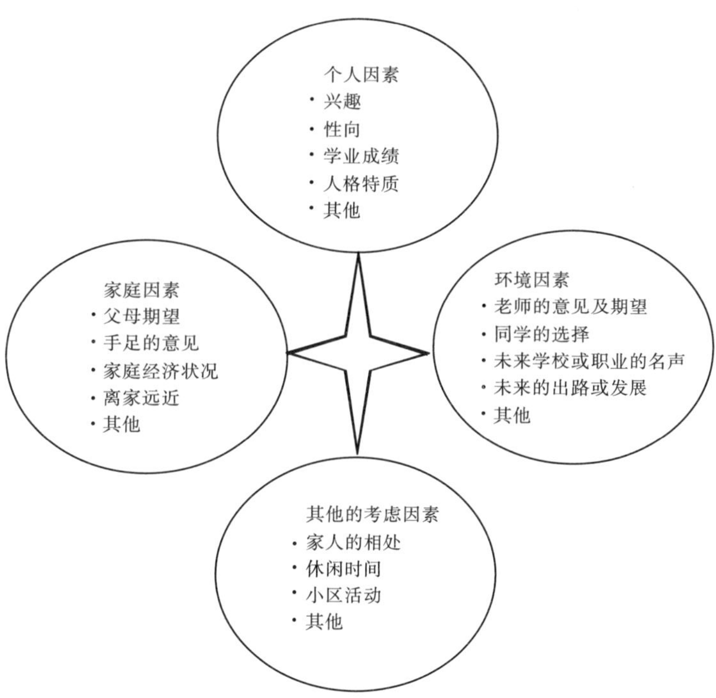

图 6-1 影响你未来做决策的因素

三、生涯决策风格类型

根据美国生涯专家斯科特(Scott)和布鲁斯(Bruce)1995年所做的研究,典型的生涯决策风格有五种类型:理智型、直觉型、依赖型、回避型和自发型[①]。

实训活动——桃园摘桃

路边有一片桃园,假如你可以进入桃园摘桃子,但只许前进不许后退,只能摘一次,要摘一个最大的,你会怎么办?

A.对视野内的桃子进行比较,形成一个大概的标准,再根据这个标准选择最大的桃子。

B.“我感觉这个大”,就摘这个了。

C.“去问看桃园的人,让他告诉我什么样的最大!”或者问旁边的人什么样的最大。

D.先别管了,走到最后再说吧。

E.稍微比较,迅速摘一个。

【思考】

经过前面的测验可以看出你属于哪一种类型?你喜欢这样的自己吗?你认为如何做可以使自己更完美?

结果说明:

A.理智型。强调综合全面地收集信息,理智地思考和冷静地判断分析。

B.直觉型。以自我判断为导向,在信息有限时能够快速做出决策,发现错误时能迅速改变决策。

C.依赖型。倾向采用他人建议与寻求支援,往往不能承担自己做决策的责任。

D.回避型。拖延不果断,倾向于不考虑未来的方向,不知道自己的目标,也不思考,更不寻求帮助。

E.自发型。不能容忍决策的不确定性以及由此带来的焦虑情绪,具有强烈的即时性,对快速做决策的过程有兴趣。

---

① 杨桦.体育院校大学生职业发展与就业指导[M].北京:北京体育大学出版社,2015:115.

（一）理智型

以周全的探求、对选择的逻辑性评估为特征。理智型的决策者具备深思熟虑、分析、逻辑的特性。这类决策者会评估决策的长期效用并以事实为基础做出决策。理智型决策风格是比较受到推崇的决策方式，强调综合全面地收集信息，理智地思考和冷静地分析判断，是其他决策风格的个体需要培养的一种良好的思考习惯。

（二）直觉型

以依赖直觉和感觉为特征，比较关注内心的感受。直觉型的决策风格以自我判断为导向，在信息有限时能够快速做出决策，当发现错误时能迅速改变决策。由于以个人直觉而不是理性分析为基础，这类决策发生错误的可能性较大，因此，易造成决策不确定性，容易使直觉型决策者丧失信心。

（三）依赖型

以寻求他人的指导和建议为特征。依赖型的决策者往往不能够承担自己做决策的责任，允许他人参与决策并共同分享决策成果，会受到他人的正面评价，但也可能因为简单地模仿他人的行为导致负面的结果。依赖型的决策者需要判断生活中重要他人对自己的影响程度。

（四）回避型

以试图回避做出决策为特征。回避型的决策风格是一种拖延、不果断的方式。面对决策问题会产生焦虑的决策者，往往因为害怕做出错误决策而采取这样的反应。往往是由于决策者不能够承担做决策的责任，而倾向于不考虑未来的方向，不去做准备，不知道自己的目标，也不思考，更不寻求帮助。这样的决策者更容易受到学校等支持系统的忽略。所以，这些学生需要意识到自身的决策风格及其可能造成的危害，努力调整，增强职业生涯规划的意识和动机，才能从根本上得到帮助。

（五）自发型

以渴望即刻、尽快完成决策为特征。自发型的个体往往不能够容忍决策的不确定性以及由此带来的焦虑情绪，是一种具有强烈即时性，并对快速做决策的过程有兴趣的决策风格。自发型决策者常会基于一时的冲动，在缺乏深思熟虑的情况下做出决策，此类决策者通常会给人果断或过于冲动的感觉。

实训活动——测算你的决策风格

你平时是如何做决定的呢？下面题目中的句子，是一般人在处理日常事务及生涯决策时的态度、习惯及行为方式。请阅读这些句子并填写右边的选项，注意每一个选项无所谓对错，只要符合你的真实情况就可以帮助了解自己的决策风格。当你完成下面的选择之后，将得分计算出来，看看你是属于哪一类的决策风格。生涯决策风格类型测试如表6-2所示。

表6-2　生涯决策风格类型测试表

序号	情景陈述	符合	不符合
1	我常常做草率的判断	□	□
2	我常常凭一时冲动做事	□	□
3	我经常改变我所做的决定	□	□
4	做决定之前，我从未做任何准备，也未分析可能的结果	□	□
5	我常常不经慎重思考就做决定	□	□
6	我喜欢凭直觉做事	□	□
7	我做事时不喜欢自己出主意	□	□
8	做事时我喜欢有人在旁边，以便随时商量	□	□
9	发现别人的看法与我不同，我便不知该怎么办	□	□
10	我很容易受到别人意见的影响	□	□
11	在父母、师长或亲友催促我做决定之前，我并不打算做任何决定	□	□
12	我常让父母、师长或亲友来为我做决定	□	□
13	碰到难做决定的事情，我就把它搁在一边	□	□
14	遇到需要做决定时，我就紧张不安	□	□
15	我做事总是东想西想，下不了决心	□	□
16	我觉得做决定是一件痛苦的事情	□	□
17	为了避免做决定的痛苦，我现在并不想做决定	□	□
18	我处理事情经常犹豫不决	□	□
19	我会多方收集做决定所必需的一些个人及环境的资料	□	□
20	我会将收集到的资料加以比较分析，列出选择的方案	□	□
21	我会考虑各项可行方案的利益得失，判断出此时此地最好的选择	□	□
22	我会参考他人的意见，再斟酌自己的情况来做出最适合自己的决定	□	□
23	经过深思熟虑之后，我会明确一个最佳的方案	□	□

计分方法:选择符合的记1分,不符合的不计分。生涯决策风格类型测试结果如表6-3所示。得分最高的一组代表主要决策风格。

表6-3　生涯决策风格类型测试结果

题号组	1～6题组	7～12题组	13～18题组	19～24题组
得分				
决策类型	直觉型	依赖型	回避型	理智型

第二节　职业生涯决策理论

一、泰德曼两阶段七步模型

美国职业生涯学家泰德曼(Tiedeman)提出的生涯决定理论,即泰德曼模型,认为职业决策是与个人的心理发展同时进行的,只有通过系统的问题解决,以个体的整体认知能力为基础,把个体的独特性与职业世界的独特性结合在一起,才能做出合理的职业决策。

泰德曼将其分为两个阶段、七个步骤:

第一阶段是预期阶段,该阶段又可分为四个步骤:(1)探索,即对不同的选择方向及可能目标进行认真分析和思考;(2)具体化,即经过对各种选择方向或可能目标的优缺点进行仔细的分析斟酌,确定几种备选方案;(3)抉择,即选定一个可以消除眼下所受困扰的方案;(4)明确化,即对选择的方案进行进一步的检验。

第二阶段是履行和调整阶段,包括三个步骤:(1)定向,即开始执行自己的选择,也是新经验的开始,在新的环境中,争取他人的接纳;(2)转化,即调整步伐与心态,专心致志,肯定在新环境中的角色,并全力以赴;(3)整合,即个人的信念与集体的信念达到平衡与妥协。其中,第一阶段的主要任务是做出职业决策,而第二个阶段则是对前一阶段决策的实践和检验。

二、认知信息加工过程理论

1991 年,盖瑞・彼得森(Gary Peterson)、詹姆斯・桑普森(James Sampson)、罗伯特・里尔登(Robert Reardon)合著了《生涯发展和服务:一种认知的方法》(*Career Development and Services: A Cognitive Approach*)一书,阐述了这一认知信息加工(Cognitive Information Processing, CIP)的方法。

CIP 理论认为生涯发展就是看一个人如何做出生涯决策以及在生涯问题解决和生涯决策过程中是如何使用信息的。该理论吸收了认知行为干预、决策制定策略等方法,提出了认知信息加工金字塔和 CASVE 循环这两个核心观点。

(一)理论假设

该理论假设:

(1)生涯选择以认知与情感的交互作用为基础;

(2)进行生涯选择是一种问题解决活动;

(3)生涯问题解决者的能力取决于知识和认知操作;

(4)生涯问题解决是一项记忆负担繁重的任务;

(5)生涯决策要求有动机;

(6)生涯发展包括知识结构的持续发展和变化;

(7)生涯认同取决于自我知识;

(8)生涯成熟取决于一个人解决生涯问题的能力;

(9)生涯咨询的最后目标是促进来访者信息加工技能的发展。

(二)主要内容

1.认知信息加工金字塔

该理论把生涯发展与咨询的过程视为学习信息加工能力的过程。该理论的提出者按照信息加工的特性构成了一个信息加工金字塔(图 6-2)。位于塔底的领域是知识的领域,包括自我知识和职业知识。中间领域是决策领域,包括了沟通—分析—综合—评估—执行五个阶段(CASVE 循环)。最上层的领域是执行领域,也称为元认知。元认知是一个人所具有的关于自己思维活动和学习活动的知识及其实施的控制,是任何调节认知过程的认知活动,即是任何以认知过程与结果为对象的知识(Fulavell,1978)。元认知包括自我言语、自我觉察、控制与监督。

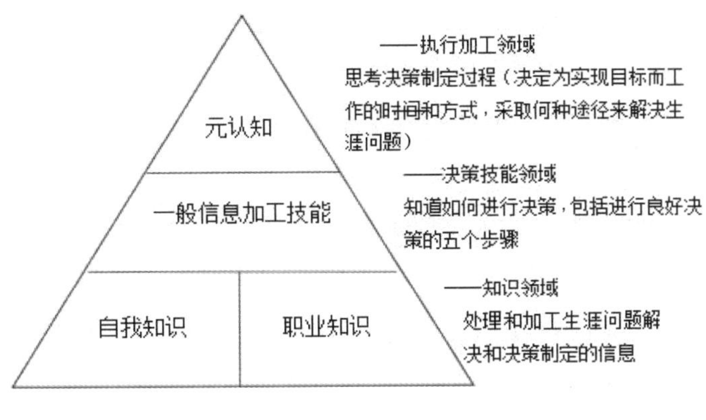

图 6-2　CASVE 循环

2.CASVE 循环

该循环由沟通(communication)—分析(analysis)—综合(synthesis)—评估(valuation)—执行(execution)五个步骤组成，其英文缩写为 CASVE 循环(Peterson, Sampson&Reardon,1991)。

该理论认为，知识领域相当于计算机的数据文件，需要我们进行存储。决策领域是计算机的程序软件，让我们对所存储的信息进行加工处理。执行领域相当于计算机的工作控制功能，操纵电脑按指令执行程序。决策技能可以通过学习五阶段循环模型(图 6-3)获得。这五个阶段是：

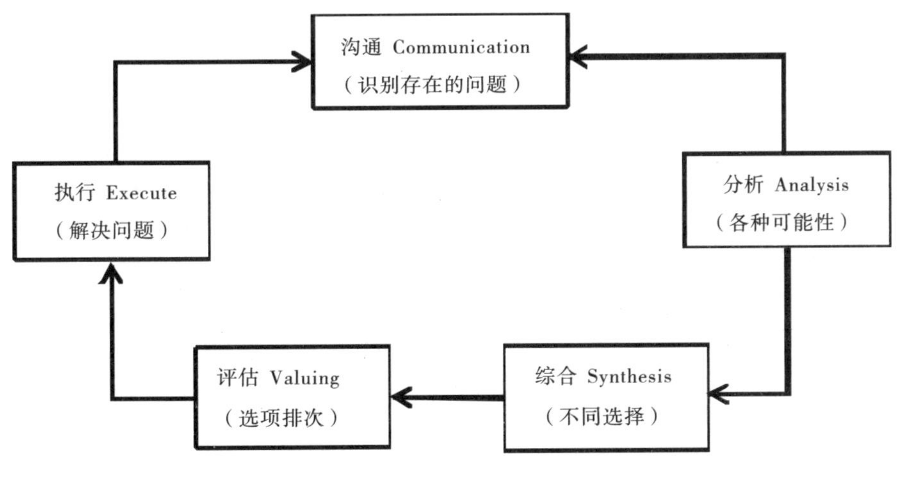

图 6-3　CASVE 模型

①沟通(确认需求)：个人开始意识到问题的存在；

②分析(将问题的各组成部分相互联系起来)：对所有的信息进行分析；

③综合(形成选项):个人可能形成的解决方法并寻求实际的解决方法;

④评估(评估选项):评估每个选项的优劣,评出先后顺序;

⑤执行(策略的实施):依照选择的方案做出行动。

(1)沟通

沟通,即识别问题的存在。包括发现理想情景与现实情况之间的差距;通过内部和外部信息表现出来;意识到自己需要做出一个选择,充分认识到问题不能忽视。这一步是决策的开始。

【案例分析】

莫虹的沟通阶段

某高校大学生莫虹,会计学专业,考入大学前认为财会类专业毕业之后找到工作是顺理成章的事情。但步入大学校门后,听到来自媒体和高年段的同学们在求职中遇到的种种问题,才意识到找工作不是简单的事情,而自己对此一无所知,开始考虑应当如何提前准备。在这个阶段莫虹明白了自己需要重新认识,开始采取行动。

(2)分析

分析,将问题各部分联系在一起。首先分析对自己了解的程度如何,对于将来的去向了解的程度如何。其次要把二者联系起来思考、分析、研究,对现状进行总体评估,从而了解自己和自己可能的选择。

充分了解问题和差距后,试着给自己提出以下一些问题:

①自己要解决这个问题需要具有哪方面的优势?

②我需要做些什么才能解决这个问题?

③为什么我有这样的感受?我了解环境的哪些方面?

④我的家人、朋友、同学、师长如何看待我的决策?

⑤做选择的压力从何而来?

接下来先对这些问题进行分析,不少人将目标与达成目标的手段混淆,比如为了学历而读书,但实际上学历只是手段,就业才是最终目的。如果没有弄清楚自己的目标,比如出国或者考研是为了什么,就开始盲目行动,必然不会有好的结果。可以说,分析是决策过程中最容易出现问题的阶段。许多人倾向于用简单化的方式得出结论,直接跳到行动步骤,而未能真正弄清问题的关键,也未能收集充足的信息。职业生涯问题解决者通常会改善自我认知,不断了解职业世界和家庭需要。

【案例分析】

莫虹的分析阶段

在分析阶段，莫虹努力了解到造成第一阶段发现差距的原因，即自我认知和职业认知都不准确。接下来，莫虹将通过以上自我提问环节充分了解这些因素，然后把各种因素和相关知识联系，例如，把自我认知和职业选择联系起来，将家庭和个人生活的需要融入职业选择中。

(3)综合

综合，形成可以行动的选项。其核心任务是"确定我可以通过什么来解决问题"。这是一个扩大并缩小选择清单的过程。这份清单应该大致符合自己的性格、兴趣、气质、能力和价值观等个性因素。首先，尽可能多地找到消除差距的方法，发散性地思考每一种办法，甚至采用"头脑风暴"进行创造性思维。然后，缩小有效方法的数量，通常缩减到 3～5 个选项，形成我们自己的预期职业库。

【案例分析】

莫虹的综合阶段

莫虹根据以前学到的职业认知的方法，多渠道加强对职业世界的探索，列出了自己感兴趣的职业清单：银行柜员、企业出纳、会计等。运用自我认知工具，正确认识自己的能力、兴趣与人格特质，将以上信息进行整合，找出自己现状与备选职业的差距，从而制订出行动方案。

(4)评估

评估是对各选项进行排序。第一阶段，评估每一种选择对决策者和他人的影响。第二阶段，对综合阶段得出的各种选择进行排序。此阶段的主要环节有：对本人和重要他人的影响；根据当事人的道德观念对每种选择进行判断；对个人而言，什么是最好的；对重要他人而言，什么是最好的；对自己所处的团体而言，什么是最好的；对综合阶段做出的选择进行排序；选出自己的最佳选择。

【案例分析】

莫虹的评估阶段

在这个阶段，莫虹就自己的几个职业方向请教了家人和同学，但是感觉他们的意见和指导性不强，于是她运用了 SWOT 分析法和职业生涯决策平衡单法(具体方法参考本章第三节的相关介绍)，针对自己的职业目标进行了分析和排序，选出了适合自己的最佳方案。

(5)执行

执行，形成目标计划并行动。这一阶段，是决策者将认知转换为有计划、有策略的具体行动。

【案例分析】

莫虹的执行阶段

根据评估结果，莫虹选择了最佳职业目标，同时根据职业目标，制订出自己的行动计划与方案。当然，行动之后还需要进行检测，看行动结果是否有助于缩小理想与现实之间的差距。

最后，从沟通再开始循环，用事实和结果来反馈开始。

CASVE 循环是一个自身不断循环的过程，在执行阶段结束之后，又回到沟通阶段，以确定自己的选择是否是最好的——理想与现实情境之间的差距是否已经消除。这时候，需要回答以下一些问题：

①事情是否已经发生了改变？

②我的朋友和亲戚们对我的选择有何反应？

③我现在感觉怎么样？

④我是否回避了某些应该做的事情？

如果原先在沟通阶段体验到的消极情感已经转化为积极情感，那么说明 CASVE 循环的问题解决过程是成功的。这是了解自己是否做了一个好的选择的阶段。此阶段的主要环节有：检验问题信号是否消失，问题解决过程是否成功，是否需要启动 CASVE 循环。此阶段中，莫虹根据制订的学习行动计划实施后的情况，进行了评估，通过自己和同学、家人的反馈，她意识到自己正一步步向职业目标迈进，认识到决策是科学的、计划是可行的。

总之，CASVE 循环是一个持续的过程，一个循环过程结束意味着另一个循环过程的开始。利用 CASVE 循环可以解决职业生涯问题，能够使职业生涯决策过程处于高效率运作状态。

三、社会学习理论

克鲁姆伯尔茨(Krumboltz)(1979)认为有四类因素会影响一个人的生涯决定，即遗传天赋、环境、学习经验以及任务进行技巧。

该理论把职业决策分为界定问题、设立行动目标、澄清价值、认同替换、发现可能的结果、系统地消除可选项和开始行动七个步骤。

该理论认为生涯的选择是一种相互的历程，这种选择不仅反映个人自主的选择结果，也反映社会所提供的就业机会与要求。

四、PIC 模型

PIC 模型的理论基础是方面排除理论，是一种在决策方案之间做出选择的方法。

在选择过程的每一阶段，要挑选出某一属性或某一方面，根据其重要性对之做出评价，对不符合决策要求的属性应予以排除，直到剩下某种未排除的方面或属性时，再做出最后的选择。

PIC 模型根据不同的目的、过程和结果将职业决策过程分解成三个主要的阶段；排除阶段、深度探索阶段和选择阶段，“PIC”即这三个阶段的缩写。

①即排除阶段(prescreening)：职业世界为人们提供了大量接受教育培训和工作的机会，但我们在对职业做出选择时可能会感到困惑，为了消除困惑，本阶段的目的就是根据个人偏好，排除那些与个体偏好不兼容的职业，从而得到少量的、可操作的部分“有可能的方案”；

②深度探索阶段(in-depth exploration)：通过对“有可能方案”的深度探索，产生一些合适的方案，确定一些既有希望又适合个体的职业；

③选择阶段(choice of the most suitable alterna-tive)：基于对所有合适方案的评估和比较，挑选最合适的方案。

第三节　职业生涯决策方法

为了减少风险，职业生涯决策人应尽可能充分地考虑决策所涉及的多方面因素，解决众多职业决策中的挑战与困难，可以通过多种技术进行调节和改善。

一、SWOT 分析法

SWOT 分析法是指对于优势（Strengths）、劣势（Weaknesses）、机会（Opportunities）、威胁（Threats）进行分析的方法，最早是哈佛商学院的安德鲁斯教授于 1971 年在其《公司战略概念》一书中提出的。安德鲁斯把面临竞争的企业所处的环境分为内环境和外环境，其中内部环境分析包括企业的优势分析和劣势分析，而外部环境分析则包括企业面临的机会分析和威胁分析。这种综合分析企业的内外环境，从而为企业中长期发展制定战略的方法即 SWOT 分析法。

（一）SWOT 矩阵

SWOT 分析法常被个体作为生涯规划决策分析方法使用，用以检查个体的技能、能力、喜好和职业，分析个体的优点和弱点，评估出自己所感兴趣的不同职业道路的机会和威胁所在。

从这个矩阵模型（图 6-4）中，我们可以清楚地看到自己的竞争力和发展机会，从而能够制订出恰当的生涯目标；同时还能清晰地认识到自己的不足和外在的威胁，为提升自己提供良好的现实依据。

个体在进行 SWOT 分析时，可以采取多种方法来确定自身的优势与劣势、机会与威胁。目前最常使用的是关键提问法，即连续不断地向自己提问，从答案中进一步了解自己。例如，个体可以通过向自己提一系列问题来逐步确定自己所面对的外在环境和机会：我的前景在哪里？我所学的专业领域中目前最先进的知识技术是什么？我是否尽了一切努力来让自己朝它靠近？什么样的培训和再教育能够让我获得更多的机会？MBA 或其他学历是否能够增加我的优势？在目前的工作里，我多久能够得到提升？技术和市场的变化、政府政策的变动以及社会形态、人口状况、居民生活方式的变化是否会给我带来机会（表 6-4）？

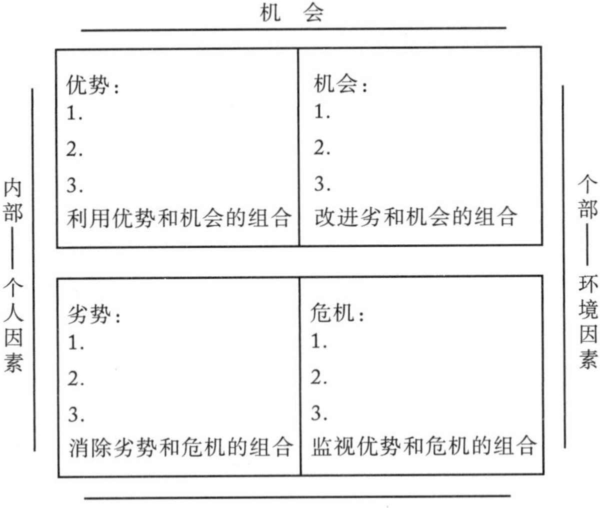

图 6-4 SWOT 矩阵模型

表 6-4 个体生涯决策 SWOT 矩阵

	优势	劣势
内部因素	指个体可控并可利用的内在积极因素： (1)工作经验 (2)教育背景 (3)丰富的专业知识和技能 (4)特定的可转移技巧(如沟通、团队合作、领导能力等) (5)人格特质(如职业道德自我约束、承受工作压力的能力、创造性、乐观等) (6)广泛的社会关系网络 (7)在专业组织中的影响力	指个体可控并努力改善的内在消极因素： (1)缺乏工作经验 (2)学习成绩差，专业不对口 (3)缺乏目标，且对自我的认知和对工作的认知都十分不足 (4)缺乏专业知识 (5)较差的领导能力、人际交往能力、沟通能力和团队合作能力 (6)较差的寻找工作的能力 (7)负面的人格特征(如职业道德败坏、缺乏自律、缺少工作动机、害羞、情绪化等)
	机会	威胁
外部因素	指个体不可控但可以利用的外部积极因素： (1)就业机会增加 (2)再教育的机会 (3)专业领域急需人才 (4)由于提高自我认识、从事具体工作目标带来的机遇 (5)专业晋升的机会 (6)专业发展带来的机会 (7)职业道路选择带来的独特机会 (8)地理位置的优势 (9)强大的关系网络	指个体不可控但可以使其弱化的外部消极因素： (1)就业机会减少 (2)由同专业的大学毕业生带来的竞争 (3)具有丰富技能、经验、知识的竞争者 (4)拥有较好的寻找工作技巧的竞争者 (5)名校毕业的竞争者 (6)缺少培训、再学习造成的职业发展障碍 (7)工作晋升机会十分有限或者竞争激烈 (8)专业领域发展有限 (9)公司不再招聘与你同等学力或专业的员工

(二)SWOT 应用实例

一位心理学专业的毕业生对是否选择进入企业从事人力资源管理工作的 SWOT 分析。

【生涯案例】

步骤一:列出 SWOT 矩阵。(表 6-5)

表 6-5 SWOT 列阵示例

内部分析	自身优势:S	自身劣势:W
	(1)本科学历,成绩优秀	(1)师范院校毕业
	(2)丰富的学生干部管理经验	(2)丰富的学生干部管理经验
	(3)大型公司半年实习经验	(3)专业不对口
外部分析	周围职业环境的机会:O	周围职业环境的威胁:T
	(1)人力资源管理部门逐渐受到企业的重视	(1)人力资源管理方向的毕业生
	(2)"入世"后,外资企业的进入导致人力资源管理人才需求量的增大	(2)MBA 的兴起
	(3)心理学在人力资源管理中的重要性逐渐凸显出来	(3)人力资源管理在很多企业中仍然处于刚起步阶段,其运作很不规范

步骤二:对各矩阵中因素进行赋值。(表 6-6)

表 6-6 SWOT 赋值示例

内部分析	自身优势:S	自身劣势:W
	(1)本科学历,成绩优秀　9 分	(1)师范院校毕业　5 分
	(2)丰富的学生干部管理经验　8 分	(2)丰富的学生干部管理经验　7 分
	(3)大型公司半年实习经验　8 分	(3)专业不对口　4 分
外部分析	周围职业环境的机会:O	周围职业环境的威胁:T
	(1)人力资源管理部门逐渐受到企业的重视　8 分	(1)人力资源管理方向的毕业生　4 分
	(2)"入世"后,外资企业的进入导致人力资源管理人才需求量的增大　6 分	(2)MBA 的兴起　5 分
	(3)心理学在人力资源管理中的重要性逐渐凸显出来　7 分	(3)人力资源管理在很多企业中仍然处于刚起步阶段,其运作很不规范　4 分

步骤三：分别将 S、O 中各因素分数相加，W、T 中各因素分数相加后进行比较。

S+O=46 分；W+T=29 分。

比较：S+O>W+T。

分析：该心理学本科毕业生认为自己在大中型的外资企业人力资源管理部门工作具有一定的优势，比较适合该工作。

二、5W 法

“5W 法”是一种归零思考，依托的是归零模式，从问自己是谁开始，如果能够成功回答完五个问题，就有最后答案了。

5 个“W”的含义是：Who am I(我是谁)、What will I do(我想做什么)、What can I do(我会做什么)、What does the situation allow me to do(环境支持或允许我做什么)和 What is the plan of my career and life(我的职业与生活规划是什么)。从某种意义上说，回答完这五个问题，也就基本上完成了职业决策和职业规划。

【案例分析】

孙康的 5W 生涯规划

孙康，26 岁，姐姐在英国为他办好了留学攻读硕士学位的手续，他在“出国与留下”的犹豫中，使用以上方法对自己进行了职业生涯规划。经过整理的各组答案如下。

1.我是谁？(Who am I)

我是一家法律事务所的律师(任职一年多，同事关系不错，待遇令人满意)；在来这家事务所前，就读于国内某大学的法学院，成绩一直比较突出，多次获得奖学金，还被评为优秀毕业生。想做一个对社会有贡献的人，想做一个正派的人。

父母都在老家，父亲(退休的公务员)和母亲(普通退休人员)身体都不是很好，需要时常回去看望他们；对生活要求不高，但需要体面而丰富的生活，姐姐前几年研究生毕业就直接出国留学了，有点羡慕；我很爱我的女朋友，我们准备结婚，但时机尚未成熟；身体健康，心理较正常；性格较外向，情绪较乐观；好奇心较强，学习能力不错。

2.我想做什么？(What will I do)

做一名律师、法官或法律学者；和妻子共同住在属于自己的舒适的住房里，每天开着自己的汽车去工作；在父母有生之年能够多尽一点孝心，可能的话把他们接到家里来住；有时想与人合伙开事务所，自己当老板，但现在的老板如果能吸收我做合伙人，并提供更大的事业上升空间似乎更好些。

3.我能做什么?(What can I do)

可承担更多的业务,并能协调律所各部门的关系;能讲一些法学课程;会开汽车;相信还可以学会很多东西。

4.环境支持我做什么?(What does the situation allow me to do)

在当前单位升职,有可能最后获得合伙人身份;市内有多家同类事务所挖我去做项目负责人,薪酬比现在高一二倍(现在一年大约收入7万元),但是他们的事务所太小,不知能否办好,也不知他们能否兑现承诺;可以去大学深造;姐姐可以帮助我联系到国外的大学深造,但以后回来可能还要从头开始。

5.我的职业与生活规划是什么?(What is the plan of my career and life)

继续在现在的单位好好干,不远的将来能晋升,并获得重用;同时在职攻读硕士学位;买房、结婚、买汽车;经常去看父母,以后接他们来住;去其他律所做合伙人;出国读书。

最终职业决策和结果:经过分析,他最后放弃出国,并决定继续留在现在的事务所工作。结果不到三年,他成为律所内最优秀的律师之一,得到老板重用;自己买了房子、车子,和女朋友结了婚,并利用业余时间完成了在职硕士学习;父母不久前来住了一段时间,嫌城市节奏太快、熟人太少,待不习惯而返回故里。

三、卡茨模式

德国心理学家卡茨(David Katz)的卡茨模式也称为电脑辅助职业辅导系统SIGI,步骤如下:

(1)选择供决策的两三个职业。

(2)针对每个职业的回报进行优良中差的评价:价值满足程度、兴趣一致程度、擅长技能的施展空间。

(3)对每个职业的成功概率进行优良中差的衡量:工作能力、必要准备、职业展望。

(4)将每个职业在“回报”和“概率”两个维度的结果呈现在“决策方块”上。

(5)回报与概率乘积最大的职业,就具有最大的期望价值。

【案例分析】

小李的SIGI规划

小李,女,21岁,某大学中文系大三学生。她乐观、外向、健谈、热情,喜欢结识新朋友，人缘好，比较敏感，对人和事通常都有细致的洞察力。喜欢独立做决定，很有责任感，擅长写作，学业成绩优秀，多次获得奖学金。

最大的生活梦想就是周游世界；最大的职业梦想是成为白领精英。

她做过一些测评，如 MBTI 的人格类型是 ESFJ，霍兰德职业兴趣与能力倾向量表的结果是社会型，价值观量表中显示她看中的是职业中的社会交往，认为工作的目的和价值，在于能和各种人交往，建立比较广泛的社会联系和关系，甚至能和知名人物结识。

因此，她想从事跟人打交道的工作，最好能运用自己的中文写作特长。经过考虑后，她觉得中学教师、行政秘书和人力资源专员这三种工作都可以作为自己的目标，而她父母的意见是女孩子做中学教师工作稳定，也更有精力照顾家庭，希望她做这种稳定的工作。究竟哪一种职业更适合自己的发展，更有利于生活的平衡，她难以做决定。

从图 6-5 看，三种职业目标的决策结果(差＝1 分，中＝2 分，良＝3 分，优＝4 分)：其中，中学教师＝2×4＝8 分，行政秘书＝1×2＝2 分，人力资源专员＝3×3＝9 分。

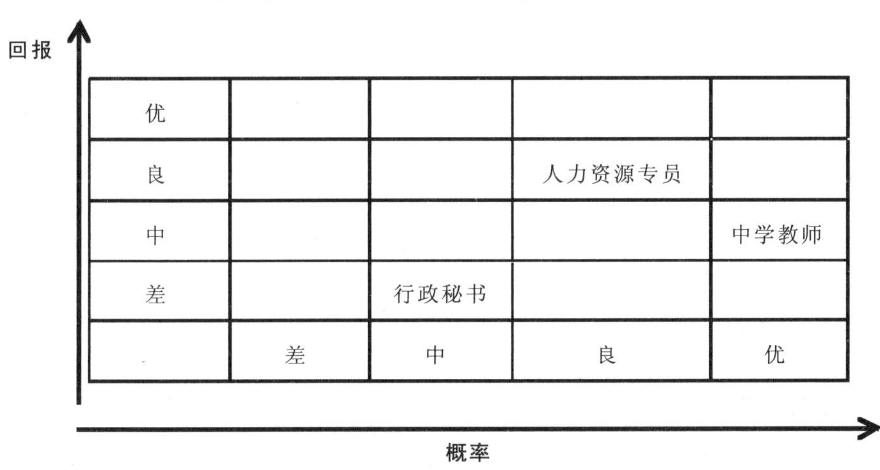

图 6-5　小李的 SIGI 分析

四、平衡单法

决策平衡单(Janis & Mann，1977)是一种科学的决策方法，它可以帮助我们具体地分析每一个可能的选择，考虑各种方案实施后的利弊得失，最后排出优先顺序，确定选择方案，同时也能确定备选方案。

(一)决策平衡单维度的具体因素

1.个人物质方面的得失。包括:收入、升迁的机会、工作环境的安全、休闲时间、对健康的影响、就业机会、足够的社会资源等。

2.个人精神方面的得失。包括:兴趣的满足、能力的满足、价值观的满足、生活方式的改变、成就感、自我实现的程度、社会声望、挑战性等。

3.重要他人(父母、师长、配偶等)物质方面的得失。包括:家庭经济状况、家庭地位、与家人相处的时间等。

4.重要他人(父母、师长、配偶等)精神方面的得失。包括:成就感、自豪感、依赖及其他。

(二)决策平衡单的制订步骤

列出两三个考虑的职业。从四个考察维度列出你选择职业生涯考虑的因素。对每个考虑因素设置权重。(1~5:5 最重要,4 较重要,3 一般重要,2 较不重要,1 最不重要)考虑每个职业选择中这些因素的得失程度,从－10←0→＋10 给予其分数。依分数累计,得出每一职业选择的总分,排出职业抉择的优先级。

【案例分析】

小李的生涯决策平衡单

小李的生涯决策平衡单见表 6-7。

表 6-7　生涯决策平衡单

考虑因素(加权范围 1~5)		权重	第一方案(中学教师)		第二方案(行政秘书)		第三方案(人力资源专员)	
			得(＋)	失(－)	得(＋)	失(－)	得(＋)	失(－)
个人物质方面	1.优厚的经济报酬	×3	5(15)		4(12)		7(21)	
	2.较高的社会地位	×3	6(18)		3(9)		6(18)	
	3.足够的社会资源	×4		－1(－4)	3(12)		5(20)	
个人精神方面	4.符合自己的兴趣	×5	8(40)		4(20)		8(40)	
	5.符合自己的能力	×4	6(24)		5(20)		6(24)	
	6.符合自己的价值观	×5	7(35)		3(15)		8(40)	
	7.符合自己理想的生活	×3	7(21)		4(12)		7(21)	
	8.未来有发展空间	×5	3(15)			－2(－10)	8(40)	

续表

考虑因素（加权范围1～5）		权重	第一方案（中学教师）		第二方案（行政秘书）		第三方案（人力资源专员）	
			得(+)	失(−)	得(+)	失(−)	得(+)	失(−)
家人物质方面	9.带给家人声望	×2	6(12)			−1(−2)	4(8)	
家人精神方面	10.有利择偶以满足父母要求	×2	5(10)			−2(−4)		−1(−2)
合计			53(190)	−1(−4)	26(100)	−5(−16)	59(232)	−1(−2)
总分			52(186)		21(84)		58(230)	

案例思考：

1.小李的备选方案是哪个？

2.小李制订首选方案和备选方案，对你有什么启发？

(三)使用决策平衡单的注意事项

使用决策平衡单的前提是充分了解自我和工作世界。每个维度的项目因人、因时、因地不同。每一项具体分数是根据分析的优缺点得出，每一份工作都有利有弊，很难有完美的工作。制订决策平衡单的作用不是让你做出唯一决定制订的过程，而是一个动态的过程。

第四节 时间与行动管理

【案例分析】

一位大学生的晚自习[①]

一位大学生准备晚上七点开始学习，但因晚饭吃多了，便打算先看会儿电视，结果一

① 秦泉.自控力——斯坦福大学最受欢迎心理学课程[M].汕头：汕头大学出版社，2014：225.

看就看了一个小时，因为电视节目很吸引人。晚上八点，他坐在桌前正准备看书，突然又想起来要去见一个朋友，一见又是40分钟（他一天没跟朋友见面了）。在回来的路上，他又被朋友拉去玩了一小时的乒乓球，结果弄得满头大汗，便去洗了个澡。洗完澡，他又觉得饿了，因为毕竟打球消耗了很多体力。

这个晚上本来计划地挺好，可就这样过去了。到了凌晨，他终于打开了书本，但又因为太累了，无法集中精神。最终，他去睡觉了。

案例思考：

案例中，这位大学生的晚自习存在什么问题？

一、时间管理

一提起时间管理，很多人脑子里就会冒出两种观念。一种会说：时间怎么管理？看不见摸不着，很多时候身不由己。另一种会想，不就是做计划吗？没什么用，就算做了计划，也赶不上变化。确实，当你不管理自己时间的时候，你的时间就有可能被别人管理；当你不做计划的时候，缺少目标和方向，你就会被各种事情牵着鼻子走；当你做了计划不去执行那也是枉然，当执行了计划又不知道及时根据情况调整的时候，你又会陷入僵化，搞得自己很被动。有的人计划表上满满的事项，焦头烂额不给自己留一点空白，就有些机械了。很多人都会有这种感觉，也许每一天都会觉得自己忙忙碌碌，可是一段时间以后，发现自己并没有做什么，目标一个都没实现。同时，我们还可以看到，日常生活中有些人总是井井有条、忙而不乱，有些人总是疲于奔命、忙于救火，这些都是时间管理上的技能差异体现。

时间不但要管理，而且一定要管理好。管理时间就是管理自己的价值、行为，让生命中的每一天更富有意义。时间管理的核心行动是知道怎样去得到你想要的，并真正得到它。为了达成目标，我们要去付出行动，去安排各种事项。统观高效能人士的好习惯，其中之必然是能够做到要事第一。他们时刻清楚知道，对自己而言，什么事情是最为重要和迫切的。

实训活动——度量人生

根据图6-6，回顾昨天的24小时，你分别做了哪些事情，将生活时间饼图切割成若干个扇形饼块。

【思考】

我昨天的时间运用是否合理？是否与目标一致？有何问题？

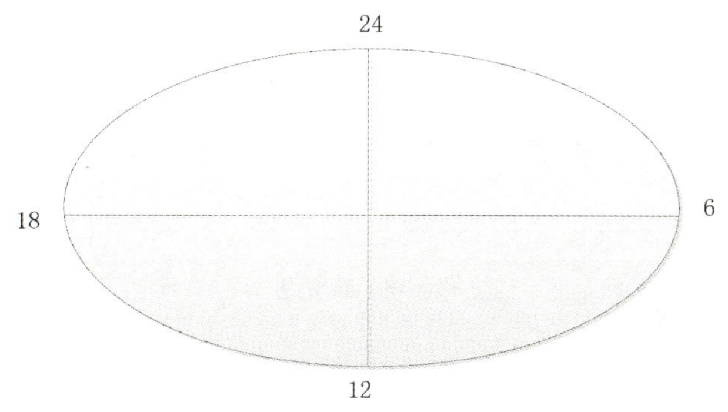

图 6-6　度量人生四分法

(一)80/20 法则

19 世纪意大利经济学家维尔弗雷多·帕累托发现：关键的少数和次要的多数比率约为 2∶8，即只要能控制具有重要性的少数因子即能控制全局，这就是 80/20 法则。

例如，传统式的电冰箱在结构上，冷冻库是位于上端，冷藏库则位于下端。当你使用冷藏库时，往往非下蹲不可。不幸的是我们使用冷藏库的概率高达 80%，使用冷冻库的概率只有 20%，致使我们许多家庭妇女在使用电冰箱时往往因蹲下次数过多而感到腰酸背疼。基于此，某家电公司在电冰箱的设计上做了修改，将冷藏库与冷冻库的位置做了对调，这种新型的电冰箱大大地减少了下蹲的次数。不难发现，这种设计就是利用了 80/20 法则原理。

重要启示：避免将时间花在琐碎的多数问题上，因为就算你花了 80%的时间，你也只能取得 20%的成效。所以，你应该将时间花于重要的少数问题上，因为掌握了这些重要的少数问题，你只需花 20%的时间，即可取得 80%的成效。

(二)制订有效计划

美国管理学家德鲁克认为：“最没有效率的人就是那些以最高的效率做最没用的事的人。”因此，制订有效计划、科学管理时间非常重要。

实训活动——度量人生

回顾你过去的一周，按图 6-7 的四分法进行重新排列你上周的事件。

3.紧急 紧急而不重要的事	1.首要 重要而紧急的事
4.次要 不重要也不紧急的事	2.重要 重要而不紧急的事

图 6-7 四分法

1.ABC 分类法

以日计划为例:第一步,列出所有明天需要处理的事情;第二步,估算每件事情需要的时间;第三步,把当下的事情分出轻重缓急;第四步,划掉完成的任务。

阿兰·拉金教授提出一个 ABC 分类法:A 类事情比较紧急,快到截止时间,必须立刻完成;B 类事情可以向后推一些,以后会转化为 A 类;C 类事情是小事情,时间也不是很紧张,可以推迟延后。每级任务所占的比重不同,所发挥的价值比也不同,具体如图 6-8 所示。

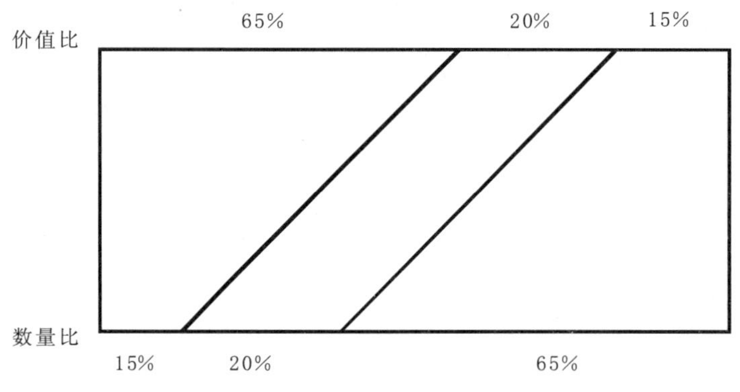

图 6-8 ABC 分类法结构

A 级任务——最重要,占总任务量的 15%,价值为 65%;B 级任务——次重要,占总任务量的 20%,价值为 20%;C 级任务——不重要,占总任务量的 65%,价值为 15%。

当我们把事件作了 ABC 分类后,要优先开始为 A 类分配时间,当没有新的 A 类事件产生时,再为 B 类分配时间,当没有新的 A、B 类事件产生时,再为 C 类分配时间。

现实中,很多同学会热衷于完成 C 类任务,并乐此不疲。比如后天要考试,今天反而去花更多时间逛逛玩玩、购物、打扫卫生,做一些不相干的事情。这是需要克服的,我们应该集中精力优先处理 A 类事件。

【案例分析】

一生的志愿

1942 年，一位叫约翰·戈达德的美国人出生在洛杉矶。15 岁那年，他把他一生想干的事情列了一张表，题名为《一生的志愿》，表上列着：到尼罗河、亚马孙河和刚果河探险；登上珠峰、乞力马扎罗山和麦特荷思山；驾驭大象、骆驼、鸵鸟；探访马可·波罗和亚历山大一世走过的道路；主演一部《人猿泰山》那样的电影；驾驶飞行器起飞降落；读完莎士比亚、柏拉图和亚里士多德的著作；谱一部乐曲；参观全球……每一项都编了号，一共有 127 个目标。

到 1985 年，即 43 年以后，约翰·戈德已经完成了其中的 106 个目标。在经历了 18 次死里逃生的冒险和难以想象的艰苦后，他获得了很大成功，成为英国皇家地理协会会员和纽约探险家俱乐部成员。

当有人惊讶地追问他是凭借着怎样的力量达到时，他微笑回答："很简单，我只是让心灵先到那个地方；随后，全身就有了一股神奇的力量；接下来，就只需沿着心灵的召唤前进。"

案例思考：

戈达德怎样通过制定目标进行时间管理？

2."2442"法

第一个"2"是指分成两类计划；第一个"4"是指完成四个部分，即终生、五年、一年甚至一天的发展规划；第二个"4"是指制订学年、学期、月、当日学习计划；第二个"2"是指掌握两种技巧，即掌握巧用时间的办法和克服犹豫的办法。

(1)分成两类计划：一类按计划涉及的时间长短分：长期、中期、短期；另一类按计划所涉及学习努力目标的多寡划分，有整体计划和单项计划，每年年初，引导学生制订综合计划。本课程"大学生职业生涯规划"有双重属性，是指中期计划＋单项计划。中期计划的建议期限为五年，计算起到时间从规划日至结束日。比如大一是 2019 年，那么规划期限为 2019—2023 年；单项计划是指为完成目标，为某一专项的目标而制订的。比如，为大学英语四六级而制订的学习计划。

(2)完成四个部分：指终生、五年、一年和一天的发展目标。

第一部分：终生朝哪个方向努力，一辈子德智体三方面大致要达到一个什么样的标准。数字可能不具体,但一定要有一个努力的大致方向。不能成为科学家,但也要争取拿到本科文凭、研究生文凭;不能成为优秀的运动员,也要争取一个健康身体,少得病、少吃药。这样,才可以站在更高处来规范自己。

第二部分:五年达到哪些目标。终身努力方向明确了,五年大致做完哪些事尽量要清楚一些。制定的目标不一定完全实现,但引导自己这样思考问题,容易使你变得目光远大、胸怀宽广、分清轻重。

第三部分:一年怎样度过。一年里要发展自己哪些良好的品质、克服自己的一两个弱点,学习上要达到什么水平、取得哪些证书,实践能力上要争取做成哪些事。

第四部分:一天怎样安排。长计划,短安排。当一个人从五年、一生的角度来观察眼前的一天时,就会不由自主地增添紧迫感,更加珍惜时间,更注意控制自己的犹豫、拖拉,以挤出更多时间完成自己的目标。

这种自我发展计划,目的是引导大家将一生、五年、一天看作一个整体,使四者之间不脱节,不互相矛盾,以取得更大效益。四部分组成一个计划,相对来说较线条粗,因此四个部分可以单独成为一份计划。

(3)制订四个计划。指制订学年、学期、当月、当日学习计划。如:每学期开学初、每个月的月初,在日记本上写计划,长期坚持,成为习惯。学习计划要注意三点:一是不松不紧,有一定弹性,切实可行;二是计划一定要照办,“明天再说”等原谅自己的想法是不可取的;三是要有具体的可衡量的指标,包括三部分内容:目标、措施、时间分配。

制订当日计划也非常重要。如果不紧紧抓住每一天,认真制订并执行日计划,周计划、月计划、年计划自然就会落空。对于思考问题全面、认真求实的学生:先长计划,后短计划:学年计划—学期计划—月计划—周计划—日计划;对于办事好拖拉、喜欢空想、好高骛远的学生:先短计划,后长计划:日计划—周计划—月计划—学期计划—学年计划。

对于爱拖拉、爱空想的学生,拟定每一天的生活计划,设置一本“计划簿”,经常放在随时可以看到的同一个地方。

每天一早或前一晚,把当天要做的事逐条列在计划簿里。一天过去之后再检查所列项目是否已经照计划执行,如发现遗漏或没有执行的事,就立刻把它重新列入第二天的头一项。这样管好每天的行动,是好拖拉、爱空想的同学成功的第一步。

对于有一定自制力的同学,不必设置计划簿,只需早晨在脑子里想一想,排一下顺序即可。每个人都要有一个作息时间表,平时和节假日共两份。

(4)掌握两种技巧。即巧用时间的办法和克服犹豫的办法。在时间技巧方面,现代社会的学生必须认识到:时间是最珍贵的资源,一切竞争实质就是时间的竞争,要在有限的时间内,学尽可能多的知识,办尽可能多的事,就是要学会挤时间:以时换时(仅限特殊情况);以人替时法;以物省时法;以钱购时法;化零为整法;取消法;统筹合并法;控制三闲:

闲话、闲事、闲思。

在克服犹豫方面，应该说，犹豫是时间的盗贼，许多宝贵的时间在犹豫之中溜走。犹豫又是机遇的冤家对头，许多良机就是由于人被犹豫占有，它才离人而去。犹豫有三种情况：第一种：懒。想做又不想做；第二种：对害怕失败产生的犹豫。这时应想想："先干，遇到困难再想办法""先干，干错了再重干""车到山前必有路，车先走，没路了再找"；第三种：对于欲求"尽善尽美"而产生的犹豫。这时应认识到世界上难以有尽善尽美的事，有一利必有一弊，做一件事，利大于弊就是成绩，以后越做越熟，才会增利减弊、兴利除弊。

【案例分析】

某大一学生上学期学习计划

1.目标

(1)战胜自己"小马蹄坑"的毛病，不与人计较小事，得理也要让三分。

(2)扬英语之长，参加省英语竞赛，争取进入前六名。

(3)补物理之短，物理成绩也要进入班级前十名。

(4)参加校运会，3000 米长跑项目要超越去年的成绩，进入前 3 名，为班级争 4 分。弱项铅球要加强训练，不能因此拖体育总成绩的后腿。

2.措施

(1)再阅读两遍《周恩来传》，学习总理的博大胸怀，经常想想这句话"比天空更宽阔的是人的胸怀"。

(2)除参加英语兴趣小组学习外，自己每天晚间多拿出 50 分钟学习英语，做《英语辅导报》上的习题。

(3)物理成绩不理想，不是因为难，而是因为自己觉得物理好学，便没有重视，以致该记住的公式有的记不准。本学期要强化记忆，多做物理题，还要认真编写"物理错题集"。

(4)每天下午班级 5000 米长跑我要争取和刘洋、李智组成一个小组，跑完规定的 5000 米，再多跑 1000 米，这样训练量比运动会 3000 米多一倍，比赛时，进入前 3 的可能性就大了。

3.时间分配

上学期公共课所用时间过多，专业课所用时间不过是全部学习活动时间的 20%，本学期要把专业课所占时间增至 40%。

案例思考：

以上学习计划，哪些是合理的？

二、行动管理

(一)人不行动的原因

1.失败不够多,痛苦不够深

许多人都存在惰性,不到山穷水尽、火烧眉毛,一般总是选择最省事的办法来解决问题。特别对于许多大学生来说,他们从出生开始就一直生长在一个十分优越的环境中,他们就如温室里的幼苗,没经受过风雨的洗礼,一直被优越物质条件的“大棚”保护着。伴随着社会的发展进步,电视、电脑、多媒体、网络伴随着这些大学生的成长,也潜移默化地影响着他们。尤其是互联网的发展,很大程度影响了大学生的身心健康。古代是“少年不知愁滋味”,现代则是“少年不知挫折为何物”。

2.缺乏明确的目标

进入大学前,以考入理想大学为唯一的学习目标和学习动力,缺乏长远目标。因此,虽然学习动机非常强烈,但属于狭隘的近景性学习动机。很多同学一旦考上大学,实现了近景目标,就进入了“动力真空带”,出现厌学情绪。此外,进入大学前,由于繁重的学业负担,学生没有时间和精力培养自己的特长和业余爱好。进入大学后,学生自由支配的时间相对较多,于是学生就花大量的时间和精力迫切地想锻炼自己在其他方面的兴趣爱好,而对学习失去了应有的兴趣。

行动力的两大根源:一是逃离痛苦,因为痛苦太深,你会规避,会下定决心改变;第二个是追求快乐,只有行动才有收获,才能享受成功的喜悦。

(二)激发行动的步骤

1.我要得到什么样的结果?

思考想要的结果,比如:得到家人的赞赏;洗雪高考失利的耻辱;获得一份理想工作之后可以去欧洲旅游等。这就是常常遭人讽刺的“白日梦”。其实,“白日梦”好处多多。比如,“白日梦”可以提高人的智力。对一个聪明的人,我们常会用专注、坚定、适应性强等词形容,而这些品质就可能来源于想象力。心理学家斯科特·巴里·考夫曼认为,如果把“智慧”一词重新定义,应该将想象力加在其中。研究发现,做“白日梦”并不像我们以为的那么愚蠢,在“胡思乱想”的过程中,大脑高速活动,这种活动对激发智力发育有着重要意义。

2.达不到目标有什么样的痛苦？

想象一下，没有达成这个目标可能面临的痛苦场景，比如：继续被他人嘲笑，一辈子要忍受他人的看不起，等等。要有“不成功便成仁”的决心。大学生应深入工厂和偏远农村一线，实地体验生活的艰辛，开展自我体验教育。通过这类体验教育，使自我认识到，如果达不到目标，要么做“啃老族”，要么打零工，未来生活可能会很悲惨。

3.不行动有什么坏处？

再思考，如果不行动会导致什么不良后果，比如：之前辛苦制订的计划全部白费，小时候能力完全不如自己的玩伴可能混得比自己好，同宿舍每天挑灯夜战的同学也在时刻赶超自己。

4.假如马上行动，有什么好处？

如果立即行动，又会带来什么好处？首先，能养成良好的习惯。研究证明，一个动作，重复 21 天就会成为习惯。好习惯带来好机会，好习惯成就大未来。其次，比如：起码不要补考，和大多数同学一样在正常时间毕业、就业。找到一份工作之后，就可以痛快地睡觉、玩游戏、溜冰、吃零食等，每天生活自由自在，而且很可能很快告别单身，成家立业。

5.制定期限，马上行动

行动前，定下目标达成时限，制订行动计划，把心态、时间、学习、行动的内容，浓缩简化为 365 天的执行工作，只需认真填写，天天行动，就一定能养成好习惯。

【案例分析】

“聪明”人推车①

一次，一辆车子陷入了一条水沟，车上的人全部下来，一起帮忙推车。大家一起用尽全力，推得满头大汗。这时，旁边却有一个穿着考究的聪明人，他一动不动，光站在一边指挥着“向这边，向这边，我看到了，车子快上来了，大家不要偷懒啊，很快就要成功了！大家再用点力！”

于是，轮子终于上来了，车又可以开动了。推车的人们都已经累得筋疲力尽，连话都懒得说，而那个站在一旁咋咋呼呼的聪明人，衣着光鲜，兴致勃勃，逢人便大谈此事，把他

① 龚扣民.哈佛家训（小学版）[M].北京：中央编译出版社，2012：258.

的指导说得神乎其技。于是,不知情的人们对他投来敬佩的目光,而参与其中的人们虽然都晓得是怎么一回事,可是他们长于出力,并不善于多说话,想要争辩,也辩不出个所以然来。

可是大家都不是笨蛋,多多少少也学会了聪明人的招数,大家都变成了聪明人。

就这样,过了很久很久,一次,车子又陷入了一条小水沟,只是这条沟比上一次的沟小了许多。车上的人下来了,他们都是非常聪明的人,全部站在一旁扯开嗓子喊着:"用力啊!用力推!往这边!往这边!"

聪明人的队伍越来越长,车子却纹丝不动,因为大家都已经成为"聪明"人了,没有一个"愚笨"的人再伸手去推车。

案例思考:

1.你想做这样的"聪明"人吗?为什么?

2.如果你不做这样的"聪明"人,你应该怎么做?

6.将行动计划告诉你的家人、朋友和领导

检验你的行动计划是否合理可行,比如:将自己的目标告诉父母、老师、好友或上级领导,寻求他们的帮助和支持,制订策略。一旦说出来,在无形中就会有很多人督促、鞭策你朝着目标不断前行。

要勇敢把计划喊出来,从今天起我要向全世界宣布:

我要做一个行动的巨人。
我要在行动中去学习,去成长。
在行动中去尝试,去完善。
在行动中去奋斗,去超越。
在行动中去增添勇气,创造奇迹。
我要马上行动,立即行动,
快速行动,直到养成习惯!
行动!行动!行动!

不要害怕障碍。习惯躲过障碍的人,也会习惯绕过机会。不善行动的人错失机会,善于行动的人抓住机会,同样也创造机会。

【案例分析】

徒步约翰

约翰是一名保险推销员，除了工作，他最喜欢拿着猎枪和鱼竿到森林里去。一次，他突然想：我为什么不可以尝试在这些地方推销保险？这地方太荒凉，但沿着阿拉斯加铁路那几百公里的线路上，仍有不少铁路工人家庭在此定居，没有哪个保险推销员愿意来这里展开业务。虽然这个想法有些大胆，但约翰想到做到，他立即着手制定计划，做好一切准备。此后，约翰一直往返于铁路沿线，向那些铁路家庭推销保险单，同时，他也像往常一样走遍大山，钓鱼，打猎。人们很喜欢他，亲切地称他"徒步约翰"。一年过去了，约翰的业绩竟然超过 100 万美元。

案例思考：

约翰突破障碍的关键是什么？

（三）个人行动管理的原则

1.要敢于尝试看上去力所不及的事情

人的潜能是无限的，你往往意识不到自己竟能做到超出你想象的事情。所以，永远不要小看自己，不要限制自己。立即行动，在行动中超越自己！

2.不要让唱反调的人破坏你的行动

唱反调的人随时随地都会列举出千条理由，说你的目标不可能实现，干扰你的行动。你一定要坚定立场，相信自己的能力，行动起来，向着自己的目标前进。

3.学会说"不"

懂得拒绝，不要为了面子去答应一些不可能的任务。做你觉得最重要的事，不要让无谓的事消磨你的时间。

实训活动——生命之花

生命之花，又叫作平衡轮，是一个生涯规划工具。这个工具可帮你：(1)看到生活的全貌；(2)发现自己真正想做的事情；(3)确定目标并开始行动；(4)合理安排计划与分配时间精力。

现在，开始绘制自己的生命之花吧！

第一步：画一个空白的花

在页面空白处，先画上一个圈（尽可能大），然后是一个交叉的 XY 轴，再加两条斜线，画面变成了8个等分的花瓣，一个空白的生命之花就出现了。可参看图6-9。

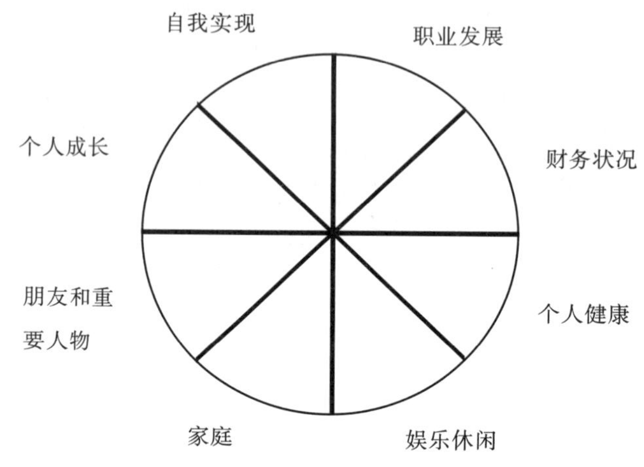

图6-9　生命之花

第二步：依次填上对自己生命平衡与幸福最重要的8项内容

标准版本的生命之花的内容顺时针为：

①职业发展——职业发展方面；

②财务状况——财务方面；

③个人健康——身体、心理健康方面；

④娱乐休闲——娱乐、休闲方面；

⑤家庭——如果有自己的小家庭，写自己的家庭，未组建家庭的，写原生家庭；

⑥朋友和重要人物——你总还有不是亲人，却是不可失去的人吧；

⑦个人成长——知识、能力、眼界、心灵的成长，都是个人成长；

⑧自我实现——也许与工作无关，但是能够发挥你的天赋并实现你自身价值的事。

仔细看看，你会发现这个平衡轮内有奥妙，上半边主要是向外的、目标型的。下半部分更多是内向的、关系型的。有的人生命之花上半截很好，下半截不行，头重脚轻，这种迟早会失衡。而脚重头轻的人，则容易过于保守和安逸。

第三步：每个花瓣里填写最重要的三件事

不要多，在每一个圆弧边画一个小点，代表一个事项。一个维度就填写最重要的三件事情。你可以尝试填写更多，但是不要超过5项。

第四步：填写完成这些事项的时间计划

填写时间计划时要注意:(以一个月来分配)

①优先安排比较硬性的事项。一般来说,职业和财务时间都是硬性安排。

②接着安排健康时间和家庭时间:因为你的身体需要持续的有规律的时间安排,所以健康时间最好提前安排。因为你家人的时间相对固定,家庭时间也可提前分配,这些时间不需要太长。

③然后安排个人成长与自我实现的时间。这部分时间其实是整个圆盘的起动机,这很重要,也很考验你的智慧。

④娱乐时间与重要他人放在最后。

按照这个原则,基本上把每个月的每一天都安排好了。最后整体看看:

①有没有前后冲突?

②有没有可以合并的?比如,个人成长、朋友家庭聚会等。

③有没有机动时间?一周至少给自己留半天的机动时间。

这样,一个月的计划就定下来了。画完后,你有哪些心得体会?

____

____

按此计划,一个月后再来看看“这朵花”,你又会有何感想呢?

____

____

思考与练习

1.生涯决策主要有哪几种理论?他们的主要观点分别是什么?

2.影响职业生涯发展的因素有哪些?

3.请分析本学期的时间任务管理。

第七章　调整方案

错误和挫折教训了我们，使我们比较地聪明起来了，我们的事情就办得好一些。

——毛泽东

【学习目标】

1.掌握职业挫折的心理防御技巧；

2.掌握职业评估与调整的方法；

3.掌握制订备选方案的方法。

【导入案例】

胡萝卜、鸡蛋和咖啡豆的故事[①]

一天，女儿满腹牢骚地向父亲抱怨起生活的艰难。

父亲是一位著名的厨师，他平静地听完女儿的抱怨后，微微一笑，把女儿带进了厨房。父亲往三只同样大小的锅里倒进了一样多的水，然后将一根大大的胡萝卜放进了第一只锅里，将一个鸡蛋放进了第二只锅里，又将一把咖啡豆放进了第三只锅里，最后他把三只锅放到火力一样大的三个炉子上烧。

女儿站在一边，疑惑地望着父亲，弄不清他的用意。20分钟后，父亲关掉了火，让女儿拿来两个盘子和一个杯子。父亲将煮好的胡萝卜和鸡蛋分别放进了两个盘子里，然后将咖啡豆煮出的咖啡倒进了杯子。他指着盘子和杯子问女儿："孩子，说说看，你见到了什么？"

女儿回答说："还能有什么，当然是胡萝卜、鸡蛋和咖啡了。"

父亲说："你不妨碰碰它们，看看有什么变化。"

---

① 威廉·贝纳德.哈佛家训全集(中)[M].于玲，译.哈尔滨：黑龙江科学技术出版社，2015：210.

女儿拿起一把叉子碰了碰胡萝卜，发现胡萝卜已经变得很软。她拿起鸡蛋，感觉到了蛋壳的坚硬。她在桌子上把蛋壳敲破，仔细地用手摸了摸里面的蛋白；然后又端起杯子，喝了一口里面的咖啡。做完这些以后，女儿开始回答父亲的问题："这个盘子里是一根已经变得很软的胡萝卜；那个盘子里是一个壳很硬、蛋白也已经凝固了的鸡蛋；杯子里则是香味浓郁、口感很好的咖啡。"说完，她不解地问父亲，"亲爱的爸爸，您为什么要问我这么简单的问题？"

父亲严肃地看着女儿说："你看见的这三样东西是在一样大的锅里、一样多的水里、一样大的火上和用一样多的时间煮过的。它们的反应却迥然不同。胡萝卜生的时候是硬的，煮完后却变得那么软，甚至都快烂了；生鸡蛋是那样的脆弱，蛋壳一碰就会碎，可是煮过后连蛋白都变硬了；咖啡豆没煮之前也是很硬的，虽然煮了一会儿就变软了，但它的香气和味道溶进水里变成了可口的咖啡。"

父亲说完之后接着问女儿："你认为自己像它们之中的哪一个？"

现在，女儿更是有些摸不着头脑了，只是怔怔地看着父亲，不知如何回答。

父亲接着说："我想问你的是，面对生活的煎熬，你是像胡萝卜那样变得软弱无力，还是像鸡蛋那样变硬变强，抑或像一把咖啡豆，身受损而不堕其志，无论环境多么恶劣，都向四周散发出香气，用美好的感情感染周围所有的人？简而言之，我希望你能成为生活道路上的强者，让你自己和周围的一切变得更好、更美、更有意义。"

案例思考：

1.文中的父亲通过实验告诉女儿什么道理？

2.读完这篇文章后，你得到什么启发？

胡萝卜开始坚韧和强硬，最后软弱，不再有奋斗精神，我们不能向胡萝卜学习；鸡蛋开始时有一颗活泼敏感的心，最后这颗心变得冷酷和无情，我们也不能向鸡蛋学习。咖啡豆无论环境多么恶劣，永不放弃，发挥自身才能，使周围世界更美好，因此，我们要向咖啡豆学习。

第一节　挫折与心理防御

职业生涯规划制订与实施之后，绝大多数毕业生不可避免地会遇到求职受挫问题。就毕业求职而言，随着我国各项改革举措的不断深化，本科生已不再是天之骄子，他们面临日趋激烈的职业竞争，在一定程度上遭遇心理挫折感的概率提高不少，尤其是与用人单位需求契合度较低的专业或非名牌大学的毕业生心理反应更为强烈。毕业生求职受挫，是指毕业生在理想就业这一动机的推动下，为实现目标而采取的求职行为遭遇到无法逾越的困难与障碍。就业难是大学生在求职过程中受挫的根本原因。

从就业难的宏观因素看，高校教学滞后于市场需求。高校本科生培养以四年为一个周期，而企业对各类人才需求的变化速度很快，四年前还是社会需求的热门专业，四年后可能就变成就业难专业。60%的企业反映，应届大学毕业生到岗工作后，实际知识应用率不足40%，而且多数学生学过的知识不能短时间转化成岗位的实际能力。我国大学生一般需经1～1.5年才能独立工作，而发达国家大学毕业生的岗位适应期是在2～3个月[①]。由此形成的人才供需市场配置的时间差，在一定程度上导致了大学生就业难。同时，我国企业的人力资源管理相对落后，许多中小企业基本没有人力资源管理部门，多数企业是缺什么人聘什么人，组织架构设置及岗位的科学设定、岗位需求计划多属空白。因此，很多用人单位走入了招聘人才的误区，往往过分注重文凭，片面认为学历越高越好，并存在性别歧视，过分看重工作经验等，从而导致大学毕业生就业难的局面。

从就业难的微观因素看，大学生自我认知产生偏差，对待挫折缺乏心理预期与调适措施。大学生为了能考上大学而拼命学习，考上大学就视为终极目标已经实现，对市场变化、社会变化关心度较低，相当一部分大学生表现出“五靠”：考大学靠压（家长监督学习）；报志愿靠拍（家长决定）；上大学靠供（家长投资）；找工作靠关系（家长运作）；选择职业靠感觉（没有科学的分析，仅凭经验）。60%的大学生没有职业规划的概念[②]，更不知道自己适合做什么、不适合做什么，到快毕业时才“临时抱佛脚”，导致大批毕业生产生就业恐慌。规划模糊与准备不足在一定程度上影响和制约了市场配置的成功率，直接导致大学生求职受挫，严重影响了大学生对求职过程中困难的估计与应对不足。

一、职业挫折

（一）职业挫折的定义

心理学中的挫折是指一种情绪状态，是指人们在某种动机的推动之下，为实现目标而采取的行动遭遇到无法逾越的困难障碍时，所产生的一种紧张、消极的情绪反应、情绪体

① 张琼.大学生职业核心能力培养[M].上海：同济大学出版社，2010：18.

② 于成学，刘东江.与大学生谈人生——高校德育工作启发性案例赏析[M].北京：中国文史出版社，2015：216.

验[①]。挫折有三要素:挫折情境、挫折认知和挫折反应。

职业挫折是人们从事职业活动和个人职业生涯发展方面的需求不能得到满足,行动受到阻碍,目标未能达到的目标失落性情绪状态。[②] 例如,一个人要谋求某个职位却屡屡不能得到;想要晋升部门经理却一直不能如愿;要想发挥才能却没有机会,无人识才;经过大量努力,做了大量工作,即由于主、客观的原因不能达到目标而陷于失败。

职业挫折主要表现为以下几点:

(1)求职被拒。求职被拒是一个经常会遇到的问题,许多求职者都有类似的切身经历,往往会产生沮丧和无助感。

(2)求职被骗。在求职过程中,毕业生由于缺乏社会经验,往往会遇到一些陷阱或骗子。虽然有些骗术并不高明,但由于一些毕业生求职心切,很容易受到迷惑,上当受骗。

(3)草率签约。许多毕业生往往认为就业协议只是一份初步协议,草率就签约了事的现象较为普遍。

(4)就业后不满意。在求职时已找好了工作,可后来发现工作有很多不尽如人意的地方,或者签了就业协议之后发现有一个更好的工作岗位,因此特别后悔。[③]

【案例分析】

李老师的纠结[④]

李老师今年 24 岁,从师范学校毕业三年来,她一直在某小学担任数学教师。

以前,她非常喜欢教师这个职业,才选择到师范院校学习。但现在,她有点拿不定主意了。

毕业后,她来到目前的工作岗位,发现担任教师与想象中的教师工作相差太大了!工作繁重、经常加班加点、责任还重,连和男朋友在一起的时间都越来越少了。

教学工作的压力也很大,学校一直要求不断提高教学质量,去年有一次全区的教学竞赛,本来某小学推荐李老师去参加,但她感觉经验不足,压力太大,推辞了。现在工作中教学压力越来越大,年级内的竞争也越来越强,李老师总是感觉自己不如其他班的教师教得好。

家里的老人和男朋友又在催结婚的事,如果结了婚,不是更忙了吗?

---

① 李乃加,孙启香,曹应忠.大学生健康教育新论[M].南京:河海大学出版社,2008:46.

② 尹华北,熊立新,潘日鸣.大学生职业发展与就业指导教程[M].长沙:中南大学出版社,2015:175.

③ 汤福球,舒晓丽.社会变迁中的青少年心理辅导[M].北京:北京邮电大学出版社,2012:219.

④ 王慧.如何形成教学风格:名师典型案例的多维解读[M].广州:广东高等教育出版社,2016:59.

案例思考：

1.李老师该怎么办呢？

2.李老师的职前准备如何？

(二)职业挫折的产生原因

职业挫折产生的原因有：因人职不匹配导致的职业挫折、因才能不能发挥导致的职业挫折、因组织本身的问题导致的职业挫折、因人际关系不佳导致的职业挫折、因其他因素导致的挫折①。

【案例分析】

成功企业家的失败往事②

有一位成功的企业家，没条件学英语，13岁开始骑着自行车带着老外满杭州跑；他3次高考，数学从考1分到考89分，他屡次面试屡次被拒，有一次25人去面试，24人被录取，他是唯一被拒绝的；他4次创业失败，最穷的时候银行卡上只剩下200元。

案例思考：

1.这位成功的企业家大家猜猜是谁？

2.他曾经失败的原因是什么？

3.从中可以看出一个成功者应具有什么样的素质？

大学生产生挫折的原因有很多，一般分为客观因素和主观因素。

客观因素是指个体以外的自然、社会、学校这些外部环境给人带来的阻碍与限制，致使个体的需要得不到满足而产生挫折。包括自然环境因素、社会环境因素、学校环境因素以及家庭环境因素。比如高考、考研、教师报考、公务员考试等考试录取率的高低、考试的制度、家庭的贫富等。

主观因素指由于个体生理、心理以及知识、能力等因素的阻碍和限制，使人的需要得不到满足，从而产生挫折感。主要包括个体条件、心理矛盾冲突和个性不完整等。个体条件，是指因个体的身高、容貌、体力、智力、能力、情绪、意志、性格、疾病以及某些生理缺陷(口吃、色盲等)等个人因素引起的挫折。

① 尹华北，熊立新，潘日鸣.大学生职业发展与就业指导教程[M].长沙：中南大学出版社，2015：176.

② 欧阳彦之.少年中国梦：10位梦想导师的造梦公开课[M].北京：台海出版社，2015：20.

心理因素方面,学者有较深入的研究。弗洛伊德人格发展理论把人格分为本我、自我和超我。人的意识分为无意识、前意识和意识。当一个人的本能和欲望受到压抑而无法满足时,就会产生挫折感,被压抑在潜意识中,成为支配行为动机[①]。荣格认为,个体的心灵是由意识、个人潜意识以及集体无意识三个部分构成,意识的核心是自我,自我起着将整个人格结构加以整合并使之稳定的作用。每个人的人格总是要不断向前发展的,一个人常常会为自己的未来目标而奋斗不息,以求达到人格各方面的和谐完善,进而达到自我实现。当一个人的自我实现不能满足时,就会产生挫折感。

美国社会心理学家马斯洛(A.H.Maslow)需求层次理论认为,在现实生活中,人们的一切活动,都是为了满足自身某种需要和实现人生某种追求。当需要不能得到满足时,就会使人产生沮丧、失意、焦虑等消极的情绪反应,这就产生了挫折[②]。

美国心理学家勒温(K.Lewin)认为,产生挫折的原因是动机冲突。根据其研究成果,动机冲突是个体在有目的的活动中,出现两个或多个目标互相冲突,有两个或多个彼此排斥的愿望造成的矛盾状态。动机冲突是产生挫折感的重要来源,有四种类型:双趋式冲突、双避式冲突、趋避式冲突和双重趋避冲突[③]。

(1)双趋式冲突。个人在一定活动中,同时有两个并存的目标,而且个人对两个目标具有同等强度的倾向。比如,"鱼和熊掌不可兼得"。

(2)双避式冲突。两个目标同时对个人具有威胁性,而且受条件限制,个人必须选其一才能避免两者的威胁。比如,"二者必居其一"。

(3)趋避式冲突。同一个目标既能满足个体的需要,对个体有吸引力,同时又会给个体带来心理上的威胁,对于个体有着某种伤害性。比如,想吃零食又怕胖。

(4)双重趋避冲突。有两个目标与个体发生联系,而每一个目标既可以有益于个体,同时又会有不利于个体的时候,就出现双重趋避冲突。面对两个各有千秋的追求者,无法选择便会陷入冲突之中。比如,就业时,既想到国家机关工作,又想到外企工作。

能力是职业挫折的另一个重要原因。刚出校门的大学生,由于缺乏经验,经常理论与实际脱节,在实际工作中,领导会进行工作指导,或者提出善意的批评,有时候会在出现失误时受到严厉的批评,这往往使其产生挫折感。

(三)职业挫折的影响

生活经验告诉我们,人在遇到挫折之后,在生理上会引起血压升高、心跳加快、呼吸急

---

① 吴梅生.大学生健康人格的理论与实践[M].沈阳:辽宁大学出版社,2012:28 29.

② 刘桂春,王双全,赵晓英.新编心理学教程[M].北京:北京邮电大学出版社,2014:128.

③ 郭成.健康心理学[M].杭州:浙江教育出版社,2016:160.

促、脸色苍白、胃液分泌减少等症状;在情绪上可能会企图反击,对构成挫折起源实施攻击;也可能会迁怒于他人或自责自骂;还可能会失去控制能力,像小孩似的任意瞎搞胡闹。对同样的挫折情境,我们还可以发现有的人拍案而起,大发雷霆;有的人从容不迫,若无其事;有的愁肠百结,举措失当;有的人则痛定思痛,重择目标等等。

二、心理防御机制

(一)心理防御机制的定义

心理防御机制最早由弗洛伊德提出,指个体在面临挫折、冲突等紧张情境时,在其内部心理活动中具有或不自觉地想要挣脱困境、摆脱烦恼、减轻内心不安,以恢复心理平衡与稳定后的适应性倾向[①]。

(二)心理防御机制的意义

1.积极意义

能够使主体在遭受困难与挫折后减轻或免除精神压力,恢复心理平衡,甚至激发主体的个观能动性,激励主体以顽强的毅力克服困难、战胜挫折。

2.消极意义

最常见的心理防御机制是压抑作用。使主体可能因压力的缓解而自足,或出现退缩甚至恐惧而导致心理疾病。当一个人的某种观念、情感或冲动不能被意识接受时,就被压抑到无意识之中,以便不再因此而产生心理矛盾。

例如:张先生在路上看到一个心仪的美女,内心立即激情飞扬,这种内心活动导致他心神不定。当时张先生有重要任务在身——要会见一个重要客户,他强行把内心升起的冲突压制下去。于是,内心的欲望和冲动被压抑到潜意识中[②]。

① 朱金富,林贤浩.医学心理学[M].北京:中国医药科技出版社,2016:39.

② 黄健辉.NLP执行师[M].北京:华夏出版社,2016:255.

【案例分析】

秀才进京赶考的故事[①]

有位秀才第三次进京赶考，住在一个经常住的饭店里。考试前他做了两个梦，第一个梦是梦到自己在墙上种白菜；第二个梦是下雨天，他戴了斗笠还打了雨伞。秀才第二天就赶紧去找算命先生解梦。算命先生一听，连拍大腿说："你还是回家吧。你想想，高墙上种菜不是白费劲吗？戴斗笠打雨伞不是多此一举吗？"秀才一听，心灰意冷，回店收拾包袱准备回家。店老板非常奇怪，问："不是明天才考试吗，你怎么今天就回乡了？"秀才如此这般说了一番。

店老板乐了："哟，我也会解梦的。我倒觉得，你这次一定要留下来。你想想，墙上种菜不是高中吗？戴斗笠打伞不是说明你这次有备无患吗？"

秀才一听，觉得很有道理，于是精神振奋地参加考试，结果考中了探花。

案例思考：

1.店老板和算命的解梦有何不同？

2.秀才考中探花的主要原因是什么？

（三）心理防御机制的类型

1.逃避性防卫机制

这是一种消极性的防卫机制，以逃避性和消极性的方法去减轻自己在遇到挫折或冲突时感受的痛苦。这就像鸵鸟把头埋在沙堆里，当作什么都看不见一样。

2.自骗性防卫机制

此类防卫机制含有自欺欺人的成分，也是一种消极性的行为反应。

3.攻击性防卫机制

人心里产生不愉快时，但又不能向对象直接发泄，便会利用转移作用，向其他对象以直接或间接的攻击方式发泄，或把自己的不是转嫁到别人身上，并判断是他人的对错。这类防卫机制有两种方式——转移和投射。

---

① 马树林.中外企业文化故事启示录[M].北京：企业管理出版社，2006：270.

4.代替性防卫机制

代替性防卫机制是用另一样事物去代替自己的缺陷,以减轻缺陷的痛苦。

5.建设性防卫机制

在防卫机制中较好的一类,是向好的方面做补偿,是属于建设性的,趋好现象。

(四)情绪管理

1.情绪宣泄

(1)眼泪宣泄法。不管男人女人,伤心悲痛时就让自己的眼泪尽情地流吧,最好能哭出声音,号啕大哭。

(2)运动宣泄法。把一切不开心宣泄在激烈的运动和激情的舞蹈之中,让汗水把不良的情绪带走。

(3)倾诉宣泄法。找个知心的朋友或是在虚拟的世界里,把心里话都说出来,不要憋在心里,让自己的心受累。

(4)喊笑宣泄法。在无人的地方,尽情地喊吧,尽情地笑,把伤心喊走,把悲痛笑没。

(5)模拟宣泄法。将没有生命的物质假设为一个假想敌,把一切不满都往它那发泄吧,打完,骂完,你的仇怨也就减轻了。

(6)环境宣泄法。不开心时,去郊外走走,找一处风景怡人的地方,让清新的空气、恬静的景色舒缓心情;或者听一段舒缓或快乐的音乐,让自己躁动的心平静下来。

2.改变认识

成功的职业生涯发展离不开积极的心态。例如,积极的思维、积极的微笑、积极的手势、积极的语言、积极的行动、积极的暗示,其中积极的暗示最为重要。自我的积极暗示相当于给自己大脑输入了一个积极的程序,这就是成功学上所说的潜意识,当这个潜能被开发出来,奇迹就会发生。比如在参赛前的自我暗示:“我一定成功!”或者“我可能第一吧!”、“我可能第二吧!”不同的暗示,其结果是截然不同的,因为潜意识会按照暗示自动地努力去工作。

【案例分析】

小薇的烦恼[①]

期中考试后，老师发下了数学试卷。小薇："唉，这下完了，75 分，比上次降了 11 分，爸爸妈妈一定会对我很失望……这道题怎么多扣我 3 分，老师从来都对我没好感。"她趴在桌子上闷闷不乐。小华叫小薇："放学了，我们一起走吧。"小薇不理。小华上前看小薇的考卷说："哎呀，这道大题老师不是给咱们讲过类似的吗？怎么做错了？真可惜。"小薇冷冷地回答："我笨呗，有什么可惜不可惜的！我考得不好，有些人高兴还来不及呢！"小华安慰道："别难过了，我上次考试还不如你呢，只有 70 分。"小薇回答："猫哭老鼠——假慈悲。"回到家，小薇不敢把成绩告诉父母。

第二天上学，她看见数学老师总是避开，上课没精打采，作业做得越来越不认真，还经常迟到……

案例思考：

1.小薇遇到了什么事情？

2.小薇对事情有什么看法？合理吗？

3.小薇表现出什么情绪和行为？

4.怎样帮助小薇走出负面情绪？

分析：

表 7-1 和表 7-2 分别列出了小薇产生消极观念和积极观念导致的情绪和行为，请你比较看看有什么不同。如果你是她，你会怎么做？

要想让自己拥有好心情，就得将自己消极的想法转化为积极的想法，换个角度看问题。马克思主义经典作家、政治家对此有着丰富的理论阐述。马克思说："面对挫折，怀着一种美好的心情，比十服良药更能解除生理上的疲惫和痛楚"[②]。毛泽东一生宠辱不惊，不断引领党和人民从挫折中崛起。他在评论《三国志》时谈道："错误和挫折教训了我们，使我们变得更加聪明起来"[③]。习近平对青年学生指出，人生之路，有坦途也有陡坡，有平川也有险滩，有直道也有弯路。青年时期多经历一点摔打、挫折、考验，有利于走好一生的路。要历练宠辱不惊的心理素质、坚定百折不挠的进取意志，保持乐观向上的精神状态，变挫折为动力，用从挫折中吸取的教训启迪人生，使人生获得升华和超越[④]。

---

① 吴发科.中学生心理健康教育教案荟萃[M].广州：广东高等教育出版社，2004：156.

② 马克思恩格斯全集(第 1 卷)[M].北京：人民出版社，1956：82.

③ 侯书生，杨淑霞，马丽华.领导干部要做求真务实的表率[M].北京：红旗出版社，2013：150.

④ 石国亮，莫忧.社会主义核心价值观青少年读本(大学生版)[M].北京：人民日报出版社，2014：86.

表 7-1 消极观念对行为的影响

事件	消极看法	情绪	行为
数学测验成绩比上次下降了 11 分	成绩不可以下降	伤心 难过 悲观 自责	上课没精神
	我太笨了		作业马虎、拖拉
	同学都幸灾乐祸		不理同学、尖刻
	老师对我没好感		躲避老师
	父母会对我失望		不敢告诉父母

表 7-2 积极观念对行为的影响

事件	积极看法	情绪	行为
数学测验成绩比上次下降了 11 分	成绩总会有升有降	自信 愉快	上课专心听讲
	我还有潜力没发挥		作业主动认真
	同学们没有恶意		尊重同学
	老师是公平的		和老师正常相处
	父母不会对我失望		告诉父母,振奋精神

实践证明,大多数成功的人是能管理好自己情绪的人,大多数幸福的人是能控制好自己情绪的人。只有管理好情绪,做一个内心强大的自己,才能获得成功的人生。

实训活动——换个角度,换个心情

事件 1:被同学叫外号

想法:________________ 情绪:________________

换个想法:________________ 情绪:________________

事件 2:考试不及格

想法:________________ 情绪:________________

换个想法:________________ 情绪:________________

事件 3:碰到一位同学,但是对方没有与你打招呼就走了

想法:________________ 情绪:________________

换个想法:________________ 情绪:________________

第二节　职业评估与调整

心理防御可以有效应对职业挫折，同时，职业评估与调整是应对职业挫折的另一种有效途径。职场新人对职业的选择要作多元分析，但学习本课程后仍然有面临职业定位失误的可能，只有亲身经历实际工作后才能验证职业选择是否正确。因为个人的认知和对职业生涯的预期安排是一个不断认知、探索、决策和评价的过程。

实训活动：今昔对比

和进大学前相比，当初的你和现在的你发生了哪些变化？请填写表7-3。

表7-3　我的变化

	考入大学之前的我	现在的我
我最喜欢的专业		
我最想从事的职业		
我的职业生涯最终目标		
我实现职业目标的途径		

一、职业规划的评估

本阶段职场新人的重点目标是学会评估一项工作或者一种职业是否适合自己，而无职业兴趣是首要考虑因素，此外还要考虑工作满意度。

（一）评估的内容

评估内容主要包括：职业目标评估、职业路径评估、实施策略评估以及其他因素评估，比如，身体、家庭、经济状况、机遇、意外情况的及时评估。

（二）评估的时间

一般情况下，1～3年进行一次评估规划；当出现特殊情况时，随时评估并进行相应的调整。

【案例分析】

小 A 的自我评估

本科生小 A 的专业是行政管理，他在职业生涯规划之后做出如下评估：

①职业目标评估：从事社会行政管理工作，成为一名高级社会行政者是我本科毕业后十年内的最高职业目标。但是，在实现目标的过程中，如遭遇大的挫折（如未能找到满意的社工类工作、现有社工工作发展空间很小且很难达到我的择业发展目标等），我会选择考取与社工工作性质比较接近的公务员作为我的备用职业，最终我还是可以回到社会行政事业上来。

②职业路径评估：条件允许，发展总方向坚持不变。当事业遭遇不顺时，我会积极动用一切条件以支援我的事业。当就业初期所从事的工作为非社会行政职业时，只要是自己认为有发展前途的，能提高自身职业水平的其他社工类职位我也会继续做下去。

③实施策略评估：实施策略可据现实条件适时调整，但总体上“考研—就业—择业—创业”的总策略不会改变。

④其他因素评估：内因起决定性作用，但也不要忽视外因的作用，重视计划的权变性。价值观测评显示我为家庭取向型，争取使家庭生活更幸福成为自身事业成功的动力。

案例思考：

小 A 自我评估有错吗？请指出小 A 错在哪里？

二、职业规划的调整

（一）调整职业生涯规划的必要性

许多不成功的职业生涯规划，往往源于对外界和自身变化的忽视。首先要应对包括家庭条件变化、社会环境变化等在内的外部条件变化，而外部条件的变化往往是机遇与挑战并存，家庭条件是外部条件变化的首要因素。

实训活动——家庭条件的变化

情形一：父亲十分要强，也造就了我不轻易服输的性格。在家中我是老大，被视为榜样，这就促使我更加严格地要求自己。父亲是一个经营有道的成功商人，可由于一次失误，生意失败，欠债数十万元。我也刚刚大学毕业，正要找工作。

情形二：家庭经济条件良好，和睦美满，父母对我的期望比较大，从物质和精神上竭尽全力满足我。可现在父亲突然得了重病，家里的多年积蓄也用在父亲治病上。我有意早点工作减轻家庭负担，帮助妈妈支撑家庭。

【说一说】

①上述情形中的家庭环境有何变化？

②这些变化对大学生的职业生涯规划有何影响？

社会环境变化是外部条件变化的第二因素。主要变化有：就业市场需求的变化、行业发展趋势的变化、新的发展机遇出现、从业者所处的环境变化、用人单位需要的变迁等等。

【案例分析】

牛仔裤的来历①

19 世纪 50 年代，美国西部发现大片金矿，无数做着发财梦的人们如潮水般涌向荒凉萧条的西部。有个 20 岁出头的毛头小伙利维·斯特劳斯(Levi Strauss)也挡不住黄金的诱惑，放弃了厌倦已久的文职工作，加入浩浩荡荡的淘金洪流中。利维来到旧金山，他发现淘金者比自己想像得还多，于是他当机立断，放弃从沙土里淘金，改从淘金者身上“淘金”。他在当地开办了一家销售日用百货的小店，生意十分好，但是他所采购的大批搭帐篷、马车篷用的帆布却无人问津。

为处理积压的帆布，利维试着用其裁做低腰、直腿统、臀围紧小的裤子，兜售给淘金工。由于这种裤子比棉布裤更耐磨，大受淘金工的欢迎，“利维的裤子”不胫而走。利维变卖了小百货店，开办了专门生产帆布工装裤的公司。

20 世纪三四十年代，美国西部电影盛行。利维公司利用这个机会，让好莱坞电影明星在演出时穿上“利维的裤子”，在影片中扮演行侠仗义、英俊潇洒的西部牛仔，影迷们便把明星们身上穿的工装裤称为“Jeans”(牛仔裤)。从此，美国东部地区许多人也把拥有一条牛仔裤作为一种时尚。

案例思考：

(1)如果利维没有放弃淘金，他会怎么样呢？

(2)利维的成功，对你调整职业生涯规划有何启发？

① 王如平.创造性思维的开发与培养[M].北京：光明日报出版社，2012：166.

自身条件变化也是职业生涯规划调整的原因之一。自身条件变化主要包括以下方面：知识水平和职业素养的提高、专业知识和专业技能的提高、对所学专业的重新认识、对新的专业产生新的爱好、社会阅历的增加、价值观和性格的变化、思考问题的能力提高和思维方式的变化。

【案例分析】

谭盾卖艺[①]

著名音乐家谭盾刚到美国时，生活困难，必须到街头拉小提琴卖艺来赚钱。他和一位黑人琴手一起争取到一个最能赚钱的好地盘——一家商业银行的门口，那里人来人往，热闹非凡。

过了一段时日，谭盾赚到不少卖艺钱之后，就和黑人琴手道别。他想进入大学进修，在音乐学府里拜师学艺，也和琴技高超的同学们互相切磋……

十年后，谭盾有一次路过那家商业银行，发现昔日老友——黑人琴手，仍在那“最赚钱的地盘”拉琴，而他的表情也一如往昔，脸上流露出得意、满足与陶醉的神情。当黑人琴手看见谭盾突然出现时，很高兴地停下拉琴的手，热情地说：“兄弟，好久没见啦！你现在在哪里拉琴啊？”

谭盾回答了一个很有名的音乐厅的名字，但黑人琴手反问道：“那家音乐厅的门前也是个好地盘，也很好赚钱吗？”

“还好，生意还不错！”谭盾没有明说。

那黑人不知道，十年后的谭盾，已经是一位国际知名的音乐家，他经常应邀在著名的音乐厅中登台拉琴！

谭盾的成功，在于他懂得及时抽身，离开那个看似最赚钱，却很难再进步的地方。

案例思考：

(1)谭盾自身条件发生了什么变化？

(2)谭盾如果一直在街头卖艺，将来会怎么样？

(二)调整职业生涯规划的方法

职业生涯规划调整的实质，在于通过对以往成长经验的反思，审视自身情况的变化，主动适应外部条件的变化。先做只能做的工作，再做希望做的工作，最后把只能做的变成

① 杨红英.大学生职业生涯规划[M].昆明：云南大学出版社，2015：189.

希望做的。量己力,衡外情,定目标,选策略,重实践,善反省,再出发。

1.自我条件重新剖析和发展机遇重新评估

个人主观的职业取向与社会需要形成一种“交集”的关系。个人的职业兴趣、能力在实践中会不断优化,对社会发展、产业结构、行业发展变化也会有更深入的了解,为适应这些变化必须及时调整职业生涯规划。调整职业生涯规划应按照如下流程进行:职业生涯规划调整—反馈—再调整。

2.发展目标和措施修订

职业生涯规划的调整,主要包括职业发展目标的调整和实现目标措施的调整,同时还应恰当把握调整的时机。好的职业规划是一个开放性的规划,要充分考虑“变化”的出现,设计为“中等期望值”的正向发展。

调整的内容主要包括有两方面:一方面,是职业发展目标的调整。要经常问自己一个问题:我现在所做的事情会让我更接近职业目标吗?在校期间制定的目标往往比较理想化和理论化,当有了一定的职业经历后,重新确定的职业目标,往往显得更务实。终极目标一旦确定,就不可轻易更改,如果发现自己的短期目标并没有向长期目标靠拢,或者是中长期目标中有个别不符合最终目标的,就需要及时调整。另一方面,是职业发展措施的调整。应从“怎样实现目标”和“目标实现的效果”来评定措施。

【案例分析】

推销鞋子的故事[①]

英国殖民者占领非洲沙漠地区后,就把市场拓展到了那里。于是,有两个卖鞋子的商人就来到了这里。在了解这里的民族习俗、服饰打扮等情况后,发现生活在沙漠中的人们不穿鞋子。看到这种情况,其中一个商人很失望,他想:“这里的人不穿鞋子,我把鞋子卖给谁呢?”于是,他就离开了非洲沙漠这块市场。另一个商人看到这里的人们不穿鞋子,他非常高兴、非常兴奋,心想:“这里的人们没有鞋子穿,每人买我一双鞋子,我就发财了。”于是,他把大量的鞋子运到非洲,到处去推销,给人们讲解穿鞋子的好处。

几年之后,这个商人发了大财,腰缠万贯,过上了优越的生活。另一个商人却还在到处为推销不了鞋子而愁眉不展,直至在贫穷病困中死去。

① 周永奎.成功在于自我管理[M].广州:华南理工大学出版社,2015:119.

案例思考：

1.两个商人的心态、思维方式有什么不同？

2.这则案例对你的职业生涯规划有什么启示？

总之，大学生由于没有参加过社会工作，缺乏对社会环境、职业以及职业环境的亲身感受与了解，偏重于纸上谈兵。因此，职业规划不太可能在大学期间完全确定下来。再加上职业规划本身就是一个持续动态的发展过程，有效的职业规划需要不断地反省、修正职业生涯目标，反省策略方案是否恰当，以及能否适应环境的变化，可以同时作为大学生走向社会或进行下一轮职业规划的参考依据。

通过职业评估与调整，应达到下列目的：对自己的强项充满自信，从挫折的阴影中走出来；对自己的发展机会有一个清楚的了解；找出关键的有待改进之处，并为这些有待改进之处制订详细的行动改变计划；以合适的方式答复那些给予反馈的人，并表示感谢；实施行动计划，确保自己能够取得显著的进步。

三、制定备选方案

既然职业评估与调整都已经明确了修改方向，那么就要根据目标设计备选方案，这称为方案制订或方案拟订，是具体落实调整意志和客观需要的关键一步。

从根据上说，这个步骤就是要对未来偏离目标的可能提出应对的具体设想与安排，也就是要描绘未来行动 B 方案，这实际上就是备选方案制订的过程。它针对未来的可变性，制订未来行动的具体 B 计划；针对实现个人理想的基本目标，制订 A 方案行不通之后的 B 方案。例如，某本科生的求职城市是福州或厦门，那么，福州或厦门就是 A 计划，其他城市就是 B 计划。具体地说，B 方案就是要根据所确定的目标和已经明确的情况，针对所要解决的问题开出具体的备用处方，即为具体地解决问题来进行后备方案设计。后备方案的设计有逆向思维法、职业咨询法、智囊技术法等。

（一）逆向思维法

人们习惯于沿着事物发展的正方向去思考问题并寻求解决办法。其实，对于某些问题，尤其是一些特殊问题，从结论往回推，倒过来思考，从求解回到已知条件，反过去想或许会使问题简单化，解决它也变得轻而易举，甚至因此而有所发现，创造出惊天动地的奇迹来，这就是逆向思维和它的魅力所在。对于职业生涯规划来说，重要的是要提前考虑：目标没有实现后怎么办？

【案例分析】

一位本科生职业生涯规划书的备选方案

1.面临就业压力，本科学历不具备优势，找不到理想的工作，怎么办？

适当调整心态与自身定位，谋求适合市场需要的相关职位。

2.在国际纸业校园招聘中失利，未能如愿进入国际纸业，怎么办？

争取应聘上其他世界500强制浆造纸企业，如斯道拉恩索、芬欧汇川等企业，并在其中谋取同等职位。

3.进入企业后，并未如愿在市场营销部门任职，怎么办？

先在相关职位上把本职工作做出色，利用业余时间了解学习自身所喜欢、更适合自己的职位，工作一段时间后争取调职。

4.工作后，未能如愿晋升，怎么办？

主动与上级领导进行沟通，了解原因。针对不足，争取用最短的时间内努力改正，并利用更多的时间学习相关业务知识与管理能力，全方位提升自身素质。

5.工作5年后，未能申请上美国排名前十商学院的工商管理硕士，不能顺利留学，怎么办？

完善个人简历，再试几次。如果被拒，再求其次，申请美国排名前20商学院的工商管理硕士或者在国内知名学府，如清华、浙大等学府的商学院进行个人深造。

案例思考：

从以上案例看，制定备选方案如何运用逆向思维法？

(二)职业咨询法

职业咨询不仅仅是心理咨询，决策者应在制订备选方案前向亲朋好友、老师同学等咨询。对于他人的建议，既要注意吸收合理成分，为我所用，又要防止人云亦云，变成“墙头草”。一定要不断培养自己的独立思维能力，成为一个既有民主风范又有主见的人。

【案例分析】

夏雪的“七年之痛”

“夏雪，公司下个月要检修设备，安排好了吗？有些部门需要提前安排，千万注意哦！”“夏雪，10月公司周年庆典，前期有很多准备工作，这要辛苦你统一安排一下了。”“最近新人比较多，培训用的会议室要协调一下，另外办公用品也要去采购了。”……

夏雪像个管家,每天忙着打理公司各种琐碎繁杂的大小事,即使下班了也经常接到老板的电话,哪怕一件小事,老板也要她落实好了才放心。

毕业至今,工作七年的她先后待过五家公司。毕业后的第一家公司是个小企业,待了一年,夏雪觉得没有什么发展空间便辞职了;第二家公司是家公关公司,工作两年,平常除了打理公司内部的事情,还要兼做联络客户的工作。因为加薪的问题和老板闹僵,她不得不离开第二家公司。随后她又换了两家,她总是对手上的工作感到各种不满,最终还是离开。现在这家公司是一家200人左右的外企,夏雪待了两年,虽然老板对她很信任,但这种信任在她看来也慢慢变成一种负担,因为很多琐碎的事情都是重复劳动,让她疲惫不堪、厌倦工作。虽然不停地换公司,但干行政工作已经是第7个年头了,夏雪觉得自己越来越缺乏动力。

工作为了摆脱困境,夏雪向职业规划师进行了咨询:"周围的同学朋友都说我是职业发展遇到了'七年之痒',我反而觉得是'七年之痛'。我曾经很多次想跳槽转行,可我除了那些琐事之外,好像真的找不出有什么专长,投出去的简历大部分没有回音,有一两个面试也被淘汰掉了。难道除了行政,我就不能做点别的吗?"

职业咨询师的解决方案是:结合兴趣,大胆转型。理由如下:

职业咨询师认为,夏雪在大学时就对创意设计很感兴趣,但她从未考虑往这方面发展,一是家里人反对这"虚无缥缈"的工作;二是自己也找不到合适的切入点,没有信心进入。职业咨询师从一系列测试和面对面交流中发现了这一点,经过深入沟通后,双方形成了一个颇为大胆的转型方案:往创意艺术展览行业发展。

职业咨询师还了解到,夏雪在行政领域工作多年,有很强的统筹规划和协调资源的能力,亲和力强,擅长人与人之间的沟通。从兴趣、经验和能力这几方面上看来,夏雪很适合从事创意艺术的展览服务相关工作。职业咨询师建议她先进小的展览公司,薪水也许不会有以前那么好,但工作时间灵活,工作内容也是她兴趣所在。一开始可先从展览专员这样的基层工作做起,之后通过不断的积累和学习,成长为展览项目主管、经理,继而向更高层面的管理岗位发展。

确定了转型方案后的夏雪非常开心,这不仅让她看清了发展方向,更重要的是有了一条切实可行的发展道路。当兴趣渗透到工作,连生活都变得晴朗,夏雪觉得自己好像一艘重新出发的船,扬帆开始了新的旅程。

案例思考:

夏雪的职业转型,对你有何启示?

(三)智囊技术法

在拟订后备方案工作中,要广泛使用智囊技术,目前使用较多的智囊技术有“头脑风暴法”“哥顿法”等。后备方案的制订有一定规律可循,应遵循一定的思路。

【案例分析】

运用“哥顿法”解决古巴导弹危机[①]

20世纪60年代初,美国国防部召开了一次有各种人员参加的秘密会议,部长们向与会者宣布,通过U-2无人驾驶高空侦察机拍摄大量照片获得的信息:邻国近期从别国引进了一批现代化军事装备,足以威胁美国安全;具体国家和军事装备暂时保密。应该采取什么措施?参加会议者热烈发言,纷纷提出自己的意见和措施。当大家发表完自己意见以后,部长归纳了六条比较集中和有代表性的措施:第一,置若罔闻;第二,施加外交压力;第三,通过各种渠道同敌国谈判;第四,全面入侵,抢先动手;第五,突袭敌国新引进的军事装备;第六,采取间接军事行动——封锁敌国。部长又宣布,根据侦察所得情报,中程弹道已运到邻国,美国应采取什么措施。“谜底”揭开后,与会者又作了进一步讨论,多数人提出实施第六项措施,迫使邻国就范,立即撤出导弹,平息了当时所谓的“加勒比海危机”。这是一个不自觉地使用了“哥顿法”的案例,这个案例虽然古老,但对说明操作“哥顿法”有参考价值。

案例思考:

1.个人如何独自运用“哥顿法”进行决策?

2.个人如何利用团体开展“哥顿法”决策?

头脑风暴法是被誉为“创造学之义”的美国人历克·奥斯本提出的,是一种激发集体智慧、提出创新设想、为一个特定问题找到解决方法的会议技巧。与会人员要遵守自由设想、延迟评判、追求数量等原则。

哥顿法是领导决策的具体方法之一,是美国人哥顿在1961年提出的。这种方法包括两个方面的活动:(1)编陌生为熟悉,即把一个大小决策问题,分解为几个局部的小问题,其目的是便于分析问题和查明一些细节。(2)“变熟悉为陌生”,即对已证明成果,从新的角度或用新的知识去观察、分析,借以创建新的思维。

---

① 杨永志.信息开发利用的方法[M].天津:天津人民出版社,2000:43-44.

思考与练习

1.大学生如何进行挫折的心理防御?

2.如何对职业规划进行正确的评估?

3.如何综合挫折与评估结果,对职业规划进行调整?

第八章　编制职业生涯规划书

没有计划的学习，简直是荒唐。

——恩格斯

【学习目标】

1.掌握职业规划书的撰写要求；

2.使学生能够独立完成一份达标的职业生涯规划书；

3.使学生了解大学生职业规划大赛参赛细则、评分标准及报名办法。

【导入案例】

"失败"与圣人[①]

有一个人，名字叫失败，他干什么都不成，从来就没有成功过。有人就给他提了一个建议，说某某地方有一个圣人，曾经帮很多人指点迷津，使他们从失败走向成功，你可以去请教他，让他帮助你成功。于是，失败找到了这个圣人，向他请教如何走向成功。圣人首先问他究竟想往哪个方向努力而达至成功。失败就告诉圣人，只要能够成功，什么方向都无所谓，你给我指点吧。结果这个圣人说，如果是这样的话，那么，你走哪条道都无所谓了，你走吧。

案例思考：

1."失败"的问题在哪里？

2."失败"的故事对你有什么启发？

---

① 吴洛夫.管理学经典[M].长沙：湖南人民出版社，2013：184.

第一节　职业生涯规划书概述

一、职业生涯规划书的概念

职业生涯规划(career planning),简称生涯规划,又叫职业生涯设计,是指个人与组织相结合,在对一个人职业生涯的主客观条件进行测定、分析、总结的基础上,对自己的兴趣、爱好、性格、气质、能力进行综合分析与权衡,结合时代特点,根据自己的职业倾向,确定其最佳的职业奋斗目标,并为实现这一目标做出行之有效的安排。生涯设计的目的绝不仅是帮助个人按照自己的资历条件找到一份合适的工作,达到与实现个人目标,更重要的是帮助个人真正了解自己,为自己定下事业大计,筹划未来,拟定一生的发展方向,根据主客观条件设计出合理且可行的职业生涯发展方向。

按照时间长短,职业生涯规划可以分为人生规划、长期规划、中期规划与短期规划(表8-1)。

表 8-1　职业生涯规划的分类

人生规划	40 年左右,设定整个人生的发展目标	如规划成为一个有上亿资产的规模企业董事
长期规划	5～10 年的规划,主要设定较长远的目标	如规划 30 岁时成为一家中型公司的部门经理,规划 40 岁时成为一家大型公司的副总经理
中期规划	一般为 3～5 年内的目标与任务	如规划到不同业务部门担任经理,规划从大型公司部门经理到小公司担任总经理等
短期规划	3 年内的规划,主要是确定近期目标,规划近期完成的任务	如对专业知识的学习,掌握哪些业务知识等

职业生涯规划书就是对自己的职业生涯乃至今后人生策划的书面表达和书面设计。

规划重点在大学和毕业后三至五年(中期规划)。

二、职业生涯规划书的重要性

众所周知,事业的成功＝计划＋正确的方法＋有效的行动。因此,为了取得职业的成功,求职者在就业前要根据自己的实际情况,结合就业环境和社会需要制作一份职业生涯规划书,这对于每个求职者有着十分重要的作用。

(一)职业生涯规划是用人单位对毕业生的关注点之一

毕业生在参加企业组织的面试时,常见问题之一是:请谈谈你的职业发展规划。你能说说你未来三到五年的发展计划吗？人的一生应该有定位,有自己的职业生涯规划,只有树立了自己的"个人品牌",才能找到称心如意的工作,才能在职场中游刃有余。一个没有主见,连自己喜欢什么、想做什么都不知道的人,是不会受到企业青睐的。

(二)职业生涯规划是个人成才的有效办法

职场上有句名言:"今天你站在哪里不重要,你下一步迈向哪里却很重要。"成功的人生需要正确的规划。合理规划自己的职业生涯,是每一名大学生迈向成功人生的第一步。通过对一个人的职业生涯的主客观因素进行分析、总结和预测,可以发现其所具有的潜质、优点和缺点。在此基础上,通过学习和实践,充分发挥个人的长处,努力克服弱项,挖掘潜在的能力,使之成为有用人才。

(三)职业生涯规划能帮助个人确定职业发展目标

职业生涯规划的重要内容之一,是对个人进行分析。通过分析,我们确定符合个人兴趣与特长的生涯路线,正确设定个人的职业发展目标,并制订行动计划,使自身的才能得到充分发挥,使自己得到更好的发展,以实现职业发展目标。通过职业生涯规划,可选择适合自己的职业,运用科学的方法,采取有效的行动,化解人生发展中的危机与陷阱,使事业获得成功,实现自己的人生理想。

(四)职业生涯规划能鞭策个人努力工作

制订职业生涯规划完成之后,在两个方面将起作用:一方面,它是努力的依据,另一方面,它是对自己的鞭策。规划给了每个人看得着的目标,随着你把这些规划一步一步转为现实,自己就会有成就感。对许多人来说,制订和实现规划就像一场比赛,随着时间推移,一步一步地实现规划,这时,思想方式和工作方式又会渐渐改变。

【案例分析】

陈桥兵变[①]

人生理想是随着形势而不断变化的。25岁的时候，赵匡胤正式投到后周世宗柴荣门下，做了自己第一个选择。27岁的时候，赵匡胤主动请战，激战高平，做了自己第二个选择。30岁的时候，赵匡胤采纳赵普意见，巧取清流关，做了自己第三个选择。34岁的时候，赵匡胤发动陈桥兵变，登上皇位，做了自己第四个选择。

但与前三个选择不同，第四个选择既是赵匡胤顺应时势，更是赵匡胤主动创造时势的结果，这就是历史上有名的"陈桥兵变"。

实际上，陈桥兵变不是偶发事件，是以赵匡胤、赵普、赵光义三人为主筹划的结果。

第一步是去除障碍。

赵匡胤夺取政权的最大障碍当然是周世宗，周世宗威望极高，但是此时已经病重。李重进因为和周世宗不和，一直在淮南担任节度使，对于中央来说，他已经失去了威胁。于是只剩下当时担任殿前都指挥使的张永德。

张永德是柴荣的妹夫，在周世宗即位之前就和他关系密切。在郭威临终之时，张永德也主动下跪，表示臣服，得到了柴荣的信任。一直以来，柴荣最精锐的部队都是由担任殿前都检点的张永德率领。于是在世宗六年，张永德率领大军在前方冲杀，率领后周主力和北汉激战。周世宗却在送来的文书之中看到"检点做天子"的文字，一打听，军中早已流传，这让周世宗极为恐慌。他觉得作为郭威女婿的张永德有着和自己一样的名位，更是一位精通兵法的优秀统帅，完全有机会、有实力在自己死后夺取自己的天子宝座。于是周世宗即刻传令罢免张永德都检点官职，改由自己的第二心腹赵匡胤做都检点。

第二步是巧夺兵权。

960年正月，周世宗去世不久，此时朝廷皇帝年幼，七岁的柴宗训当然不能理政，便由符太后和宰相范质、王溥当权。作为禁军最高统帅的赵匡胤看时机成熟，准备发动兵变，于是开始命人四处散播谣言：北汉联合契丹大举来犯了。

其实，这根本就是谎言，但是在那个交通极为不便的情况下，真相一时难辨。而朝中符太后是一介弱女子，完全不懂朝政，听闻消息大惊失色，竟然屈尊求教宰相范质。范质考虑朝中唯有赵匡胤可以出战，于是推荐赵匡胤。赵匡胤很高明，以自己兵微将寡拒绝出战。此时的符太后慌作一团，又怎能去察觉赵匡胤的野心，于是下令允许赵匡胤调动全国兵马，去迎战北汉联军。

---

① 刘海藩.资治新鉴(下)——中国古代政治家决策得失[M].北京：中央文献出版社，2006：888-890.

第三步是散布流言。

赵匡胤于是率领大军前进，到了距离京城20里的陈桥驻扎下来。由其弟也就是后来的宋太宗赵光义指挥，让军士在军中散布谣言“检点做天子”。谣言在这个时候发生了巨大的效力。可以想象，每个人想起了去年的事情，都会去想；哦，原来检点做天子，说的不是张永德，而是我们的主帅赵匡胤大人啊。赵匡胤假意让人禁止流言，而赵光义则四处活动，告知诸位将领，拥立赵匡胤便会前程似锦，而消息一旦此时传到京城，受制于人，作为赵匡胤亲信的将军们都将受到牵连。于是大家都做出了明智的选择。

众位将领在赵光义的带领下拥到帐下，高喊：“诸军无主，愿策太尉（此时赵匡胤是都检点兼太尉）为天子。”还未等赵匡胤回答，赵光义就将早就准备好的黄袍披在赵匡胤身上，众人下拜，高呼万岁。此时的赵匡胤也并不推辞，只是问道：“我有号令的话，你们能听从吗？”众将都说：“唯命。”

陈桥兵变异常顺利，全凭赵普等人谋划之功。从散布北汉与契丹进犯的谣言，唆使军士拥立赵匡胤为帝，而后里应外合、兵不血刃进入大梁都城，整个兵变过程安排得环环相扣、细致入微，甚至连加身之黄袍和禅代诏书都已事先做好准备。赵匡胤对将士们约法三章，也是赵普等人谋划兵变的既定策略，有利于稳定局势，巩固统治，也有利于日后北宋的统一事业。陈桥兵变，系赵匡胤指使，赵普等人精心策划且一手导演而成。这其中，赵普运筹帷幄，居功至伟。赵匡胤如愿登上皇帝宝座，晋封拥戴他的有功之臣，忘不了给赵普加官晋爵：“以佐命功，授右谏议大夫，充枢密直学士。”

案例思考：

陈桥兵变对你职业生涯设计有什么启发？

第二节　职业生涯规划书撰写方法

一、撰写原则

（一）可行性

职业生涯规划要有可行性，那要有事实依据，符合本人个性特征，具有可操作性，并非是美好的幻想或不着边的梦想,更不能出现抄袭。

(二)完整性

职业生涯规划要具有完整性,即需包括“自我分析、需求分析、确定职业目标、可行性规划方案、详细的行动计划方案、评估调整措施”等方面内容。

(三)适时性

职业生涯规划要具有适时性,即对未来的主要活动、行动及将来的职业目标等方面,有比较科学的安排和预设。

(四)连续性

职业生涯规划要具有连续性,即职业生涯的每个发展阶段都要有连贯衔接,使之前后连续发展。

(五)适应性

职业生涯规划要具有适应性,即根据职业生涯中可变因素,设定规划弹性和变化的适应性。

二、格式与流程

(一)格式

(1)基本格式有:表格式、条列式(简单的表述)、复合式(表格式与条列式的综合)、论文格式(最完整的职业生涯规划书)四种。一般采用复合式或论文格式。

(2)电子版文件格式:一般选用文件处理软件 Microsoft Word(*.doc 文件)进行制作;除非比赛需要,一般不宜采用演示文稿软件(*.ppt 文件)的格式。

(3)封面:字体与字号和图案点缀可自行设计,富有个性。(图 8-1)

(4)扉页:可附上个人照片,并填写参赛者的真实姓名、性别,所在高校、院系、专业、年级,联系电话、电子邮箱、指导老师(限 1 人)及联系方式等相关信息。(图 8-2)

(5)目录:一般显示一、二级目录即可。方法是先对拟标注为目录的字段设置一级大纲、二级大纲等,之后就可以自动生成目录。生成目录后,再调整字体、大小等。(图 8-3)

(6)标题一般应依次为:“一”“(一)”“1”“(1)”“第一”“第二”等。

(7)正文:体现形式多样化,一般是文字+表格+图表。字体、字号、行间距等,应做到

图 8-1　封面

陕西科技大学

扉　页

姓名：郑
性别：男
籍贯：浙江省杭州市
学校：陕西科技大学
专业：轻化工程（纸浆造纸）
班级：轻化　班
联系电话：
联系地址：西安市未央区
陕西科技大学 375#信箱
邮编：710021
E-MAIL：

巴斯德说：“机遇只垂青于有准备的头脑”，是的，能让自己牢牢把握住机遇，成功实现自己的人生价值的最有效办法就是：从今天起有计划有准备地规划自己的人生。

图 8-2　扉页

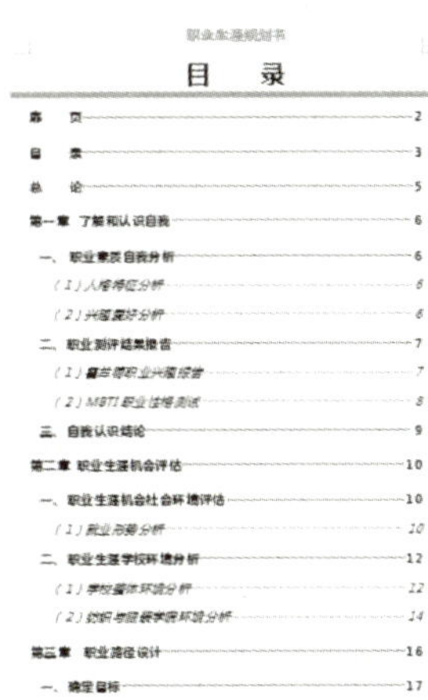

目　录

图 8-3 目录

前后一致、清洁美观。

（二）流程

(1)研读若干篇任课教师要求的有关职业生涯规划的范文。

(2)拟定职业生涯规划写作提纲。

(3)开展在线测试,整理测试结果,收集相关材料。

(4)撰写并反复修改及定稿。

三、主要内容

内容要体现思想性、创新性、真实性,淡化文学性、艺术性。

（一）自我评估（知己）

客观分析自己的职业兴趣、职业能力、行为风格、职业价值观、个性特征等,了解自己喜欢干什么？能够干什么？适合干什么？最看重什么？人与岗位是否匹配？将这些作为设定职业生涯目标和策略的基础,做出准确的职业定位。

自我评估的途径有：职业生涯测评软件评价、大学辅导员评价、大学同学评价、父母亲评价、其他亲属评价等。

没有购买职业生涯测评软件评价的高校教师,可用手机下载“升学在线”官方 APP,点击“工具”,进入如下页面进行测试,并对测试结果截图保存(图 8-4、图 8-5)。

这一部分常见问题：整段抄袭测评报告,缺乏个人志向,认识自我的来源单一,认识自

图 8-4 “升学在线”官方 APP

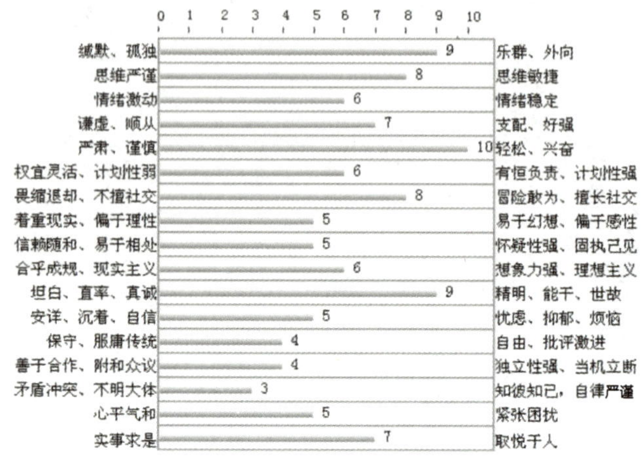

图 8-5 卡特尔 16 种人格因素测验

我的内容不够全面，自己的兴趣、经验和能力的展示与未来的职业目标关联度不大，没有突出自己的职业能力优势。

【案例分析】

认识自我

人贵有自知之明。这是关于“知己”的千古遗训，但人最难了解的也是自己。自傲者看不到自己的缺点，自卑者看不到自己的优点。作为当代大学生的我们也在这花花世界中，近乎迷失了自己。而要为自己确定职业目标，做好职业规划，首要的就是给自己一个明确的定位，才能知己知彼，百战不殆。

一、身心素质

身体素质：良好，热爱运动，同时具有较好的外在形象。

心理素质：良好，始终保持开朗、乐观的心态。

二、气质类型

经气质测试表明：略偏多血—胆汁质（其中胆汁质题号 4 分，多血质题号 5 分，黏液质题号－1 分，抑郁质题号－9 分）：易兴奋，性情直率，精力充沛；认真、有能力，适应性强；喜欢交际，精神愉快，机智灵活，情绪易转变。

三、职业兴趣

事业型(8分)：关心政治，喜欢当领导者，惯于以自己的意志去影响他人、鼓动他人，并检查与评价他人，同时热衷于社交活动，结交名流。

社会型(6分)：活跃于各种社会团体或娱乐活动，如晚会、联欢会、茶话会，喜欢出去郊游，结交新朋友，以放松自己。

四、职业能力类型

(1)能力：社会型——解释表达能力，具有向各种人说明解释的能力，能和大家一起友好相处，会邀请人、招待人，能合理地安排各项工作；

(2)技能：事业型——领导技能，做事充满活力和热情，工作上能指导和监督他人，并提出意见和建议，具有开创事业的能力。

五、职业价值观：

自尊取向为第一位，认为较高的社会地位和较好的工资待遇最为重要，渴望实现自我的价值，并得到众人的尊重，具有强烈的自我意识。

六、优缺点分析

优点：

(1)富有自信，具有充沛的精力；

(2)思维活跃，富有独创精神；

(3)有强烈的责任感和坚定的毅力；

(4)能够敏感地察觉出不合逻辑、不连贯、不现实以及不称职的人或事；

(5)具有很好的解说能力，富有推动力。

缺点：

(1)不善于自我批评、反思过去；

(2)有时比较敏感犹豫，缺乏大胆果断的作风；

(3)以自我为中心，不够合群；

(4)不能忍受没有效率的工作，或需花很多时间，才能完成的程序或工作；

(5)当缺少他人支持时，做事的动力不足。

七、适合的职业：

(霍兰德职业测试)

推销员、进货员、商品批发员、旅馆经理、饭店经理、广告宣传员、调度员、律师、政治家、零售商。

八、心目中理想的职业

检察官、律师、创业者。

[**小结**]经过霍兰德职业测试，我更加全面和深刻地了解了自己，得出了自己适合的职

业，欣喜地看到有与心目中理想相吻合的律师职业。同时，结合以上所有的信息，可以初步发现律师这个行业符合我的职业要求，它兼具社会性及事业性，并具有较高的收入和社会地位，而且我的自信、毅力、活跃的思维及责任感也符合一名律师的要求。因此，初步锁定职业目标为律师。

(二)环境评估(知彼)

通过多种途径，尽可能获取目标行业、目标职业、目标企业(用人单位)的相关资讯，结合自己的专业情况、就业机会、职业选择、家庭环境、社会需求等因素，理性评估职业机会，以此作为设定自己职业目标的基础。

【案例分析】

职业生涯条件分析

在经过职业测试及自我剖析之后，我清楚地认识到自己的优缺点和能力水平，并产生了初步的职业类型设想——律师。但是，职业之路并不是经过简单的自我分析便可最终确定的。事物的发展是内外因共同作用的结果。因此，在了解自己之后，还必须分析各种客观外在条件，经过不断地探索、不断地调整，才能最终找到适合自己发展的道路。

一、职业环境分析

1.家庭环境分析

(1)出生于干部家庭，家庭条件较优越，无经济负担，利于我求学深造。

(2)我是独生子女，家庭的未来都寄托在我一人身上，给我压力和动力。

(3)父母对我的期望值很高，也给予我极大的支持和鼓励。

(4)家庭内无人从事法务工作，必须完全依靠自己的实力进军律师行业。

2.学校环境分析

(1)教学目标：学校重在培养应用型人才，各项学科的建设都以社会需求为核心，旨在培养出具备法学专业基本理论、基础知识和基本技能，并能够承担律师、法官、法律顾问等法务工作的专业型人才。这也使我获得了全面的法学基础教育，有利于我从事律师行业。

(2)师资力量：有从事理论研究的学者，为我奠定坚实的理论基础提供保障；有较多具有法学实践经验的教师，都曾从事过或正在从事律师行业，有利于我向老师请教、交流从事律师行业的相关问题；也有部分教师为年轻教师，是法学界的新生代力量，能提供给我新颖的观点。

(3)专业社团：学校有法学专业的社团——法学社，定期举办法学沙龙、模拟法庭、法

制宣传等活动，有利于我参与法学实践，进一步巩固所学到的知识

(4)图书资源：我校图书馆有丰富的馆藏图书，法学名著、各类教材应有尽有，便于我随时查阅所需材料，更好地掌握法学专业知识。

3.个人能力塑造

(1)大一期间担任班级组织委员，加入校报记者团、院学生会文艺部、法学社等社团，大二期间，担任校报记者团分站站长(已退)、院分团委记者团团长及班级组织委员至今

(2)现已成为一名光荣的中国共产党。

(3)多次获校奖学金及“校三好生”称号。

4.社会环境分析

随着社会经济的发展，市场竞争的日益激烈，社会越来越需要法律的规制以保证社会的公正有序。因此，律师也迅速成为一个炙手可热的行业，越来越多的人跻身律师行业。同时，律师的社会地位、经济收入的提高和高校的扩招也导致法学专业的人满为患，律师行业内的竞争越来越激烈，律师队伍的素质得到了明显的提高，律师行业的门槛也就随着提高，由此，要进入律师行业也就更具挑战性。

但同时，就社会历史发展趋势来看，当经济发展到一定程度时，法学便突显出其重要地位。因此，社会对法学人才的需求量也在增加，让我们看到了机遇。在机遇和挑战并存的律师行业，必须顶得住压力，耐得住寂寞，不断进取，方能在律师行业中取得一席之地。

5.行业现状分析

(1)行业竞争白热化。

律师业是三大法律行业中竞争最为激烈的一个职业，虽然每年法律服务市场都在扩大，但律师业的竞争还是很激烈的。我国目前注册律师大约有14万人左右，律师事务所1万多家，并且数量仍在激增。新人多、新所多、发展速度快等客观原因，造成了某种意义上的恶性竞争。

另外，法律服务对象相对不成熟，以及对法律服务所具备的价值没有准确的判断能力等原因，使普通市民的法律服务走入误区，许多人都会聘请费用较低的律师，这是造成法律服务业内部相互挤压的原因之一。

(2)总体数量供不应求。

虽然我国目前律师人数数量大，且增幅大，但相对于我国庞大的人口基数而言仍是远远不够的。我国律师人数占总人口的比例大约是10000∶1，这个数字在普通法系的美国和英国，分别是10000∶32.7和10000∶15.4；在大陆法系的德国和法国分别是10000∶8和10000∶4；即使是在特别强调非讼的日本和印度，也达到10000∶1.2和10000∶1.3。从这个意义上来讲，我国律师队伍数量的发展有着很大空间。

(3)业内收入差距大。

律师是强弱差距悬殊的行业，知名大律师年收入上百万、上千万，但有很多律师都是

疲于糊口，收入不高，有的甚至无钱交纳年检会或会费而被迫转行。对于初入行的律师来说，90%的收入都只能维持基本的生存。

同时，律师收入也存在严重的地区差异。特别是东部与中西部地区经济发展的不平衡直接导致律师收入的差距悬殊，并且这种差距不可能在短期内有明显的改变，这也是不争的事实。另外，律师的执业环境也不是很好，这些都是律师行业从业者的巨大障碍。

(4)高学历律师受欢迎。

律师职业对个人的综合素质要求高，律师事务所在招聘律师时主要从硬件考量，现在很多事务所都只要招聘硕士研究生以上学历的人员。

同时，律师要在业内建立声誉和影响力，靠的是“专业知识＋案源”，而与之相对应的就是“高学历＋经验”。高学历对客户来讲是专业知识的保证，直接影响着客户对律师的信任度，而信任度直接决定了律师的业绩。

(5)专业化是发展方向。

随着市场经济的建立与完善，法律服务业务的增长点发生了巨大变化。证券、金融、知识产权、房地产、投资、涉外等涉及专业知识的业务逐渐成为律师行业的主要收入来源。原来那种综合性律师事务所已经不再适应市场的需求了，专业化正在成为律师事务所以及律师个人的发展方向。如果固守原有的一些业务，不及时更新知识结构，提高专业知识水平，将无法进入法律服务的高端和高收入领域。

6.行业前景预测

随着社会文明的不断进步，民主法制的日益完善，人权保护的不可逆转，律师的作用会越来越大，政治地位也会越来越高，当然，经济收入也会越来越好，律师的职业发展前景一片光明。

但社会的发展也同时给律师提出了更多高要求，不仅要求律师具有过硬的心理素质、协调能力和沟通能力，而且要求律师在原本博学的基础上更加注重于“专”。因此，律师队伍的素质会越来越高，也只有高素质的律师才能在律师行业“出人头地”。

总的来说，律师行业是现在还好，将来更好，有实力，更有潜力，目前效益不错，期待效益更大的一支“绩优股”。只要注重实际、稳扎稳打、加倍努力，就一定能在律师行业打出一片天。

二、弱势条件分析

(1)家族内无人从事法务工作，进军律师行业只有依靠自己的力量。

(2)我校是一所省属高校，法学专业只是新生专业，暂时还没有设置硕士点，考研或就业相比其他重点大学处于劣势。

(3)参与过多校内外活动，占用了大量的学习时间，专业基础知识还不够完整、全面。

(4)实践经验不足。

解决方案：

(1)努力提升自身专业水平，培养各方面能力，并努力拓宽人际关系网。

(2)加倍努力，克服客观条件的限制，努力考取研究生。

(3)明确学生在校的任务是以学为主，有选择性地参与优质活动，避免活动的多且杂。

(4)积极到律师事务所实习，以积累职业经验。

[小结]经过客观环境方面的分析，可以看到，虽然律师行业对我而言是个严峻的挑战，但是机遇仍然存在，加上学校的培养和家庭的支持，我可以全身心地投入以提高自身各方面素质，进军律师行业。而且，我也明确了律师行业的现状和发展前景，更有利于我有针对性地培养自身能力。同时，仍然存在许多弱势条件阻碍我从事律师行业，但这些制约点并不是不可战胜的，而是可以通过自身的努力加以克服的。因此，我锁定了职业目标——律师。

【案例分析】

SWOT 分析

表 8-2 给出了一个 SWOT 分析示例。

表 8-2　SWOT 分析示例

强势(strength)	弱势(weakness)
· 善于公众演说，语言表达能力较强 · 善于交际，人际关系好 · 心理素质比较强，能够承受得起挫折、失败和压力 · 工作积极热情，有创新意识，喜欢突破	· 有时实话实说，容易得罪他人 · 人际交往过于频繁，影响个人职业发展 · 有时内心过于轻敌，对困难估计准备不足 · 工作热情往往会衰减，没有好职业变迁的心理准备
机会(opportunity)	**威胁(threat)**
· 家庭对自己的选择大力支持 · 大学期间的经历使我具备了一些相关能力 · 目标行业有非常好的发展前景 · 社会急需专业性人才，所学专业对口	· 家庭条件比较差，不能提供继续深造学习的机会 · 就业形势严峻，竞争激烈 · 工作具有很强挑战性，对能力要求较高

(三)目标确立(抉择与订立目标)

在知己知彼的基础上，选择最合适自己的职业目标，并确定相应的职业发展路径。

在职业生涯路线选择时，主要应考虑以下三个方面的问题：①个人希望向哪条路线发展，要考虑自己的价值、理想、成就动机，确定自己的目标取向。②个人适合向哪一条路线发展，主要考虑自己的性格、特长、经历、学历等条件，确定自己的能力取向。③个人能够向哪条路线发展，主要考虑自身所处政治、经济、文化等社会环境以及组织环境，确定自己的机会取向。

【案例分析】

小李职业生涯定位及生涯规划

在对自己个人兴趣爱好、性格特征、职业价值观、职业能力倾向以及自己所处的各种环境进行详细、科学、客观分析的基础上，小李的最终职业定位和实施计划已经确定。

1.做出适合自己的职业选择

在对自己职业测评和生涯机会评估进行详细、科学、客观分析的基础上，小李的最终职业目标已经确定——企业管理。

针对小李所学专业以及行业的整体分析，他选择的是纸浆造纸行业第一的企业——国际纸业，最终职业定位是国际纸业亚洲区首席执行官。

2.职业生涯路线选择

职业生涯路线是实现职业目标的各种可能途径，最适合自己的路线才是最佳的选择。以下是小李规划的职业生涯路线：项目专员—项目经理—攻读工商管理硕士—部门总监—国际纸业首席执行官。

3.职业生涯流程图

表8-3是小李根据职业生涯路线规划的职业生涯流程表。

表8-3　职业生涯流程表

	预期目标	起止时间	年龄跨度
近期规划	顺利本科毕业 取得学士学位	现在—2011年7月	20—22岁
中期规划	国际纸业市场营销专员	2011年8月—2011年底	22—22多岁
	国际纸业市场营销部门经理	2012年—2015年	23—26岁
	攻读美国排名前十的商学院工商管理硕士	2016年—2018年	27—29岁

续表

	预期目标	起止时间	年龄跨度
长远规划	国际纸业市场营销部门总监	2019 年—2029 年	30—40 岁
	国际纸业亚洲区首席执行官	2030 年—2042 年	41—54 岁

(四)实施策略(行动)

围绕职业目标的实现,制订具有针对性、明确性与可行性的行动计划,特别是要详尽制订大学期间和毕业后五年内的实施计划。制订计划时要注意区分轻重缓急,在行动计划和策略制定后,要采取高效的行动,按预订计划有序推进,同时,在这期间要学会管理时间和应对干扰。

【案例分析】

职业规划实施策略

1.近期规划的实施计划

(1)第一阶段:大二(2009 年 6 月—2009 年 8 月)

主要任务:广泛阅读企管、营销方面的书籍;完善职业生涯规划书。

具体措施:

①继续完善职业生涯规划作品。

②着手准备英语演讲竞赛,完成初赛作业,参加比赛。

③全面复习英语六级考试;充分利用校园良好的学习环境,每天早上晨读优秀文选或朗诵《新概念英语》,定期参加每周的英语角,锻炼自己的英语口语;复习本学期课程,迎接考试。自学市场营销学、管理学等相关内容,大量涉猎企业管理相关读物,争取结识相关从业人员。着手准备参加剑桥商务英语中级考试。

(2)第二阶段:大三(2009 年 9 月—2010 年 8 月)

主要任务:加强专业知识的学习,提高英语应用能力。积极参加社会实践、生产实践,了解目标企业、用人单位的具体要求。

具体措施:

①努力学好专业课程;进一步提高英语会话能力;完善自己对企业管理的基础知识

储备。

②尽可能多地参加社会实习，着手收集制浆造纸世界500强企业(特别是国际纸业)的信息，争取利用国际纸业来校发放奖学金的机会结识国际纸业人力资源部门主管。

③参加大学生“挑战杯”创业大赛；假期参加剑桥商务英语高级考试。

④大三结束的假期，参加大型制浆造纸企业的实习招聘会，争取进入大型造纸企业参观见习或实习，全面了解企业对于项目业务员的要求，并依此调整自己的职业规划实施策略。

(3)第三阶段：大四(2010年9月—2011年6月)

主要任务：认真准备毕业设计。参加企业招聘。

具体措施：

①着手毕业设计，准备论文答辩。

②继续全面收集制浆造纸世界500强企业的信息，争取进入其中企业实习的机会，了解其事务性部门日常工作，与人力资源部门主管建立良好的联系。

③制作简历，参加学院、学校举行的各种就业、面试讲座，积极参加各场校内外招聘会及相关职位的网上申请。

④列一张从小学到大学的同学联系录，并按熟悉程度对同学进行分类，主动与相关的同学联系，建立良好的社会关系，不定期邀请同城市的同学聚会，互相探讨各自职业发展路上的问题。

2.中期规划的实施计划

(1)第一阶段：找工作及工作第一年(2010年下半年—2012年)

主要任务：进入企业，努力成为“明星员工”。

具体措施：

①努力进入国际纸业，自身定位为熟悉技术的市场营销专员。熟悉公司产品，了解公司企业文化及相关规章制度，做个合格的员工。

②阅读营销实战书籍，多向老员工学习，热情对待工作。

③积极参加公司的各种活动，乐于为同事服务。把自己的成果建立在大家一起努力的基础上，乐于与他人分享快乐。

④积极拜访客户，不断总结自己的经验，急客户之所急，想客户之所想。

(2)第二阶段：工作第二年至第四年(2012年—2015年)

主要任务：成为团队的领导，影响自己团队的成员，成为“明星员工”。

具体措施：

①上班之余多看些林正大、余世维、时代光华管理的销售管理课程，让自己的管理技巧有质的飞越。

②与好的客户建立良好的关系，通过客户介绍获得更多的客户资源。

③与公司技术部人员交流，掌握公司核心产品的关键技术，这样有利于在和客户谈判时更加自信、主题更加贴切。

④全面积累工作经验，凭借优秀的个人能力和良好的人事关系在三至四年内攀升至企业中层（部门经理）。

⑤参加公司有关于团队领导、组织激励相关培训，从本质上提升自己的领导能力。工作的重点由业务型向领导型转变，注重少数高端客户开发和跟进。

（3）第三阶段：工作第四年至五年（2015—2016 年）

主要任务：留学美国排名前十的商学院，追求更高的管理绩效。

具体措施：

①跟进行业技术发展，经常参与各种学术论坛和会议；能够独立分析行业市场未来的走势，对公司未来产品的开发提出了建议性的改进意见并得到公司认可。

②深入挖掘企业文化与管理理念，着眼于整个企业的发展战略，完善部门管理，做好本职工作，为企业发展做出贡献。

③申请美国排名前十的商学院的工商管理硕士就读机会，并进一步确定工商管理硕士进修方向。

着手准备经济管理研究生（GMAT）考试，准备申请签证。留学美国，学习世界最先进的管理理念。

3.长期规划的实施计划

主要任务：升任企业高级管理。实现更高的自我价值，为社会做出贡献。

具体措施：

①归国后，担任国际纸业部门总监。

②整合自己的工作经验和工商管理理论，初步形成自己关于制浆造纸行业营销战略战术的看法。有宏观调控和战略规划能力，对市场有强的洞察力和预测力。参加公司的高层会议，对公司未来的发展战略提出自己的看法。

活学活用工商管理的知识，经常对部门成员进行培训，团队合作卓越。除了统筹公司交给部门的任务外，力所能及地为公司其他部门服务。

10 年后开始考虑竞聘公司亚洲区首席执行官，甚至是公司全球总裁。

（五）评估与调整（改进）

事物都是处于运动变化中的，由于自身及外部环境条件的变化，职业生涯规划也要随着时间的推移而变化。在制订职业生涯规划时，由于对自身及外界环境都不大了解，最初确定的职业生涯目标往往都是比较模糊或比较抽象的，有时甚至是错误的。经过一段时间的工作以后，有意识地回顾自己的行为得失，可以检验自己的职业定位与职业方向是否合适。从而在实施职业生涯规划的过程中自觉修正，纠正最终职业目标与分阶段职业目标的偏差，保证职业生涯规划的行之有效。同时，通过评估与修正还可以极大地增强实现职业目标的信心。其修订的内容主要包括：职业的重新选择，职业生涯路线的选择，职业生涯目标的修正，实施策略计划的变更等。

【案例分析】

职业规划评估

职业生涯规划是一个动态的过程，必须根据实施结果的情况，因应变化，进行及时的评估与修正。

1.评估的内容：

职业目标评估（是否需要重新选择职业？）：假如一直……那么我将……

职业路径评估（是否需要调整发展方向？）：当出现……的时候，我就……

实施策略评估（是否需要改变行动策略？）：如果……我就……

其他因素评估（身体、家庭、经济状况以及机遇、意外情况的及时评估）。

2.评估的时间：

一般情况下，定期（半年或一年）进行评估规划；当出现特殊情况时，随时评估并进行相应的调整。

3.规划调整的原则

抓住重点：不要顾此失彼。

抓住弱点：坚持就是胜利，扬长避短。

抓住突破点：形势最重要，善于解决问题。

【案例分析】

职业风险预测及修正

以下是法律专业毕业生小张所做的职业风险预测及修正。

风险一：考研失败

这是极有可能发生的情况，在此情况下，我只能保持心态的平和，继续备考国家司法考试，以求通过，这样同样可以进入律师事务所担任律师助理，之后再继续考研。

风险二：国家司法考试失败

这也是非常有可能发生的情况。国家司法考试作为全国第一考，其通过率之低早有耳闻。遇此情况，若已经顺利考取研究生，则可边攻读研究生学位，边准备再次参加司法考试；若我未通过硕士研究生考试，那么我将面临的就是随便找份工作先养活自己再准备考研及考司法考试，或是待业专心准备两项考试。

风险三：在律师行业摸爬滚打数年仍无所成就

此种情况发生的概率相对会小些，我有自信凭借自己的努力、能力，再加上广阔的交际面，完全可以制止此情形的发生。若真的发生，则除了再接再厉之外，只能是退出律师行业，重新规划职业生涯。

风险四：创办律师事务所失败

对于尚未涉猎管理学、经济学方面的我来说，对于此风险发生的概率很难做估计。遇此情形，一来可潜心修习管理学、经济学、会计学等专业；二来则可考虑缩小职业目标，只继续安稳的律师工作。

其实风险远不止这些，还有如应聘实习律师失败、未考取博士研究生等，但考虑到这些情形与上述四种情形有竞合现象，在此不再赘述。总之，“最好的应对危机的方案就是不让危机发生”，因此，只能加倍努力！

思考与练习

1. 职业生涯规划书写作的关键步骤是什么？

2. 职业生涯规划比赛的要点有哪些？

附录　职业生涯规划配套题库

一、单项选择

1. 职业产生的根本原因是(　　)。

A.社会革命　　B.社会分工　　C.科技进步　　D.经济发展

2. 有一位教师偶尔发表了一篇文章,获得稿费 500 元。这位教师的职业是(　　)。

A.作家　　B.教师　　C.科研人员　　D.以上都不是

3. 较早系统研究"专业"的社会学家是(　　)。

A.卡尔·桑德斯　　B.马克思　　C.韦伯　　D.舒伯

4. 2019 年,人力资源和社会保障部公布的新职业批数是(　　)。

A.第 10 批　　B.第 11 批　　C.第 12 批　　D.第 13 批

5. "斜杠"体现职业生涯发展的新趋势是(　　)。

A.单一职业　　B.多重职业　　C.复杂职业　　D.简单职业

6. 根据教育部文件,本科专业和专科专业数量分别为(　　)。

A. 506、747　　B. 676、734　　C. 876、956　　D. 1123、2345

7. 高校现行的学科门类数量为(　　)。

A. 10　　B. 11　　C. 12　　D. 13

8. 以下哪项不是学科门类(　　)。

A.哲学　　B.理学　　C.工学　　D.考古学

9. ESI 是指(　　)。

A.职业监测数据库　　B.基本科学指标数据库

C.劳动保障数据库　　C.失业监测数据库

10. 舒伯等人提出的"生涯"定义时期跨度是(　　)。

A.青年期　　B.少年期　　C.中青年期　　D.一生

11. 舒伯的生涯理论是(　　)。

A.发展论　　B.匹配论　　C.决定论　　D.认知论

12. 从"生涯彩虹图"可以看出(　　)。

A.生涯就是诸多角色平衡发展的过程　　B.角色越多说明规划越好

C.人的角色很多、很无奈　　D.人的角色越多越幸福

13. 生涯彩虹图中,休闲角色意味着(　　)。

A.基本是浪费时间的　　B.是消耗资源的过程

C.助人释放压力获取能量　　D.休闲可以帮助建立人际关系

14. 对未来充满迷茫的大学一年级学生,能给的生涯建议是(　　)。

A.当前阶段正是探索期,需要主动探索、尝试

B.要找专业人员去做个规划

C.大家都迷茫,所以无所谓的

D.车到山前必有路

15."生涯彩虹图"中的"子女角色"有一个从多变少的过程,说明(　　)

A.与父母的情感感觉变淡漠了

B.子女角色影响了学习

C.只要父母健在,这个角色都是天然的

D.个人在长大过程中逐步找到自己的空间

16. 课程中示例的"生涯彩虹图"中的个案,其生涯幸福度很高,是因为(　　)。

A.生涯的诸角色都比较平衡　　B.角色很丰富

C.有张弛起伏的变化性　　D.活到了将近 80 岁

17. 从课程中示例的"生涯彩虹图"可见(　　)。

A.需要主动为自己设计新角色　　B.人生大多活法都是被动的

C.生涯发展的本质就是平衡、协调发展　　D.生涯发展是一个复杂的过程

18. 大学阶段的"生涯必修课"是(　　)。

A.充分的未来选项探索　　B.按学校要求完成

C.早早锁定职业目标　　D.与老师同学建立好关系

19. 大学生涯阶段的主要角色有:学生、子女、休闲、朋友、生涯发展者等。因此,大学阶段的生涯规划是(　　)。

A.压力很大的生涯阶段　　B.各个角色都要扮演好

C.明确阶段角色,扮演好相关角色　　D.需要与人合作完成

20. 如果毕业成为一个"大学毕业生",即进入百万求职大军开始激烈竞争。但是,如果早早规划,就可以(　　)。

A.快速找到好工作

B.开拓更多的求职渠道与机会,轻松就业

C.让自己成为一个有独特优势的大学毕业生

D.轻易找到好工作

21. 根据《泉州师范学院2021级人才培养方案公共课调整一览表》，本门课程的准确名称是（　　）。

A.大学生职业发展与就业指导　　B.大学生职业生涯规划

C.新时代大学生职业生涯规划　　D.大学生就业指导

22. 根据《泉州师范学院2021级人才培养方案公共课调整一览表》，本门课程的学分数量是（　　）。

A. 0.5　　B. 1　　C. 1.5　　D. 2

23. 目前，泉州师范学院本门课程的开课单位是（　　）。

A.马克思主义学院　　B.创新创业学院　　C.教务处　　D.教育科学学院

24. 世界上第一个职业指导机构是（　　）。

A.波士顿地方就业局　　B.英国学徒管理局

C.澳大利亚技能质量管理局　　D.法国国家就业总局

25. 我国普通高校开设职业发展与就业指导课程的开始时间为（　　）。

A. 2006　　B. 2007　　C. 2008　　D. 2009

26. 因为“计划赶不上变化”，所以认为生涯规划没用，是因为（　　）。

A.把生涯规划静态化了　　B.缺少专业人员支持

C.缺乏有效规划方法　　D.规划与现实难以调和

27. 职业生涯规划是（　　）。

A.做计划　　B.定位职业目标

C.确定一个人的事业发展目标　　D.找到好的职业机会

28. 回忆往昔，我们往往会有一些后悔的事，是因为（　　）。

A.这是人生必然的事情　　B.曾经的努力是在小视野里进行的

C.缺乏高人的指点　　D.所学的知识太窄了

29. 职业生涯规划的第一步是（　　）。

A.环境评价　　B.自我评估　　C.生涯决策　　D.目标设定

30. 职业生涯规划的第二步是（　　）。

A.环境评价　　B.自我评估　　C.生涯决策　　D.目标设定

31. 职业生涯规划的最后一步是（　　）。

A.环境评价　　B.自我评估　　C.生涯决策　　D.评估与反馈

32. 根据毛泽东的论述，青年规划未来人生蓝图的第一考虑是（　　）。

A.经济利益　　B.政治方向　　C.理想伴侣　　D.光宗耀祖

33. 马克思恩格斯对青年发展目标的倡议是（　　）。

A.青年应该是摆脱片面性的“全面发展”的人

B.青年应该投身阶级斗争的历史洪流

C.青年应该深入学习马克思主义理论

D.青年应该摒弃资本主义发展道路

34. 马克思恩格斯提出青年要成为“能通晓整个生产系统的人”,这一论述的出处是(　　)。

A.共产主义原理　　B.共产党宣言

C.德意志意识形态　　D. 1844 年经济学哲学手稿

35. 从教材中“马克思如何成为马克思主义者”这一案例可以看出,马克思价值观转变的关键点是(　　)。

A.思辨　　B.实践　　C.理性　　D.矛盾

36. 在马克思看来,青年选择职业的第一原则是(　　)。

A.有尊严的职业

B.深信其正确的职业

C.追求把社会需要与个人发展结合起来获得主客观统一的职业

D.人们只有为同时代人的完美、为他们的幸福而工作,才能使自己也过得完美

37. 教材中“毛泽东学生时代当乞丐的传奇经历”说明青年成长的关键是(　　)。

A.吃得苦中苦,方为人上人

B.树立亲民形象,是政治家的第一步

C.密切联系群众,在社会实践中锤炼成长

D.没有调查,就没有发言权

38. 根据教材,习近平人生第一步所学到的都是在(　　)。

A.河北正定县　　B.清华大学　　C.梁家河　　D.福建宁德

39. 信仰对职业规划的意义是(　　)。

A.信仰是人生路上的“指向灯”

B.信仰是宗教的范畴

C.信仰是克服学习困难的利器

D.信仰是企业经营之魂

40. 学生干部工作的特点不包括(　　)。

A.流动强　　B.事务杂　　C.难度低　　D.要求高

41. 我国最早使用“人才”一词的文献是(　　)。

A.《大学》　　B.《道德经》　　C.《易经》　　D.《诗经》

42. 一个人在工地上跟三个砌砖工人谈话。那人问第一个工人:“你在干什么?”工人回答:“我为拿工资而工作。”问第二个工人,回答是:“我在砌砖。”但当他问第三个工人时,

他热情洋溢地回答:“我在建一座教堂!”那三个人在做同一种工作,但只有第三个人工作受到远见的指引。他看见了那幅宏图,宏图给他的工作增添了价值和快乐。这个案例说明(　　)。

A.目标越宏伟,个人成就越大　　B.目标越宏伟,结果常常差强人意

C.目标越渺小,个人受挫的风险越低　　D.目标越渺小,个人幸福感越强

43. 韦纳对行为结果的归因分类不包括(　　)。

A.内部归因和外部归因　　B.稳定性归因和非稳定性归因

C.可控归因和不可控归因　　D.积极归因和消极归因

44. 根据性格的定义,决定一个人行为方式的关键是(　　)。

A.价值观　　B.态度　　C.意识　　D.兴趣

45. 性格腼腆、一当众说话就脸红的男生小王因为幼时受恩于老师,立志当中学教师,但因表达能力差一直没能面试成功。他的核心困扰是什么?(　　)

A.探索不清自己的职业价值观　　B.探索不清自己的核心能力

C.职业价值追求与职业能力不匹配　　D.不知道自己喜欢什么

46. MBTI 的理论基础是性格类型论,是由(　　)提出的。

A.布里格斯　　B.荣格　　C.迈尔斯　　D.弗洛伊德

47. 内向性格的人经常不善言辞,是因为(　　)。

A.内向性格的人表达力不够　　B.内向性格的人没有表达的兴趣

C.等他们想好了对话已经结束　　D.因为想得太深别人理解不了

48. 人认识某种事物或从事某种活动的心理倾向是(　　)。

A.价值观　　B.态度　　C.意识　　D.兴趣

49. 人们对某种职业活动具有的比较稳定而持久的心理倾向是(　　)。

A.职业兴趣　　B.性格倾向性　　C.职业价值观导向　　D.职业技能

50. 霍兰德提出了职业兴趣的六种类型,其中喜欢固定、有秩序的活动,喜欢组织和处理教据的人,属于霍兰德兴趣类型中的(　　)。

A.企业型　　B.社会型　　C.事务型　　D.研究型

51. 雄鸡选择稻谷而不选择宝石,以此比喻人类个体不同选择的关键是(　　)。

A.价值观　　B.态度　　C.意识　　D.兴趣

52. 马斯洛需要层次理论中的最高层次是(　　)。

A.安全　　B.归属　　C.自我尊重　　D.自我实现

53. 主张员工的工作满意度取决于内外部激励因素之间的平衡的心理学家是(　　)。

A.马斯洛　　B.马克思　　C.赫兹伯格　　D.洛特克

54. 马斯洛需要理论的主要内容不包括(　　)。

A.人的生存和生理需要　　B.人的谋生和占有需要

C.人的自我实现和全面发展的需要　　D.人的情感需求

55. 当一个人不得不作出选择的时候，无论如何都不会放弃的职业中的那种至关重要的东西或者价值观。这是指(　　)。

A.职业锚　　B.职业性格　　C.职业兴趣　　D.职业能力

56. 施恩职业锚有(　　)种类型。

A. 7　　B. 8　　C. 9　　D. 10

57. 价值观是内在准则。对此，以下错误的描述是哪一项(　　)。

A.价值观经常会随环境发生改变

B.相同的客观环境，每个人的价值判断都不同

C.价值判断准则不同，人理解世界的结论就迥异

D.人与人的区别就在于这些价值判断的内在准则

58. 我们即使知道有些事情的客观事实，但往往也会因为自己的价值观状态，感受到不同的结果，犹如“大善不憎恶人”。基于此，以下描述错误的是(　　)。

A.需要通过培养来提升自己的价值观

B.听别人表达观点时，应该关注其价值观

C.分析人的价值观特征是理解人的重要角度

D.价值观许多时候都是虚伪的

59. 畜牧专家坦普·葛兰汀是比较严重的自闭症患者，她看到的世界与普通人非常不同。价值观就是类似这样的一种独特的看待世界的规则体系。那么，以下描述错误的是(　　)

A.价值观的形成很受生理状态影响　　B.可以用价值观来定义一个人的典型特征

C.价值观是完全生理决策的　　D.极端状态的价值观可能会有病态倾向

60. 作为生涯探索阶段的大学期间，我们需要主动参与到更多的场景去，从而探索自己的价值特征。因为(　　)。

A.这样才能体会到世界的丰富多彩性

B.这样才可以让自我更加完善

C.通过多种场景的体验、反思，才能更深切了解自己的价值观特征

D.通过接触不同的人与事才能实现自我成长

61.“假如你拥有无限财富，你会做什么?”从中可以分析/反思个人的价值观倾向是“自我中心”还是“利他助人”。比如一个人说他有无限财富后都会捐出去，那么(　　)。

A.要进一步根据他捐钱的理由来分析其价值观特征

B.就可以明确定位他的价值观

C.说明他的价值观是不在乎钱的

D.这肯定是利他的价值观倾向

62. 为了满足自己“帮助他人”的价值观,哪种职业适合(　　)。

A.心理咨询师　　B.政府官员　　C.技术专家　　D.企业管理者

63. 一个拥有“休闲”价值观的人,是(　　)。

A.受财富影响很大　　B.期望拥有更强的控制感

C.往往追求更高的收入　　D.缺乏长远追求的人

64. 如果一个人是追求“高收入”的,说明(　　)。

A.他适合从事金融行业　　B.他应该成为资深专业人员

C.他会不择手段地做事　　D.他往往也追求高职位

65. 追求“多样性”的价值观的人,是一种(　　)。

A.追求自我价值观的人　　B.期望有创意呈现的人

C.期望能够做有标准的事　　D.缺乏恒心的人

66. 高收入、社会声望、独立性、帮助他人、稳定性、多样性、领导、休闲等八种职业价值观,哪种最好(　　)。

A.没有好坏之分　　B.稳定性最好　　C.当前,高收入最好　　D.越是利他就越好

67. 影响一个人工作稳定性的因素,最重要的是(　　)。

A.兴趣　　B.性格　　C.职业价值观　　D.家庭要求

68. 多元智能理论的创立者是(　　)。

A.舒伯　　B.霍兰德　　C.施恩　　D.加德纳

69. 多元智能理论的主要内容不包括(　　)。

A.言语—语言智能　　B.逻辑—数理智能

C.身体—动觉智能　　D.心理—知觉智能

70. 青岛大学硕士技校回炉学电焊这一案例旨在说明人才市场的特点是(　　)。

A.结构性失业　　B.职业变动　　C.技术优先　　D.用工形式多样化

71. 小学教师资格考试的学历条件是(　　)。

A.大专学历及以上　　B.本科

C.师范类本科　　D.师范类大专学历及以上

72. 全国翻译专业资格证的就业前景是(　　)。

A.可以参加公务员录取考试　　B.可以参加事业单位录取考试

C.可以参加教师资格考试　　D.可以个人会员身份加入中国翻译协会

73. 建造师执业资格证书的报名条件为(　　)。

A.无专业无资历限制

B.需要工程类或经济类专科以上学历，一定相关工作经历

C.需要工程类或经济类专科以上学历，不要相关工作经历

D.不需要工程类或经济类专科以上学历，但要一定相关工作经历

74. 消防工程师的供求现状是(　　)。

A.供大于求　　B.供不应求　　C.供求平衡　　D.不确定

75. 公务员考试要求具有注册会计师资格证(CPA)证书的单位一般不包括(　　)。

A.中国人民银行　　B.公安局　　C.审计署　　D.银保监会

76. 要求全英文答题的职业资格考试是(　　)。

A.注册会计师　　B.中国精算师

C.特许金融分析师　　D.注册电气工程师

77. 法律职业资格证书考试的报名条件为(　　)。

A.不限专业　　B.法学类或政治类专业均可报名

C.法学类专业或者从事法律工作满三年　　D.全日制本科以上专业均可报名

78. 哪个专业的毕业生不能参加注册电气工程师的考试？(　　)

A.电气工程　　B.通信工程

C.计算机科学与技术　　D.管理科学与工程

79. 某考生零基础，花费九个月时间，401 分通过司法考试，这个案例说明(　　)。

A.这个考生很会投机取巧，说明走捷径容易成功

B.这个考生有决心、有目标、有计划、有行动，说明事在人为

C.这个考生零基础去参加考试，说明基础越薄弱，越容易通过考试

D.这个考生才付出 9 个月就通过考试，别人往往 3 年都未必考上，说明花费时间越少，通过考试的可能性越高

80. 职业探索的方法不包括(　　)。

A.资料搜索　　B.生涯人物访谈

C.参加招聘会体验求职　　D.参加专业课学习

81. 生涯人物访谈最好的方法是(　　)。

A.电话采访　　B.面对面采访　　C.用邮件或书信采访D.微信采访

82. 生涯人物访谈的意义是(　　)。

A.没有任何意义，纯粹浪费时间

B.可以帮助本科生明确职业目标和求职路径

C.可以帮助本科生找到理想伴侣

D.可以帮助本科生树立为人民服务的远大理想

83. 生涯人物访谈报告的作用是(　　)。

A.不明白有什么作用;如果任课老师要求,也只好去做

B.作用有限,求职探索充满不确定性和个性,他人经验对自我没有太多意义

C.用书面形式总结访谈结果,为职业探索和职业规划书打基础

D.作用很大,该报告可以成为大学生职业探索的蓝图

84. 被父母逼迫考了5次公务员的重庆女孩最核心的生涯困扰是(　　)。

A.不知道自己喜欢什么职业

B.能力不足,考不上公务员

C.不了解职场

D.父母和自己看法不一致,又无法说服父母

85. 从生涯发展的角度来说,职业生涯选择中,我们最看重的应当是(　　)。

A.内心的职业价值观与所选职业是否一致 B.我的专业与所选职业是否匹配

C.父母是否同意我的选择 D.职业的经济收入是否可观

86. 职业环境分析的核心是(　　)。

A.未来所从事职业的待遇如何 B.未来所从事职业的前途如何

C.未来所从事职业与自身家庭的关系 D.未来所从事职业与本科毕业院校的关系

87. 我们往往都把“钱多、事少、离家近”作为想象中的生涯目标,那么这反映出什么类型的职业价值观(　　)。

A.独立性 B.帮助他人 C.多样性 D.休闲

88. 任课教师在课堂上请学生回答“身边有没有人穿红色的衣服,有多少人穿了红色衣服”,你如何理解这一课堂提问的核心意义(　　)。

A.这说明职业目标越多越好,目标多,选择度和自由度越大

B.这说明职业目标要专一,这样才能聚集个体一生的时间和精力,实现职业理想

C.这说明每个人都只关心自己的事情,事不关己,高高挂起

D.这说明人要是没有留心留意,就会发生遗忘的现象;只有细心看,用心想,才能发现真理

89.《一壶“水”的诱惑》这一案例,说明了(　　)。

A.职业目标完全是虚构的

B.职业目标可以分解为小目标

C.职业目标具有指明努力方向、激发内在动力等作用

D.探索队队长骗人的技术很高明

90.《山田本一的故事》告诉我们什么道理(　　)。

A.目标越宏伟越好 B.目标越小越好

C.山田本一天赋很高 D.大目标要分解为小目标

91. 某本科生的职业目标如下:第一,2008—2009 年。职务目标:企业战略发展部秘书;经济目标:年收入 3 万元。第二,2010 年—2011 年。职务目标:企业战略发展部主管;经济目标:年薪 6 万。第三,2011 年—2012 年。职务目标:企业战略发展部经理;经济目标:年薪 10 万。这说明(　　)。

A.该生太保守,目标制订过于琐碎

B.该生目标制订很科学,目标分解为可执行、可衡量的小目标

C.该生的目标虽然看上去合理,但很难实现

D.该生的目标虽然不太合理,但较易实现

92. 第一个职业兴趣量表的编制者是(　　)。

A.斯特朗　　B.霍兰德　　C.迈纳　　D.库德

93. 现在很多大学生都注重提早为自己将来的求职增加筹码,当下的"高校考证热"就是一种典型的职业准备策略。对于同学们热衷的职业资格证书,下列说法中错误的是(　　)。

A.职业资格证书并非多多益善,其多寡与求职的成功率不成正比

B.职业资格证书只是一块普通的"敲门砖",对于求职的作用更多是锦上添花,而不是一锤定音

C.考证是一种盲目行为,而且会因占用太多的时间而影响专业的学习

D.对于那些含金量低、与求职方向不一致的证书,应慎重考虑

94. 职业生涯规划的重要环节和流程是(　　)。

A.知己、知彼、计划、评估　　B.知己、知彼、决策、行动

C.知己、知彼、评估、决策　　D.知己、知彼、行动、评估

95. 大学生就业的环境是不断变化的,从政策到经济形势,从用人单位到毕业生自身,每年都有新的变化,大学生要充分利用积极的环境因素,实现就业。当前看来,大学生就业的积极因素有(　　)。

A.国家出台的各种鼓励毕业生就业的新政策,如《关于实施大学生服务西部计划的通知》等

B.用人单位用人观念的转变。近年来,用人单位更加注重考核人才的能力与素质,逐渐走出"重学历"的误区,且招聘过程更加公平合理

C.严峻的就业形势已经促使学校改革教学模式、加强实践环节、重视就业指导、拓宽就业渠道

D.以上都是

96. 什么是外职业生涯目标,下面表述哪项正确(　　)。

A.外职业生涯目标即职业生涯的外在表现

B.外职业生涯目标即职业生涯的外部行动

C.从事职业时的工作内容目标、工作环境目标、经济收入目标、工作地点目标和职务目标等

D.外职业生涯目标即职业生涯发展的外显层面

97. 如果一个人追求领导力与社会影响,喜欢向别人推销自己的产品或观点,且具有较强的言语说服力,你觉得下列哪个职业比较适合他(　　)。

A.工程师　　B.护士　　C.政治家　　D.会计

98. 如果一个人喜欢自我表达,喜欢多样化与变化性,且富有想象力和创造力,你觉得下列哪个职业比较适合他(　　)。

A.工程师　　B.护士　　C.作家　　D.会计

99. 下列哪一项是社会环境分析(　　)。

A.目前,我国政治稳定,经济持续稳定发展,给企业带来更多的发展机会

B.物流业被誉为“21 世纪最具发展潜力的行业”之一

C.这个企业的企业文化具有很强的侵略性,不适合温和的人

D.某人动手能力强,适合从事技术型工作

100.“动物选课”这一案例说明职业目标组合的原则是(　　)。

A.专一　　B.合身　　C.伟大　　D.多样

101. 罗杰·史密斯和坎贝尔的故事,说明(　　)。

A.史密斯和坎贝尔都存在盲目乐观的现象

B.史密斯和坎贝尔都善于分解目标

C.史密斯和坎贝尔都善于组合目标

D.自我激励能够调节情绪,帮助个体取得成功

102. 生涯决策的原因是(　　)。

A.在多个选择之间进行衡量,以实现价值最大化的过程

B.聚焦资源,力出一孔

C.找到一个回报率最高的目标

D.让当前做的事情有一个原则

103. 在“桃园摘桃”案例中,稍微比较,迅速摘一个桃子,这种生涯决策风格类型是(　　)。

A.理智型　　B.直觉型　　C.依赖型　　D.自发型

104. 生涯决策的 5W 法具体指什么(　　)。

A.以五为单位来思考问题　　B.找五个人来解决

C.连续五次询问为什么　　D.找五个角度来探索

105. 决策平衡单最后分数的计算，需要(   )。

A.认真考虑每一项 B.每一项权重与得分相乘的总和

C.分四类进行求和 D.固定每个项目的权重

106."一位大学生的晚自习"这个案例说明(   )。

A.该大学生没有学习计划 B.该大学生学习不够刻苦

C.该大学生时间管理效果差 D.该大学生情商很高

107. 时间与行动管理的 80/20 法则的创立者是(   )。

A.维尔弗雷多·帕累托 B.德鲁克

C.盖瑞·彼得森 D.泰德曼

108. 心理防御的关键是(   )。

A.逆来顺受、随遇而安 B.挣脱困境、摆脱烦恼

C.学会人情世故、看淡一切 C.因势利导、借力发力

109."秀才进京赶考的故事"这一案例说明(   )。

A.店老板善解人意，很会安慰人

B.解梦没有任何科学根据

C.成功的职业生涯发展离不开积极的心态

D.心态对职业发展没有影响，事实的结果才是影响职业生涯发展的关键

110."牛仔裤的来历"这一案例说明(   )。

A.良好的心态是职业发展成功的关键 B.调整职业生涯规划很重要

C.利维善于抓住商机 D.职业成功的关键是周密的计划

二、多项选择

111. 职业的特性包括(   )。

A.社会性 B.经济性 C.技术性 D.稳定性

112. 专业的含义有(   )。

A.专门从事某种学业或职业

B.专门的学问

C.高等学校或中等专业学校所分的学业门类

D.产业部门的各业务部分

113. 共时态视角下职业生涯规划的意义是(   )。

A.正确认识自我，坚定职业目标 B.突破自我障碍，提高综合素质

C.充分了解自我，提升就业能力 D.实现职业成功，成就美好人生

114. 职业生涯规划的重要性是(   )。

A.帮助你实现职业理想的前提 B.帮助你扬长避短地发展自己

C.帮助你目标明确地发展自己　　D.帮助你不用太努力就可发展自己

115. 列宁青年成长理论的基本内容包括(　　)。

A.培养自主学习能力,练就过硬本领　　B.培养实践创新能力,适应社会需要

C.加强道德修养,注重道德实践　　D.加强身体锻炼,提升综合素质

116. 毛泽东青年成长理论的基本内容包括(　　)。

A.关于正确的政治方向　　B.关于锤炼德智体综合素质

C.关于面向社会的实践能力　　D.关于榜样的力量

117. 习近平关于青年成长的重要论述的基本内容包括(　　)。

A.关于教育　　B.关于信念　　C.关于学习　　D.关于实践

118. 大学生党员成长规律包括(　　)。

A.优秀学生党员的成长,离不开坚定的理想信念

B.优秀学生党员的成长,离不开亲朋好友的热情帮助

C.优秀学生党员的成长,离不开党组织的精心培养

D.优秀学生党员的成长,离不开良好的社会环境

119. 大学生要想成为人才,需要培养的素质有(　　)。

A.思想道德素质　　B.科学文化素质　　C.健康素质　　D.心理素质

120. 职业生涯规划的维度有(　　)。

A.性格　　B.兴趣　　C.价值观　　D.多元智能

121. 性格是习惯化了的行为倾向性。因此,性格是(　　)。

A.一种可塑的行为而已　　B.有很强的自动化属性

C.没有好坏之分的　　D.较难以改变的

122. 性格的 MBTI 工具是谁做出来的(　　)。

A.布里格斯　　B.荣格　　C.迈尔斯　　D.弗洛伊德

123. MBTI 几个维度的类型区分是(　　)。

A. E—I　　B. S—N　　C. T—F　　D. J—P

124. 内向性格的人经常是(　　)。

A.先听再想后说　　B.喜欢与人打交道

C.想问题比较深入　　D.朋友圈比较窄

125. 与工作关联,内向性格的人更适合做的工作有(　　)。

A.会计　　B.销售　　C.记者　　D.编辑

126. 在"Attending"维度,相对的类型是(　　)。

A.感觉　　B.判断　　C.直觉　　D.思考

127. N 型特征的表现是(　　)。

A.经常会忽略细节　　B.对于细微处把握到位

C.有比较强的洞察力　　D.关注宏观结构、体系

128. T 倾向的人经常批评 F 倾向的人(　　)。

A.过于冷酷　　B.缺乏同情心　　C.做事婆婆妈妈　　D.过于感情用事

129. 如果一个职业,其工作内容非常明确可控,P 型的人会有什么感觉(　　)。

A.感觉很合己意　　B.感觉不到新意而缺乏动力

C.会主动制造出点意外来　　D.会做出清晰的计划与行动

130. 能力的分类有(　　)。

A.能力倾向　　B.技能　　C.自我效能感　　D.多元智能

131. 舒伯所说的六种角色分别是:学生、持家、休闲、子女,还有(　　)。

A.父母　　B.公民　　C.工作者　　D.退休者

132. 自我探索的三个重要意义是(　　)。

A.帮助你树立内心认同的生涯目标　　B.帮助你权衡不同职业选择的利弊

C.帮助你制定适合自己的行动计划　　D.帮助你了解某种职业的能力要求

133. 职业环境分析的基本内容包括(　　)。

A.社会环境分析　　B.行业环境分析

C.具体职业分析　　D.求职城市的房价

134. 职业环境分析的基本方法包括(　　)。

A.媒介信息　　B.冥思苦想　　C.生涯人物访谈　　D.社会实践

135. 职业目标的作用有(　　)。

A.指明努力的方向　　B.激发内在动力

C.提高工作学习效率　　D.帮助自己谋取私利

136. SMART 原则有(　　)。

A.具体(specific)　　B.可衡量(measurable)

C.可达到(attainable)　　D.时限性(time-based)

137. 大学生涯九宫格的最基本层面是(　　)。

A.学习进修　　B.身心健康　　C.职业准备　　D.人际交往

138. 自我激励的基本方法有(　　)。

A.期待激励　　B.语言激励　　C.“成功”激励　　D.物质激励

139. 如果一个人对于生涯发展并没有任何动机,那也无所谓决策。因此(　　)。

A.正向积极的动机是生涯发展的关键　　B.有了动机才有决策的主动性

C.动机表现为内在动力　　D.有动机才会产生好奇

140. 生涯决策的影响因素有(　　)。

A.遗传天赋和特殊能力　　B.环境条件与事件

C.学习经验　　D.任务取向的技能

141. 根据美国生涯专家斯科特(Scott)和布鲁斯(Bruce)1995 年所做的研究,典型的生涯决策风格类型有(　　)。

A.理智型　　B.直觉型　　C.依赖型　　D.回避型

142. SWOT 分析是分析两类什么信息(　　)。

A.内部与外部　　B.积极面与消极面

C.四个领域的特征　　D.最佳解决方案

143. SWOT 分析的步骤是(　　)。

A.拓展可能的外部资源　　B.罗列 SWOT 相关要素

C.组合形成 SWOT 策略集　　D.建立清晰的元目标

144. 使用决策平衡单,需要从哪几个方面入手(　　)。

A.个人物质得失　　B.个人精神得失　　C.他人物质得失　　D.他人精神得失

145. 如果使用平衡单之后,还是无法决策,就需要(　　)。

A.随机选择　　B.考虑更多因素　　C.说明有犹豫型特质　　D.再做更多自我探索

146. 人不行动的主要原因有(　　)。

A.失败不够多,痛苦不够深　　B.缺乏明确的目标

C.天赋不高　　D.胆子不够大

147. 激发行动的步骤包括(　　)。

A.我要得到什么样的结果?　　B.假如马上行动,有什么好处?

C.达不到目标有什么样的痛苦?　　D.将行动计划告诉你的家人、朋友和领导

148. 个人行动管理的原则有(　　)。

A.要敢于尝试看上去力所不及的事情　　B.不要让唱反调的人破坏你的行动

C.学会说“不”　　D.学会察言观色

149. 职业挫折主要表现为(　　)。

A.求职被拒　　B.求职被骗　　C.草率签约　　D.就业后不满意

150. 调整职业生涯规划的方法有(　　)。

A.自我条件重新剖析和发展机遇重新评估

B.参照他人的成功经验

C.发展目标修订和措施修订

D.田野调查

151. 制定备选方案的基本方法有(　　)。

A.逆向思维法　　B.职业咨询法　　C.智囊技术法　　D.小组讨论法

152. 按照时间的长短,职业生涯规划的类型有(　　)。

A.人生规划　B.长期规划　C.中期规划　D.短期规划

153. 职业生涯规划书的重要性包括(　　)。

A.用人单位对毕业生的关注点之一　B.个人成才的有效办法

C.帮助个人确定职业发展目标　D.鞭策个人努力赚钱

154. 职业生涯规划书的主要内容有(　　)。

A.自我评估(知己)　B.环境评估(知彼)

C.目标确立(抉择与订立目标)　D.实施策略(行动)

参考文献

[1]边慧敏.大学生职业生涯规划[M].四川:西南财经大学出版社,2008.

[2]陈宝.大学生职业生涯规划[M].黑龙江:黑龙江大学出版社,2016.

[3]陈敏.大学生职业生涯发展与管理[M].上海:复旦大学出版社,2008.

[4]陈如东.论列宁的学习观[J].中共福建省委党校学报,2011(10):11-14.

[5]陈先达.马克思主义信仰十讲[M].北京:人民出版社,2018.

[6]陈贤忠.职业生涯规划与大学生就业指导[M].合肥:黄山书社,2006.

[7]崔爱惠,张志宏,刘轶群.大学生职涯发展与就业指导实训教程[M].北京:现代教育出版社,2017:11.

[8]段凤龙.试论毛泽东的榜样教育[J].内蒙古财经学院学报,2007(2):55-57.

[9]古典,陈少平.大学生职业发展与就业指导[M].北京:光明日报出版社,2016.

[10]顾友仁.当代中国青年成才观——基于习近平总书记关于当代中国青年成才系列重要论述的维度[J].社会科学家,2015(4):22-26.

[11]郭寒宇.大学生职业发展与就业指导[M]. 武汉:武汉大学出版社,2008.

[12]韩景旺,沈双生,田必琴.大学生就业与创业指导[M].北京:北京邮电大学出版社,2011.

[13]何昆蓉.大学生党员党性熔铸实践与创新[M].重庆:西南财经大学出版社,2017.

[14]胡志强. 大学生职业生涯规划与就业指导[M]. 北京:中国传媒大学出版社,2009.

[15]贾杰.别装了,其实你没病:生涯微咨询欢乐答疑[M].北京:北京大学出版社,2017.

[16]简妮·爱丽丝·奥姆罗德.学习心理学[M].6版.北京:中国人民大学出版社,2015.

[17]金树人.生涯咨询与辅导[M].北京:高等教育出版社,2016.

[18]李焱.高校学生干部培训教程[M].重庆:重庆大学出版社,2014.

[19]林华东.新编大学生职业发展与就业指导[M].北京:新华出版社,2009.

[20]刘伟.大学生职业发展与就业指导[M].长春:吉林大学出版社,2009.

[21]罗伯特·斯莱文.教育心理学:理论与实践[M].10版.北京:人民邮电出版社,2016.

[22]孟庆新,曲振国.大学生职业生涯规划教程[M].北京:高等教育出版社,2016.

[23]孟宪青.大学生就业指导[M].上海:上海交通大学出版社,2009.

[24]明照凤.职业规划与创新创业[M].山东:山东人民出版社,2015.

[25]潘晔,闫灵令.论毛泽东青年观对当代大学生成长成才的启示[J].学校党建与思想教育(高教版),2013(5):60—62.

[26]彭平一,张卫良."人的全面发展"理论在高校思想政治理论课中的运用[J].现代大学教育,2010(2):102-109.

[27]曲振国.大学生就业指导与职业生涯规划[M].北京:清华大学出版社,2015.

[28]邵晓红.大学生职业生涯与发展规划[M].北京:北京大学出版社,2009.

[29]宋才发.对列宁关于教育与生产劳动相结合思想的再认识[J].教育评论,1987(3):3-8.

[30]孙业芳.列宁《青年团的任务》中的青年教育思想及当代启示[J].理论建设,2018(2):82-86.

[31]孙玉贤.大学生职业生涯发展规划[M].甘肃:甘肃人民出版社,2007.

[32]王博泉.大学生就业指导职业生涯规划[M].北京:光明日报出版社,2008.

[33]王沛.大学生职业决策与职业生涯规划[M].北京:科学出版社,2007.

[34]王永浩.列宁培养新青年一代的思想及其现实意义[J].重庆教育学院学报,2011(1):27-30.

[35]王中华.大学生学习方法与指导[M].北京:中国财富出版社,2017.

[36]吴光会,唐棣宣.马克思恩格斯学习观探析[J].2017(7):14-18.

[37]吴红波.大学生职业规划与就业实务[M].武汉:武汉大学出版社,2009.

[38]伍刚,王江峰,孙世群.大学生职业生涯规划与就业指导[M].上海:上海交通大学出版社,2012.

[39]武颖,杨蔚.马克思恩格斯的青年成长思想及其现实意义[J].北京交通大学学报(社会科学版),2016(2):137-141.

[40]习近平谈治国理政(第二卷)[M].北京:外文出版社,2017.

[41]习近平谈治国理政(第一卷)[M].北京:外文出版社,2018.

[42]徐国立.大学生学习与心理指导[M].北京:中国人民大学出版社,2014.

[43]徐俊祥,兰华.大学生学业与职涯发展导航[M].北京:现代教育出版社,2017.

[44]徐笑君.职业生涯规划与管理[M].成都:四川人民出版社,2008.

[45]杨松.大学生职业生涯发展[M].西安:陕西人民教育出版社,2009.

[46]佘图军,史成安.大学生职业发展与就业指导[M].北京:首都师范大学出版社,2018.

[47]张乐敏,吴玮,宋丽珍.大学生职业生涯规划与管理[M].上海:复旦大学出版社,2008.

[48]张荣臣.党务工作者实用手册[M].北京:红旗出版社,2019.

[49]张文芳.大学生职业发展与就业指导[M].北京:中国传媒大学出版社,2010.

[50]张文勇,马树强.大学生职业规划与就业指导[M].北京:科学出版社,2006.

[51]张再生.职业生涯规划[M].天津:天津大学出版社,2007.

[52]赵北平.大学生涯规划与职业发展[M].武汉:武汉大学出版社,2008.

[53]中共教育部党组.深入学习贯彻习近平总书记关于青年学生成长成才重要思想大力培养中国特色社会主义建设者和接班人[N].光明日报,2017-09-08(2).

[54]中共中央马克思恩格斯列宁斯大林著作编译局.马克思恩格斯选集[M].北京:人民出版社,2013.

[55]中共中央宣传部.习近平新时代中国特色社会主义思想三十讲[M].北京:学习出版社,2018.

[56]中共中央宣传部.习近平新时代中国特色社会主义思想学习纲要[M].北京:学习出版社,2019.

[57]钟谷兰,杨开.大学生职业生涯发展与规划[M].上海:华东师范大学出版社,2008.

[58]周华.大学生就业与职业生涯规划[M].四川:电子出版科技大学出版社,2009.

[59]庄丽,程希義,季小燕.大学生职业生涯发展规划书实操指导[M].武汉:华中科技大学出版社,2018.